U0096218

古典文獻研究輯刊

三十編

潘美月・杜潔祥 主編

第 **17** 冊

《論語》新說補輯（中）

張 亞 朋 編著

國家圖書館出版品預行編目資料

《論語》新說補輯（中）／張亞朋 編著 — 初版 — 新北市：花木
蘭文化事業有限公司，2020〔民 109〕
目 2+170 面；19×26 公分
（古典文獻研究輯刊 三十編；第 17 冊）
ISBN 978-986-518-102-4（精裝）
1. 論語 2. 研究考訂
011.08　　　　　　　　　　　　　　　　109000666

ISBN-978-986-518-102-4

古典文獻研究輯刊
三十編　第十七冊　　　　　　ISBN：978-986-518-102-4

《論語》新說補輯（中）

編　　著　張亞朋
主　　編　潘美月　杜潔祥
總 編 輯　杜潔祥
副總編輯　楊嘉樂
編　　輯　許郁翎、張雅淋　美術編輯　陳逸婷
出　　版　花木蘭文化事業有限公司
發 行 人　高小娟
聯絡地址　235 新北市中和區中安街七二號十三樓
　　　　　電話：02-2923-1455／傳真：02-2923-1452
網　　址　http://www.huamulan.tw　信箱 hml 810518@gmail.com
印　　刷　普羅文化出版廣告事業
初　　版　2020 年 3 月
全書字數　508736 字
定　　價　三十編 18 冊（精裝）新台幣 40,000 元　　　　版權所有・請勿翻印

《論語》新說補輯（中）

張亞朋 編著

目次

四、《里仁篇》新說匯輯

4.1　子曰：「里仁為美。擇不處仁，焉得知？」

　　馬文增：歷代注家於此章之注解大同小異，而朱熹之注最為流行。[註1]
朱熹曰：「里有仁厚之俗為美。擇里而不居於是焉，則失其是非之本心，而不
得為知矣。」（《四書章句集注》）《中庸》曰：「君子素其位而行，不願乎其外。
素富貴，行乎富貴；素貧賤，行乎貧賤；素夷狄，行乎夷狄；素患難，行乎
患難。君子無入而不自得焉！」君子之道在「反求諸己」，故「是非之本心」
豈能因外在環境的不如意而「失」？朱熹之說顯然不成立。

　　「里」，《說文》：「居也。」此為「居心於」「安心於」之意，意同「擇不
處仁」之「處」。鄭玄所謂之「里者，民之所居也」者，顯然屬望文生義。

　　「仁」，愛民，親民，《說文》：「親也。」

　　「美」，好，善，《說文》：「甘也。」《孟子》：「可欲之謂善，有諸己之謂
信，充實之謂美，充實而有光輝之謂大，大而化之之謂聖，聖而不可知之之
謂神。」

　　「擇」，選擇。此處實指人全部的思想、社會活動。人生無時不處於抉擇
中，如做與不做，說與不說，是與非，贊成與反對，等等。

　　「處」，居，安。

　　「知」，智慧。

〔註 1〕原註：參見《論語歧解輯錄》，高尚榘主編，中華書局 2011 年版，第 142～144
　　　　頁。

綜上，以白話文譯之如下：

心存仁愛即是美。面臨抉擇之時，存心不善，怎麼可能會有智慧？

「里仁」者，心存仁愛，即安心於仁道。「里仁為美」者，亦即《坤·文言》所言「黃中通理，正位居體。美在其中，暢於四支，發於事業」。關於「仁」與「知」的關係，用古希臘哲學的觀點解釋，即「智慧即美德」；用現代術語表述，則「仁」與「動機」關聯，「知」與「方法」關聯。「擇不處仁焉得知」者，出發點不對，也就是動機不良，乃背道而馳；背道而馳者自然「不知」，其所做出的選擇必然是錯的。〔註2〕

蔡英傑：楊伯峻、李澤厚都認為「里」是居住的意思。但我們通過對先秦文獻的檢索發現，除本例外，「里」用作居住義的只有一個用例，《周禮·夏官·量人》：「量其市朝州塗，軍社之所里。」在這個孤例中，「里」是否作「居」的通假字還很難說，即使用作本字，也是不帶賓語的；即使「里」是居住義，也只能帶方所名詞做賓語，不能帶其他成分做賓語。因此要把「里仁」中的「里」訓作「居住」，證據是很薄弱的，很難成立。《周禮·地官·遂人》：「五家為鄰，五鄰為里。」鄰、里析言有異，渾言無別，故可組成「鄰里」一詞。在先秦文獻中，我們檢索到多處「鄰」用作動詞的用例。如：

（1）夫吳之與越，接土鄰境，道易人通。（《呂氏春秋·長攻》）

（2）削株無遺根，無與禍鄰，禍乃不存。（《韓非子·初見秦》）

（3）晉居深山，戎狄之與鄰，而遠於王室。（《左傳·昭公十五年》）

（4）夷德無厭，若鄰於君，疆場之患也。（《左傳·定公四年》）

（5）韓亡，秦盡有鄭地，與大梁鄰，王以為安乎？（《戰國策·魏策三》）

（6）七日不火食，死生相與鄰。（《莊子·天運》）

「里仁」中的「里」當訓為鄰，義為「做鄰居」，「里仁」是「與仁人做鄰居」。

「擇不處仁」楊伯峻譯「選擇住處，沒有仁德」，李澤厚譯「居處不選擇仁」，兩譯均誤，因為他們完全不顧句法，進行了隨心所欲的跨界組合。楊譯以「擇」與「處」組合，「不」與「仁」組合，按照此種組合，句應作：擇處不仁。李譯以「擇」與「仁」組合，「不」與「擇仁」組合，「處」與「不擇

〔註2〕馬文增：《〈論語〉六章新解》，《孔廟國子監論叢》2016年第00期，第140～141頁。

仁」組合，按照此種組合，原句應作：處不擇仁。在原句能夠解釋通順的情況下，這樣隨意調整語序的做法，是很不嚴謹的，也是不可能得出正確結論的。

「處」作動詞，有「居住」「處於」「處理」「處置」「相處」等多個義位。前幾個義位，均不能與「仁」（仁德、仁人）搭配，只有「相處」一個義位，可以與「仁」搭配。「處仁」中的「仁」是「仁德」還是「仁人」呢？通過檢索，在先秦文獻中，「處」用作相處義，共 26 例，搭配對象除 1 處為動物（麋鹿）外，其餘全部是人。如：

> （7）太王亶父曰：「與人之兄居而殺其弟，與人之父處而殺其子，
> 吾不忍為也。」（《呂氏春秋·審為》）
> （8）吾以國人出，君誰與處？（《左傳·定公十年》）
> （9）久與賢人處則無過。（《莊子·德充符》）
> （10）莊王曰：「子去我而歸，吾孰與處於此？」（《公羊傳·宣公十
> 五年》）

可見，「處仁」中的「仁」是仁人，「處仁」就是「與仁人相處」。「擇不處仁，焉得知」，意思是說「選擇鄰居而不與仁人相處，怎麼能算得上聰明呢？」這與《晏子春秋》中的「君子居必擇鄰，遊必就士」的語義是一致的。由於前句中「里仁」的「里」是「做鄰居」的意思，因此這裏的「擇」只能是「擇鄰」，而不會是「擇業」「擇友」等等。〔註3〕

4.3 子曰：「唯仁者能好人，能惡人。」

畢寶魁：那麼，孔子這句話到底是什麼意思呢？我認為，如果翻譯的話，應該如此：孔子說：「只有具有仁義道德的人才能夠準確判斷哪人品質好，哪人品質壞，對其進行評價並獲得社會的普遍認同而使其永遠定格。」如果再直白些，可以這樣翻譯：「只有具有仁義道德的人才能夠使人有好名，能夠使人有惡名。」

之所以如此翻譯，我們可做這樣的分析：理解本章需要將九個字全面考慮，前三字沒有歧義，就是「只有仁者」的意思，但「仁者」與「聖人」幾乎是同義，孔子認可的「仁者」便是先於他的聖人，其他人孔子沒有承認過。這也是很重要的前提，因為只有「仁者」才具備後面終極裁判的品德和能力。

〔註 3〕蔡英傑：《〈論語〉訓詁疑案的文獻學分析》，《中國語言文學研究》2017 年第 1
期，第 228～229 頁。

更關鍵是後面六個字：「能好人，能惡人。」一般都特別指出「好」和「惡」
是動詞，是「喜歡」和「厭惡」的意思。這樣理解是表層意思。如果停留在
這個層面，便不通順，因為無論什麼人都可以喜歡人或者厭惡人，愛好誰厭
惡誰是任何人都有的權利，也是都可能發生的情感，不是仁者的專利，這是
人之常情，孔子不會不懂。那麼，這樣理解便不是孔子的本義。至於說仁者
之好惡能得其中，如果只停留在這層意義上，沒有什麼實際的意義。因為誰
是仁者也沒有客觀標準，很多人都認為自己是仁者，所以這種說法就沒有意
義。那麼這個仁者便一定是道德最高的聖人，他的話才對善人和惡人進行道
德的裁判並最終定格。

簡明的結論：本章的「能好人，能惡人」是指道德最高的仁者才能夠對
於他人進行最終的道德裁判并為社會以及歷史所承認，在歷史上定格，並不
是能夠喜歡人或者厭惡人的意思。〔註4〕

4.4 子曰：「苟志於仁矣，無惡也。」

于扶仁：《譯注》譯作：「假如立定志向實行仁德，總沒有壞處。」

今按：楊說不確。「仁」是孔子最重視的德行，「志」也為孔子一貫重視，
他把「志」比做三軍之帥，把「志士」與「仁人」並提。而且，孔子還說：「為
仁由己。」「我欲仁，斯仁至矣。」「有能一日用其力於仁矣乎？我未見力不
足者。」在他看來，自我對仁的追求，是「得仁」的關鍵。因此，「立定志向
實行仁德」，決不是「總沒有壞處」這樣無足輕重。「無惡也」，朱熹釋作「必
無為惡之事矣」〔註5〕，較通達，庶幾符合孔子原意。〔註6〕

崔海東：徐復觀先生對「志」的一個解釋則可以恰當地解決這個問題。
其在《象山學述》中道：「真正決定一個人的行為的，是他的念慮初萌之處，
即今日一般所說的『動機』，亦即中國人所說的『志』。」〔註7〕故筆者以為，
本章之志，亦當作動機解。以「動機」釋「志」，即是孟子「四端」之「端」，

〔註4〕畢寶魁：《〈論語〉「唯仁者能好人，能惡人」本義考》，《廣東技術師範學院學
　　　報》2009年第5期（知網上作「第10期」，期刊本身上載「第5期」，今從期
　　　刊本身所載），第60、61頁。

〔註5〕原註：《四書集注》。

〔註6〕于扶仁：《〈論語譯注〉商兌》，《煙臺師範學院學報（哲學社會科學版）》1994
　　　年第4期，第74～75頁。

〔註7〕原註：徐復觀. 中國思想史論集〔M〕. 上海：上海書店出版社，2004：6.

如此一來，則「志於仁」就近乎於仁之端，此則完全合乎儒家仁義內行之路線。

然後再來看「惡」。動機是仁，結果不一定都是好的，所以這裏的惡，不能解為結果是惡，是壞，而應該還是指，心之善惡之惡。若動機是仁，則此意念所動，皆善而無惡。

故本章義為：如果動機在於仁，則其心無惡也。〔註8〕

4.5 子曰：「富與貴，是人之所欲也；不以其道得之，不處也。貧與賤，是人之所惡也；不以其道得之，不去也。君子去仁，惡乎成名？君子無終食之間違仁，造次必於是，顛沛必於是。」

宋鋼：依邏輯與道理言，貧與賤，既是人之所惡，故人人不願得，則後一「得」應為「失」；就文義與句式言，兩句既是反義對比，則後一「得」必為「失」方妥。〔註9〕

王廣瑞：綜上，我們認為，該章應該句讀為「富與貴，是人之所欲也，不以其道，得之不處也；貧與賤，是人之所惡也，不以其道，得之不去也」。那麼這句話轉譯為現代漢語便是：「發財和做官，是人人所盼望的，不用正當的方法，（即使）得到了，君子（也）不接受。窮困和下賤，是人人所厭惡的，不用正當的方法，（即使）得到了，君子（也）不擺脫。」這樣句意便通曉達暢，不僅解決了「貧與賤」為「人之所惡」卻言「得之」的矛盾，也解決了將「得」變為「去」或刪除「不」字所存在的表層結構或深層語義結構不能整齊對舉的矛盾。〔註10〕

孫景龍、劉旭芳：我以為，這段話非「衍」也非「誤」，既不是「不經意」的疏忽，也不是「正反同詞」，而是正常的語法敘說，語有省略。古人行文，文求省儉，不務費詞。有時在一定的語言環境裏，常常省略某些句子成分。如……。《論語·里仁》裏的這段話是蒙後省略了謂語，意思是「富與貴，是人之所欲也，不以其道得（處）之，不處也；貧與賤，是人之所惡也，不以

〔註8〕崔海東：《〈論語〉幾則新解》，《理論界》2010年第11期，第135頁。

〔註9〕宋鋼：《〈論語〉疑義舉例》，《貴州大學學報（社會科學版）》2005年第2期，第108頁。

〔註10〕王廣瑞：《〈論語〉「不以其道得之」辨析》，《新鄉師範高等專科學校學報》2006年第3期，第147頁。

其道得（去）之，不去也。」富貴貧賤對舉，「得處之」與「得去之」並說，上下兩句，意義相對，字數相同，語法一致，整齊而無費詞，可見《論語》的行文技巧。《論語》中有無這種省略謂語的其他用例呢？有。《論語‧先進》：「非夫人之為慟而誰為？」「誰為」之後承前省略了謂語「慟」；《論語‧憲問》：「是知其不可而為之者與？」「不可」之下蒙後省略了謂語「為」；《論語‧衛靈公》：「躬自厚而薄責於人。」「躬自厚」下蒙後省略了謂語「責」。《里仁》篇這句話，也是蒙後省略了謂語。〔註11〕

　　吳肖惠、吳菊芳、吳成達：筆者以為，以上四種觀點均沒有論證君子處於貧賤狀態的原因，察言之，無非有兩種，其一是自己為人處世「不以其道」，最終淪落到「貧賤」的狀態，這是因為自身內部的原因，這種貧賤的狀態想去也去不了，正如前文朱熹所說「行不由道而得富貴是僥幸也，其可苟處乎？行不由道而得貧賤是當然也，其可苟去乎！」這種人也不能稱之為君子。其二是自己的為人處世「以其道」，順天應人，淪落到「貧賤」的狀態是因為外部環境的原因，如政治的黑暗、君主的無能、時機的不成熟等，這是被動的淪為貧賤，即貧賤的獲得是「不以其道」的，貧賤不是應得的，但卻貧賤了，但仁者君子卻能「於富貴則審處之，於貧賤則安守之」。接著孔子又說：「君子去仁，惡乎成名？君子無終食之間違仁，造次必於是，顛沛必於是。」意思是說：「君子以其道做事卻淪落到貧賤，現在如果要去貧賤，必須要不以其道，君子不以其道去貧賤不就是『去仁』嗎？君子『去仁』了，還怎麼能稱為君子呢？君子應該是『無終食之間違仁，造次必於是，顛沛必於是』。」〔註12〕

　　甘勇：筆者以為此處「造次」當譯作「安身立命」（安身立命時的言行舉止）更為妥當。現試作分析如下：

　　首先，「造次」譯作「安身立命」有後期文獻作為佐證。

　　「造次」作為複音詞在先秦非常罕見，上引《論語》一句恐是「造次」最早的出處。其後的用例漢代始見，《史記‧河間王劉德傳》載：「（河間王）好儒學，被服造次必於儒者。」《漢書》因襲《史記》，亦有「造次必於儒者」句。顏師古注云：「造次，謂所向所行也。」……孔子眼中的「君子」（君子

〔註11〕孫景龍、劉旭芳：《〈論語〉讀解辨疑八則》，《承德民族師專學報》2009 年第1 期，第 13 頁。

〔註12〕吳肖惠、吳菊芳、吳成達：《〈論語‧里仁〉篇「富與貴，是人之所欲也」章淺釋》，《哈爾濱學院學報》2010 年第 10 期，第 96～97 頁。

儒）與司馬遷筆下的「儒者」所指應該相當，都是學習先王之道且學問修養極高的人。依此，《論語》和《史記》中「造次」意義也應相當接近，都可指儒生待人接物的種種行為。其中前者可理解為「安身立命」，後者可理解為「立身處世」。

其次，「造次」義如與「顛沛」義相反，則文義更為通順。

筆者以為《論語》中「造次」當與「顛沛」對舉而言。朱熹《集注》云：「顛沛，傾覆流離之際。」〔註13〕「顛沛必於是」當指「君子遭受挫折、漂泊不定之時不可違仁」。「造次必於是」當與「顛沛必於是」相反，指「君子生活有著落，精神有所寄託之時，也即安身立命之時不可違背仁」。……

再者，我們還可以從分析「造次」一詞的內部形式入手找尋答案。

……前人多以「造次」為聯綿詞，二字不可分訓。然上古同義複合詞後世凝固為聯綿詞的情況也為數不少，如徐振邦以為王念孫《讀書雜志》所舉「連語」多屬此類〔註14〕。故而「造次」亦有可能分開來訓釋。下面試分析「造」與「次」兩詞：

《說文》云：「造，就也。」《說文》另收「造」的古文「艁」，恐是「造」的本字。《方言》：「艁舟謂之浮梁。」《廣雅》亦收此條。王念孫《疏證》云：「造之言曹也，相比次之名也。造、次一聲之轉，故凡物之次謂之蓮……《爾雅》釋文訓造為作。宣十二年《公羊傳》疏引舊說訓造為詣，又轉訓為成。皆由不知造為比次之義。故望文生訓而卒無一當矣。」〔註15〕王念孫以為「艁舟」命名之義當為「比次排列的舟」。「造」（蓮）與「次」一聲之轉，語源義相同。

《說文》又云：「次，不前，不精也。」段玉裁注云：「不前不精皆居次之意也。」〔註16〕可見，「次」有「依據其次第停居於某處」的意思。且「次」在先秦文獻中多作「駐紮」義，《左傳·莊公三年》：「凡師一宿為舍，再宿為信，過信為次。」孔穎達疏：「舍者，軍行一日止而舍息也。信者，住經再宿得相信問也。《穀梁傳》曰：『次，止也。』則次亦止舍之名。過信以上，雖多日，亦為次，不復別立名也。」如《左傳·襄公十八年》：「楚師伐鄭，次於魚陵。」這裏的「次」就是指「軍隊停居於某處，比次排開」。

〔註13〕原註：朱熹《四書章句集注》，中華書局，1983。
〔註14〕原註：徐振邦《聯綿詞概論》，北京大眾文藝出版社，1998。
〔註15〕原註：王念孫《廣雅疏證》，江蘇古籍出版社，1984。
〔註16〕原註：段玉裁《說文解字注》，上海古籍出版社，1981。

「造」在先秦文獻中多訓為「至」。如《儀禮・士喪禮》:「造於西階下。」「至某地」即「暫時停居於某地」。又「艁舟」即今天的浮橋,亦為諸多小舟「依次停居於某處」組成。綜上所述,「造」與「次」不僅語源義相近,且都有「依次停居於某處」的意思,故兩字可組成一個上下詞同義的複合詞「造次」。〔註17〕

高敏:此「得」字,是「去」字之誤,還是「免」字、「脫」字之誤?比較而言,楊伯峻所說的「去」字為勝。此語是說:貧與賤,是人人所厭惡的,但不以合乎仁道的方式去掉它,不去也。如此理解,語義頗順。改變貧賤,求得富貴,應以正當的手段和方式,常言道,君子愛財,取之有道。此章強調重道守道,無論是求取富貴,還是擺脫貧賤,在思想上、方式上都要符合仁道,否則,就會導致下文孔子所擔心的結果:「君子去仁,惡乎成名?」(君子拋棄了仁道,何所成就美名?)〔註18〕

廖名春:筆者認為「貧與賤是人之所惡也,不以其道得之,不去也」句之「得」字可能是「退」字之訛。……

「退」與「去」義近,因而「退去」連言。《漢書・劉向傳》:「劾更生前為九卿,坐與望之、堪謀排車騎將軍高、許、史氏侍中者,毀離親戚,欲退去之,而獨專權。」「退」與「免」亦義近,因而有「免退」「退免」之說。葛洪《抱朴子・酒誡》:「陳遵之遇害,季布之疏斥,子建之免退,徐邈之禁言,皆是物也。」《晉書・齊王冏傳》:「董艾放縱,無所畏忌,中丞按奏,而取退免。」《魏書・慕容白曜傳》:「以無恆之心,奉有常之法,非所克堪,乞垂退免。」所以「得」「富貴」而「退」「貧賤」,近於「得」「富貴」而「去」「貧賤」、「免」「貧賤」,從語義上說,應該沒問題。〔註19〕

張秀華:我們認為後一個「得」字是「退」字之誤。「得」「退」字形相近,……

古書在流傳過程中,常出現涉上文而誤的情況,王念孫在《讀書雜志》中曾舉過一些例子,如《逸周書・大聚解》「水性歸下,農民歸利」,王念孫

〔註17〕 甘勇:《〈論語〉「造次必於是」新解》,《漢字文化》2012 年第 3 期,第 72、73 頁。

〔註18〕 高敏:《〈論語〉疑難句辨惑六則》,《齊魯學刊》2013 年第 6 期,第 12 頁。

〔註19〕 廖名春:《孔子真精神:〈論語〉疑難問題解讀》,貴陽:孔學堂書局有限公司,2014 年版,第 259~260 頁。

認為「農民」當作「民性」，今本作「農民」者，涉上文「農民歸之」而誤。《史記‧秦本紀》「去就有序，變化有時」，王念孫認為「有時」當作「應時」，今作「有時」者，涉上句「有」字而誤也〔註20〕。《里仁》中的「退」之所以誤為「得」，除字形接近外，還應該受到了上文「得」字影響。定州簡本、敦煌寫本《論語》「退」已寫作「得」或「德」〔註21〕，說明這種訛誤產生時代應該比較早。

「退」、「去」義近。《楚辭‧離騷》「退將復修吾初服」，王逸注：「退，去也。」《左傳‧昭公二十五年》：「公退之。」杜預注：「退，使去。」《禮記‧大同》：「如有不由此者，在勢者去，眾以為殃，是謂小康。」去，鄭玄注：「罪退之。」

雖然「退」的常見用法是表示具體的人或物的「退」，但有些抽象名詞也可與「退」連用，如：

1. 願陛下遠巧佞，退讒言。《史記‧滑稽列傳》
2. 故善為天下者，因禍而為福，轉敗而為功，今顧退七福而行博禍，可為長大息者，此其一也。《新書‧銅布》
3. 祿命有貧富，知不能豐殺；性命有貴賤，才不能進退。《論衡‧命祿》

尤其是後兩句直接把進退與福禍貴賤聯繫在一起，這明確說明貧賤確實可「退」。〔註22〕

4.7 子曰：「人之過也，各於其黨。觀過，斯知仁矣。」

宋鋼：「觀」當作「容」，否則不通，容過，斯知仁矣。改過，斯知智矣。〔註23〕

杜文君、許瑾：將「過」理解為各種各樣的錯誤，把「觀過，斯知仁矣」

〔註20〕原註：王念孫：《讀書雜志》，江蘇古籍出版社，2000 年，第 11、78 頁。

〔註21〕原註：孔漫春：《〈論語〉出土文獻研究》，河南大學博士學位論文，2010 年，第 187 頁。

〔註22〕張秀華：《〈論語〉「不以其道得之」解》，吉林大學古籍研究所編：《吉林大學古籍研究所建所三十週年紀念論文集》，上海：上海古籍出版社，2014 年版，第 600～601 頁。

〔註23〕宋鋼：《〈論語〉疑義舉例》，《貴州大學學報（社會科學版）》2005 年第 2 期，第 109 頁。

解釋成「仔細考察某人所犯的錯誤，就可以知道他是什麼樣式的人了」是值得商榷的。

首先，《禮記・表記》云：「與仁同過，然後其仁可知也。」「過」應是一種伴隨「仁義的過」並不是僅僅純碎〔註24〕的過錯，過中包含著「仁愛之心」。鄭玄注：「過者，人所辟也。在過之中，非其本情者，或有悔者焉。」孔穎達疏：「若遭遇利害之事，其行仁之情則可知也。」〔註25〕這說明，「過也不過」，其行有過，但其「行仁之情」沒有失。《漢書・外戚傳》亦云：「子路喪姊，期而不除，孔子非之。子路曰：『由不幸寡兄弟，不忍除之。』」顏師古注曰：「《論語》云孔子曰：『人之過也，各於其黨，觀過斯知仁矣。』引此言者，謂子路厚於骨肉，雖違禮制，是其仁愛。」子路雖違背了禮儀制度，但「仁愛」之心已彰顯，即鄭玄《論語注》所謂：「此黨為親族，過厚則仁，過薄則不仁。」鄭注此解則具有了指向性，指向自己的親族，對親族越厚則「仁愛之心」越顯，反之，則越少，魏徵在《群書治要》一書中，則完全採用了鄭玄的說法。鄭玄、魏徵對「過」的理解帶有「程度」的意思，但都表達了「仁愛、仁慈」之心。而像《論衡校釋》：「孔子曰：『觀過，斯知仁矣。』（見《論語・里仁篇》）君子過於愛，小人過於忍，故觀其過，知其仁否。」〔註26〕「愛」表達的是「仁愛」，君子既過於仁愛則仁，其表達意義是一樣的。

總的來說，雖有「失於禮」，但未「失與仁愛」即「與仁同過」，而並不是要說明「人是各種各樣的，人的錯誤也是各種各樣的」。〔註27〕

4.8 子曰：「朝聞道，夕死可矣。」

廖名春：筆者認為，無論是「知道」說，還是「有道」說、「道行」說，都解錯了，錯就錯在對「聞」的理解上。這裏的「聞」，既非聽聞，也非悟知，而當訓為「達」，到達，引申之，即實現。所謂「聞道」，即到達道，實現道。因此，「子曰：『朝聞道，夕死可矣』」，當譯為：「孔子說：『早晨實現了我的理想，就是當天晚上死去也心甘。』」這裏表現出來的，不是孔子對

〔註24〕原文作此，疑當為「純粹」。
〔註25〕原註：阮元. 十三經注疏〔M〕. 北京：中華書局影印，1982：1639.
〔註26〕原註：吳承仕. 論衡校釋〔M〕. 北京：中華書局，1990：58.
〔註27〕杜文君、許瑾：《〈論語譯注〉辨正三例》，《南昌教育學院學報》2018 年第 5 期，第 111 頁。

「知」的追求，而是孔子對「行」，對修己成仁，實現王道政治理想的孜孜以求。〔註28〕

　　崔海東：此章之「道」，同於「天下有道，丘不與易也」（《論語·微子》下引皆稱篇名）之「道」，指有道人間，並不僅指人所認識之道理。孔子自云：「我欲載之空言，不如見之於行事之深切著明也。」〔註29〕孔門最終目標是創建有道人間，其有修身、齊家、化鄉、治國、平天下之規模，皆是實幹的工夫，斷非單純地求外在的知識。故聞聽道理與創建有道人間，何啻雲泥，聞道焉能遽死？此章何晏注：「言將至死不聞世之有道。」實得之，皇侃亦疏云：「嘆世無道，故言設使朝聞世有道則夕死無恨，故云可矣。」〔註30〕

　　故本章義為：孔子說：「若早晨得知已創建有道之人間，則晚上死去亦無所憾。」〔註31〕

4.10　子曰：「君子之於天下也，無適也，無莫也，義之與比。」

　　高敏：定州漢墓簡本《論語》作「無謫也」。〔註32〕漢鄭玄《論語鄭氏注》作「無敵也」。〔註33〕謫、适（適）、敵古通。筆者認為：視「适（適）」為「敵」，視「莫」為「慕」，符合文意。此語是說，君子對於天下的人，無所謂敵對，無所謂親慕，只與仁義者相親比，也就是任人唯賢。清惠棟《論語古義》曰：「鄭本『適』作『敵』，莫音慕，無所貪慕也。棟案：古敵字皆作適。《禮記·雜記》曰：『赴於適者。』鄭《注》云：『適讀為匹敵之敵。』《史記·范雎傳》：『攻適伐國。』《田單傳》：『適人開戶。』《李斯傳》：『群臣百官皆畔，不適。』徐廣皆音征敵之敵。荀卿子《君子篇》云『天子四海之內無客禮，告無適也。』《注》：讀為敵。」〔註34〕李澤厚《論語今讀》曰：「孔子說：『君子對待天下

〔註28〕廖名春：《「朝聞道，夕死可矣」章新釋》，《學習時報》，2008 年 12 月 1 日第 009 版。

〔註29〕原註：司馬遷. 史記〔M〕. 北京：中華書局，2013：7660.

〔註30〕原註：皇侃. 論語集解義疏〔A〕. 四庫全書第 195 冊〔C〕. 上海：上海古籍出版社，1987：370.

〔註31〕崔海東：《楊伯峻〈論語譯注〉義理商榷》，《合肥師範學院學報》2014 年第 1 期，第 56 頁。

〔註32〕原註：定州漢墓竹簡論語〔M〕. 北京：文物出版社，1997：19.

〔註33〕原註：鄭玄. 論語鄭氏注〔A〕. 無求備齋論語集成〔C〕. 臺北：藝文印書館，1966：6.

〔註34〕原註：惠棟. 論語古義〔A〕. 無求備齋論語集成〔C〕. 臺北：藝文印書館，1966：2.

的各種事情，既不存心敵視，也不傾心羨慕，只以正當合理作為衡量標準。』」
〔註35〕〔註36〕

4.11 子曰：「君子懷德，小人懷土；君子懷刑，小人懷惠。」

崔海東：所以筆者認為，此處的「刑」，即「型」，為法式、典範、榜樣
之義。如孔子稱子產為「古之遺愛」（《左傳・昭公二十年》），又認為他有君
子之德四焉：「其行己也恭，其事上也敬，其養民也惠，其使民也義。」（《公
冶長》）若考其源，此種用法周初金文已有之，如康王《大盂鼎銘》「今我唯
即型稟於文王正德」〔註37〕，即要效法文王。此在先秦經典中又甚為普遍，
如《詩・周頌・我將》：「儀式刑文王之典，日靖四方」，又如孟子在《梁惠王
上》中引《詩・大雅・思齊》「刑於寡妻，至於兄弟，以御於家邦」，又如《管
子・侈靡》也有「賤有實，敬無用，則人可刑也」，其中「刑」均作效法、榜
樣解。至於此義至宋明儒也甚為通行，如象山在《武陵縣學記》中道：「是故
先王之時，風俗之流行，典型之昭著，無非所以寵綏四方，左右斯民，使之
若有常性，克安其道者也。」〔註38〕又如張栻在《建寧府學遊胡二公祠堂記》
中道：「所以扶三綱、明大義、抑邪說、正人心，亦可謂模範典刑接於耳目而
論之。」〔註39〕這些均可明證刑當作型。

故本章義為：君子以明民之明德為期，小人則孳孳於一己之安居；君子
以典範人物為期，小人則汲汲於私利之小惠。〔註40〕

4.13 子曰：「能以禮讓為國乎？何有？不能以禮讓為國，如禮何？」

廖名春：「能以禮讓為國乎」「不能以禮讓為國」的斷句歷史悠久，從上
述皇侃《義疏》到邢昺《疏》都是如此。《漢書・匡衡傳》匡衡引「孔子曰：
能以禮讓為國乎何有？」顏師古注：「《論語》載孔子之言，謂能以禮讓治國，
則其事甚易。」〔註41〕也是以「禮讓為國」連讀。《鹽鐵論・輕重》載文學曰：

〔註35〕原註：李澤厚. 論語今讀〔M〕. 天津：天津社會科學院出版社，2007：80.
〔註36〕高敏：《〈論語〉疑難句辨惑六則》，《齊魯學刊》2013年第6期，第11頁。
〔註37〕原註：中國社會科學院考古研究所. 殷周金文集成釋文〔M〕. 香港：香港中
　　　文大學中國文化研究所. 2001：411.
〔註38〕原註：陸九淵. 陸九淵集卷十九〔M〕. 北京：中華書局，1980：238～239.
〔註39〕原註：楊世文，王蓉貴校點. 張栻全集〔M〕. 長春：長春出版社，1999：714.
〔註40〕崔海東：《〈論語〉幾則新解》，《理論界》2010年第11期，第134～135頁。
〔註41〕原註：《前漢書》卷八十一，文淵閣《四庫全書》史部正史類。

「禮義者，國之基也，而權利者，政之殘也。孔子曰：『能以禮讓為國乎？何有。』」其《誅秦》篇文學又曰：「夫禮讓為國者若江、海，流彌久不竭，其本美也。」特別是《漢書・韋賢傳》韋玄成友人侍郎章上疏、《後漢書・劉般傳》賈逵上書及《列女傳》曹世叔妻上疏所引皆以「禮讓為國」為讀〔註42〕，可見漢儒已開其端。

但程頤卻說：

> 禮者為國之本。「能以禮讓」，復何加焉？「不能以禮」，將「如禮何」？無「禮讓」則不可以「為國」也。〔註43〕

與朱熹同時的張栻（1133～1180）也說：

> 為國以禮，其言不讓，夫子所以哂季路。然則能以禮讓，固為國之本，蓋和順輯睦之所由興也；不能以禮讓，則其為國也，將如禮何？謂禮雖在，天下其將如之何哉，是亦無以為國矣。〔註44〕

所謂「能以禮讓，固為國之本，蓋和順輯睦之所由興也；不能以禮讓，則其為國也，將如禮何」，顯然是將此章斷作：

子曰：「能以禮讓，為國乎何有！不能以禮讓，為國如禮何！」

以「禮讓」斷句，將「為國」歸下讀，表面上看與《先進》篇「曰：『夫子何哂由也？』曰：『為國以禮，其言不讓，是故哂之』」有矛盾，實質並無衝突。「為國」之「為」，皇侃義疏云「猶治也」，是「為國」即治國。此章是一正一反講「禮讓」對於治國的重要性。「能以禮讓，為國乎何有」是正說，是從正面肯定「禮讓」對於治國的意義；「不能以禮讓，為國如禮何」是反說，是從反面強調不講「禮讓」，則不能治國。可見「能以禮讓」與「不能以禮讓」都是條件分句，而「為國乎何有」與「為國如禮何」都是結果分句。弄懂了此章的邏輯結構，就只能以「禮讓」斷句。

……

筆者認為「如禮何」句中的「禮」當涉上文「禮讓」之「禮」而衍，「如禮何」當作「如何」。

〔註42〕原註：《前漢書》卷七十三，《後漢書》卷六十九、卷一百十四，文淵閣《四庫全書》史部正史類。
〔註43〕原註：《程氏經說》卷七，文淵閣《四庫全書》經部五經總義類。
〔註44〕原註：張栻：《癸巳論語解》卷二，文淵閣《四庫全書》經部四書類。

　　「如何」意義則與「何有」相反，是「奈何」，「沒有什麼辦法」的意思，是用反問的語氣表示否定，表示不能怎麼樣。這在《公冶長》篇可以看得很清楚：

　　　　子曰：「臧文仲居蔡，山節藻梲，何如其知也？」

　　「何如」即「如何」，「何如其知」即「其知如何」，也就是「其智不怎麼樣」，表示的是對臧文仲「其智」的否定。同理，此章「為國如禮何」當作「為國如何」，即「治國不怎麼樣」，表示的是對其治國的否定。懂得這一道理，此章就當讀作：

　　　　子曰：「能以禮讓，為國乎何有！不能以禮讓，為國如何！」

　　孔子這是說：（為上者）能依禮謙讓，治理國家有什麼困難呢！如果不能依禮謙讓，治理國家又能怎樣！很明顯，孔子如此強調「禮讓」對治國的重要，應該是針對魯國執政的季氏僭越禮制而言的。〔註45〕

　　張中宇：尤須指出的是，如果回溯到春秋時期，「禮讓」還沒有成為一個詞或相對穩定的短語，甚至沒有二字連用的習慣。在《論語》中，「讓」一共出現 7 次，除了以上《里仁》篇中的 2 次，其他 5 次如下：

　　……

　　這 5 處「讓」都是單獨為詞。進一步查閱先秦儒家文獻及其他文獻，如《尚書》《周易》《周禮》《儀禮》《禮記》《詩經》《左傳》《孟子》《荀子》《墨子》《莊子》等，都不見「禮讓」連用之例。以《左傳》為例，「禮」出現 462 次〔註46〕，「以禮……」格式也出現 21 例，「讓」出現 49 次，卻無一例「禮讓」連用。所以《里仁》篇中的兩處「禮讓」，為春秋戰國及其以前罕見的「孤例」。

　　在先秦以及兩漢整理的文獻中，以禮治國的論述十分常見。例如：

　　……

　　在這些文獻中，「禮」是治理國家必需的禮儀制度、法規，在治理國家中的地位極高，不可或缺。但在大量論以禮治國的文獻中，都不見論及「讓」。「讓」與國家的關係，一般見於讓天下、讓國，如《論語‧泰伯》篇中泰伯「三以天下讓」。在《泰伯》篇以及類似「讓國」故實中，均沒有提到「禮」。

〔註45〕廖名春：《孔子真精神：〈論語〉疑難問題解讀》，貴陽：孔學堂書局有限公司，2014 年版，第 266～271 頁。

〔註46〕原註：楊逢彬. 論語新注新譯〔M〕. 北京：北京大學出版社，2016：392.

這些文獻中「讓」並不是「為國（治國）」，而是不爭「為國」的權位。由此來看，以「為國」而論，必需的是「禮」，「讓」並非「為國」的必備要素，因而論以禮治國都不論及「讓」。先秦文獻僅《里仁》篇例外，即使在《里仁》篇中，孔子最後問「如禮何」，而不是「如禮讓何」或「如讓何」，可表明這一章論述的核心是「禮」，不是「讓」。而從皇侃、邢昺、朱熹，直到現代譯為「禮讓」，都已偏於「讓」，這就偏離了這一章論述的核心，當然不符合孔子原意。

在「三禮」中，集中敘周代官制、權責、相關法令等的《周禮》，最初名為《周官》，其中「讓」僅出現 9 次。在《儀禮》中，「讓」共出現 46 次。漢代編成的《禮記》，「讓」出現最多，共 73 次。由此大致可以判斷，「讓」本質上是一種態度，在表示態度或者儀式性的文獻中出現更多，如《儀禮》《禮記》。「禮」包括制度、「儀禮」等，但在西周乃至春秋時期，卻更側重其深層的「禮制」，包括官制、法令等，具有規範性和強制性，這才是「為國」的核心。這些帶有強制性的制度、法令與「讓」不具有直接關聯，所以在敘周代官制、權責、相關法令等的《周禮》中，「讓」出現的次數還不及《儀禮》中的五分之一，不及《禮記》中的八分之一，大大少於《儀禮》《禮記》。由於從西周到春秋、戰國，再到秦、漢，政治制度及官制發生了劇烈而深刻的變化，所以西周禮制直接治理國家的作用不斷弱化、虛化，而它的「儀式性」卻在不斷增強。與之相應，從《周禮》到《儀禮》《禮記》，表示態度與儀式性的「讓」出現的次數隨之大幅增多。

現在略考察《周禮》中 9 例「讓」的用法。在《周禮‧地官‧司救》中，「讓」出現 3 次：「司救掌萬民之邪惡、過失，而誅讓之，以禮防禁而救之。凡民之有邪惡者，三讓而罰，三罰而士加明刑。恥諸嘉石，役諸司空。其有過失者，三讓而罰，三罰而歸於圜土。」以上 3 例「讓」均作「責讓」。「誅讓」指言辭嚴厲的批判、譴責。兩處「三讓」均指多次譴責或問責。《說文》：「讓，相責讓。從言襄聲。」《小爾雅》：「詰責以辭謂之讓。」在先秦文獻中，「責讓」義頗為常見。《周禮》中另外 6 處「讓」表示與今相近的「謙讓」。《周禮‧秋官‧司儀》論「司儀」的權責「司儀掌九儀之賓客擯相之禮，以詔儀容辭令揖讓之節」，其中就出現 5 處「讓」。司儀原本負責接待賓客以及相關禮儀，所以這 5 處「讓」，乃是「禮制」之下司儀職官的具體態度及行為。另 1 例見於《周禮‧地官‧司徒》：「大司徒之職……而施十有二教焉。一曰以祀禮教敬，則民不苟。二曰以陽禮教讓，則民不爭。三曰以陰禮教親，則民不怨。」司徒是西

周時主管財賦等的最高官職，掌管天下土地、戶籍等，其職能廣泛，因此還要負責對人民的「教化」。這裏「教讓」，只是按照禮制管理諸多事務中的一個具體問題。而「禮」，則是治理天下的根本依據。由此可以判斷，在周代以禮治國的環境下，「讓」只是禮制之下的具體態度與儀式，它的重要性遠低於「禮」。因為那個時代，「禮」作為官制、法令制度還沒有弱化、虛化或者「儀式化」，而是天下的根本大法。「讓」作為一種儀式化的態度，還不足以與「禮」並提。這恐怕是先秦文獻除了《里仁》篇，再也找不到「禮讓」連用的原因。直到周代以後，「禮」的作用趨於弱化、虛化、「儀式化」，「禮讓」才逐漸連用，且其意義偏重於「讓」。由此來看，要還原周代「禮讓」的意義，就不能把「禮讓」作為一個整體。所以「能以禮讓為國乎」解作「能夠用禮制和謙讓的態度來治理國家嗎」，更接近春秋時期語言實際，也比保留「禮讓」不譯合理。〔註47〕

4.14 子曰：「不患無位，患所以立。不患莫己知，求為可知也。」

王浩然、曾光平：甲骨文立、位同形，但春秋時代二詞已經分寫，它們的詞源不同。這裏的「立」就是「立業」的「立」，絕不是「職位」的「位」。〔註48〕

廖名春：而程石泉的意見〔註49〕則是正確的。《衛靈公》篇也說：「君子病無能焉，不病人之不己知也。」《論語‧學而》《憲問》《衛靈公》的以上三例〔註50〕中，「不患」與「患」，「不病」與「病」都是相對應的。此章也當如此，上句既言「不患」，下句就當有「患」相呼應。所以，「求為可知也」前當補「患」字。

但補了「患」字後，問題也來了。「（患）求為可知也」，語氣不順，實為不辭。這應該就是前賢視而不見，不敢補「患」字的原因。

〔註47〕張中宇：《〈論語〉「禮讓」「去食」考釋——兼評儒家政治理想》，《重慶師範大學學報（社會科學版）》2018年第6期，第47～49頁。

〔註48〕王浩然、曾光平：《〈論語譯注〉詞語訓釋札記》，《古籍整理研究學刊》1987年第3期，第15頁。

〔註49〕程石泉先生認為：「按此章上下文理應缺一『患』字。……前段作『不患……患……』，後段亦應作『不患……（患）……』。故『求為可知』前應有一『患』字。」（程石泉《論語讀訓》，上海古籍出版社2005年版，第51頁。）

〔註50〕《論語‧學而》《憲問》中的兩例分別指「不患人之不己知，患不知人也」、「不患人之不己知，患其不能也」。

定州漢簡本《論語》的出現為解決這一問題提供了契機。其簡七一載：

子曰：「不患無位，患所（以立；不患莫己知，未為可知也）。」

〔註51〕

圓括號內的文字，根據《定州漢墓竹簡〈論語〉》一書的「凡例」，是「因唐山地震擾動殘損的」「簡文」〔註52〕，並非後人所補。因此，還是可以信據的。

趙晶指出：簡本「求」作「未」。此句若依通行本，後兩句多解釋為：「不怕沒有人知道自己，去追求足以使別人知道自己的本領好了。」或「不擔心沒有人知道自己，而是追求自身所擁有的」。如依簡本，可解釋為「不擔心沒有人知道自己，（而是擔心自己的水平）還沒有達到讓別人知道自己的地步」。根據前一句「不患……患」的句式來看，簡本應更佳。〔註53〕

這一意見是正確的。根據定州漢墓竹簡本《論語》，今本的「求」當作「未」。再依據前一句「不患……患」的句式，在「未為可知也」前當補出「患」字來，「患未為可知也」，即「患不為可知也」。這樣，自然也就文從字順了。

由此可見，此章當作：

子曰：「不患無位，患所以立；不患莫己知，患未為可知也。」

孔子這是說：不怕沒有官位，就怕自己沒有做官的本領；不怕沒人知道自己，就怕自己沒做能讓人知道的事。〔註54〕

4.15 子曰：「參乎！吾道一以貫之。」曾子曰：「唯。」

子出，門人問曰：「何謂也？」曾子曰：「夫子之道，忠恕而已矣。」

郭祥貴、楊和為：綜上所述，「吾道」即「修身治國之道」，「一以貫之」即是以「仁」來貫穿，而非曾子所說：「夫子之道，一以貫之，忠恕而已。」按「仁」在孔子以前，處於和其他德目一樣的地位，但在孔子的思想體系中，

〔註51〕 原註：河北省文物研究所定州漢墓竹簡整理小組：《定州漢墓竹簡〈論語〉》，文物出版社1997年版，第20頁。

〔註52〕 原註：河北省文物研究所定州漢墓竹簡整理小組：《定州漢墓竹簡〈論語〉》，文物出版社1997年版，第8頁。

〔註53〕 原註：趙晶：《淺析定州漢簡本〈論語〉的文獻價值》，《浙江社會科學》2005年第2期。

〔註54〕 廖名春：《孔子真精神：〈論語〉疑難問題解讀》，貴陽：孔學堂書局有限公司，2014年版，第274～276頁。

「仁「上升到了眾德目的統帥地位，至於「忠恕」，只是「仁」的一部分，因此也就不能代表孔子所謂「吾道」。〔註55〕

甘祥滿：統觀「一」、「貫」析言之說，皆不免有析之太細、究之太繁之弊。反觀渾言之說，則不求甚解，或許更能把握住孔子一以貫之之大義。渾言之，「一以貫之」四字是一個整體，一即貫，貫即一，一貫是連而不分的。換言之，「吾道一以貫之」就是孔子所追尋、堅持和倡導的仁義之說，是整體一貫的，是貫徹始終的，不是支離破碎或斷斷續續的。吾道，即孔子一生所堅持、倡導的道，即儒家學說思想之整體，不必一定要概括為某一具體的概念，比如仁或先王之道等等，只需籠統地懂得這是孔子一生所尋求、堅守的大道，是三十而立、四十不惑、五十知天命、六十而耳順、七十從心所欲不逾矩者。……

就《論語・里仁》中孔子——曾子——門人之間的談話而論，這段文本包涵了兩段對話，一是孔子和曾子的「密談」，一是曾子與門人的公示。兩段對話有著不同的主體，不同的目的，不同的內容，因此二者之間不必有等一的關係。回到話語發生之背景，孔子對曾子說的話，與曾子對門人說的話，不是同一個語境。即便後一個對話是對前一次對話的承接和轉述，中間也存在著詮釋學的語義轉換即詮釋者意義植入的問題。孔子和曾子的秘密談話或私人性談話，與曾子對門人廣而告之式的對話，其目的和意義是全然不同的。換言之，「忠恕而已」頂多只是「一以貫之」的置換語，而不必看做是它的標準答案或唯一答案，甚至不必看做是它的答案。準此，則一味地尋求忠恕與一以貫之之間的某種等同性或者去證偽二者的非等同性，皆是不必要的。……

……我們也可以說，忠恕關係既可以是一，也可以是二。說是一，是指忠恕的一貫性，盡己之心必推至盡人、盡物；說是二，是指忠恕一言人一言己、一成人一成己，畢竟有別。

要言之，夫子「一以貫之」之道究竟何指，已不可臆定；曾子言「忠恕而已」究竟是否即夫子一貫之道，亦不可輕下斷言。說一貫是一貫、忠恕是忠恕可，說忠恕即一貫或一貫即在忠恕中亦可。至於曾子所言之忠恕與《中庸》子思所記「違道不遠」之忠恕是否為同一者，或是否有高下二層之別者，又或乃一是一非者，從文本詮釋的角度說，兩個文本各有所本，話語背景或許本不相同，因此實無必要做過多的推測。同一文本之相同詞彙在不同的語

〔註55〕郭祥貴、楊和為：《〈論語〉「吾道一以貫之」解》，《滄桑》2013年第5期，第94頁。

境中出現，其意義本已有差別，難以做簡單的、等價性的引證。跨文本的比較和詮釋，則更難確信其有效性和合法性。〔註56〕

周寶銀、黃懷信：其實，一以貫之的「一」指「一個核心或綱領」，「貫」，指「貫」穿，即「用一個東西貫穿它們」〔註57〕。康有為先生認為孔子：「告曾子之一貫，就其道言；告子貢之一貫，就其學言。」〔註58〕然而，「聖人開示萬法，大小精粗無所不備，或並行而不悖，或相反而相成，然其用雖萬殊，本實一貫」〔註59〕。康先生理解「一以貫之」當是孔子行事、教學的一貫追求。受此啟發，筆者不揣淺陋，認為康先生所說的孔子「一貫追求」，應是「天下有道」。縱觀孔子一生，唯一目標就是恢復先王之「道」並為此奔走吶喊。在孔子看來「人能弘道，非道弘人」（《論語·衛靈公》），要實現「天下有道」，就要使天下「禮、樂、政、名、教」等先王之「道」按「正」的標準行於當世，重振「周道疲敝」。所以，「正」就成為孔子之「道」最核心的內容。「一以貫之」的「一」，就有貫穿「禮、樂、政、名、教」等先王之「道」，讓其按「正」的標準行於當世，「正」成為孔子「一以貫之」之道的主軸。「一以貫之」就是「以正貫之」，是孔子積極入世，努力求「正」，以實現「天下有道」的嘗試。〔註60〕

范友悅：若將「參」釋為「驂」似乎更合乎實際。

其一，《論語》中孔子多次直呼弟子之名，但除此之外都不用「乎」作為語氣詞，表示呼告時往往用語氣詞「也」。

《論語》一書中，孔子在談話中提及顏回12次，其中2次用第二人稱代詞，8次直呼顏回的名字，其餘則使用語氣詞「也」、「與」，但從來不使用語氣詞「乎」。如：

……

〔註56〕甘祥滿：《〈論語·里仁〉篇「吾道一以貫之」章的詮釋問題》，《船山學刊》2015年第6期，第73、75、77、78～79頁。

〔註57〕原註：黃懷信，龐素琴. 論語新校釋〔M〕. 西安：三秦出版社，2006：84、375.

〔註58〕原註：康有為，著，樓宇烈，整理. 論語注〔M〕. 北京：中華書局，1984：229.

〔註59〕原註：康有為，著，樓宇烈，整理. 論語注〔M〕. 北京：中華書局，1984：51.

〔註60〕周寶銀、黃懷信：《從「一以貫之」到「天下有道」》，《甘肅社會科學》2016年第6期，第81頁。作者文中所論為4.15章與15.3章兩章中的「一以貫之」。

由此可見，孔子在稱呼其弟子，乃至其他人時，並不習慣於使用語氣詞「乎」，或者說根本不使用該詞。而且後人總結語氣詞「乎」的用法時，指出其有表示呼告的作用，但所舉例證也僅限於《論語》中此一例。如《中華大字典》、《辭源》、《辭海》等大型工具書皆是如此。

其二，整部《論語》當中共使用「乎」158 次，在除此之外的 157 次中只有一次是用在人名之後。即《八佾》中「季氏旅於泰山。子謂冉有曰：『女弗能救與？』對曰：『不能。』子曰：『嗚呼！曾謂泰山不如林放乎。』」但顯然在這裏「林放乎」並不是呼林放，而是表示反問語氣。在這 157 次當中也沒有一例是表示呼告的。

其三，參作為驂的通假，在上古時代廣泛使用，後人多無異議。在《論語》中孔子也曾使用。如：

> 子張問行。子曰：「言忠信，行篤敬，雖蠻貊之邦行矣；言不忠信，行不篤敬，雖州里行乎哉？立，則見其參於前也；在輿，則見其倚於衡也，夫然後行。」子張書諸紳。（《衛靈公》）

並且，孔子常常使用「執御」等行為來進行比喻說理，如：

> 子曰：「富而可求也，雖執鞭之士，吾亦為之。如不可求，從吾所好。」（《述而》）
>
> ……

其四，對「參乎」一章文本的解釋。孔子的教育方法是啟發式教育，他曾說：「不憤不啟，不悱不發，舉一隅不以三隅反，則不復也。」（《述而》）在這裏也貫徹了著〔註 61〕一原則。孔子對他的弟子們說：「你們駕過車吧！我的道就像駕車一樣『一以貫之』，只要掌握住繮繩，就可以隨心所欲了。」然而眾弟子中只有曾參反應過來了，明白老師的意思。等到孔子出去後，大家紛紛問曾參這是什麼意思，曾參對大家說：「老師的道的核心不過是『忠』和『恕』而已。」「忠」和「恕」不就像車的繮繩嗎，握住了繮繩何往而不往。

綜上所述，筆者認為「參乎」當訓為「驂乎」。〔註 62〕

〔註 61〕原文作此，疑當為「這」。
〔註 62〕范友悅：《參乎！驂乎？——「參乎」非呼曾子辨》，《大眾文藝》2018 年第 17 期，第 173 頁。

4.16 子曰：「君子喻於義，小人喻於利。」

劉洪波、劉凡：今本《論語》中的「君子喻於義，小人喻於利」中的「喻」簡本〔註63〕作「踰」，可做別種解釋。在今本《論語》中「喻」共出現兩次，即「君子喻於義，小人喻於利」這一句；「踰」共出現四次，即《為政》：「子曰：『……七十而從心所欲，不踰距。』」《子張》：「子夏曰：『大德不踰閒，小德出入可也』。」「子貢曰：『無以為也！仲尼不可毀也。他人之賢者，丘陵也，猶可踰也；仲尼，日月也，無得而踰焉』。」而在簡本《論語》中，今本《論語》出現的兩「喻」字並作「踰」，即無「喻」字。……因此「君子踰於義，小人踰於利」中「踰」的意思亦當理解為「超過」、「超越」，象〔註64〕「……陵也，猶可踰也；中尼，日月也，無得踰焉」中的「踰」字一樣。這樣，孔子的這句名言可理解為：對君子（統治者）而言，要超越「義」這一層面，（使其達到更高層次的「仁」，即愛人，這是孔子認為的一個人道德修養的最高境界；）對小人（百姓）而言，要超過「利」的層面，（不只要滿足他們的各種生理、物質的需求，而且要使他們有道德修養。）〔註65〕

這樣理解是和孔子「仁」學說的一貫主張相符合的。我承認孔子把「義」看作君子的一種德行，《論語‧衛靈公》：「子曰：『君子義以為質，禮以行之，孫以出之，信以成之。君子哉！』」《陽貨》：「子路曰：『君子尚勇乎』？子曰：『君子義以為上。』」（簡本「上」作「尚」）《里仁》：「君子之於天下也，無適也，無莫也，義之與比。」等都說明了這一點，這些前人也多有論述，但是不是「義」就是君子的最高德行了呢？是不是君子只懂得義，而不懂得仁呢？眾所周知，孔子最高的道德理想是「仁」。《呂氏春秋‧不二》說：「孔子貴仁。」而據楊伯峻統計，今本《論語》全書作為道德標準的「仁」共出現105次〔註66〕，……

而且，「君子踰於義，小人踰於利」這種理解與孔子並不否認「利」的合理性這種主張相符。孔子並不是禁欲主義者，他不反對人追求利欲，並把人的欲求看成是人的一個層面，只不過他把它看成是較低的層面罷了。象《述

〔註63〕指定州漢墓竹簡本《論語》。
〔註64〕原文作此字，作者此文中下同。
〔註65〕關於君子和小人的解釋參看程樹德《論語集釋》引《群經平議》：「古書言君子小人大都以位而言，漢世師說如此。後儒專以人品言君子小人，非古義矣。」和劉寶楠《論語正義》引范甯「君子、小人以位言。」等。
〔註66〕原註：楊伯峻. 論語譯注〔M〕. 北京：中華書局，2002：221.

而》：「富而可求也，雖執鞭之士，吾亦為之。如不可求，從吾所好。」……
而且正如前面所說，孔子認為人活在世不只是生存，其內質中還有道德修養
方面的素養和追求，這對於「小人」（百姓）來說，就是儘量超越「利」的層
面，追求「義」和「仁」，儘管他們未必能達到那樣的境界，但這種欲義、欲
仁之心是和君子一樣的，而正如《衛靈公》：「無為而治者，其舜也與？夫何
為哉？恭己正南面而已矣。」……所言，統治者進行個體道德修養就可以實
現「無為而治」。並且君子的做法可以影響小人的做法，君子的德行可以改變
小人的德行。《顏淵》：「……子欲善而民善矣。君子之德風，小人之德草，草
上之風，必偃。」就可證明。

再者，據《論語正義》載：「傳播《魯論語》的，有龔奮、夏侯勝、韋賢、
魯扶卿、蕭望之、張禹等人。」〔註 67〕《漢書·藝文志》亦云……蕭望之乃
漢時名儒，《漢書·蕭望之傳》載他：「又從夏侯勝問《論語》、《禮服》，京師
諸儒稱述焉。」「為太傅，以《論語》、《禮服》授皇太子。」而在蕭望之之前
和之後同做過太子太傅的夏侯勝、張禹兩人都有自己的《論語》版本，分別
是《論語說》和《張侯論》，那麼，蕭望之是不是也有自己的《論語》版本呢？
而且通經術的蕭望之曾倍受漢宣帝青睞，曾累官至御史大夫，在朝野中有很
高聲望，宣帝疾篤時，還遺詔輔政。因此，與蕭望之奏議一起出土的簡本《論
語》（公元前 55 年之前的本子），很可能就是當時蕭望之（公元前 47 年去世）
的《論語》傳本，而其中的「君子踰於義，小人踰於利」這句就是蕭望之《魯
論》的觀點，據《漢書·蕭望之傳》確載：「望之與少府李強議，以為『民函
陰陽之氣，有好義欲利之心，在教化之所助。堯在上，不能去民欲利之心，
而能令其欲利不勝其好義也；雖桀在上，不能去民好義之心，而能令其好義
不勝其欲利也。故堯、桀之分，在於義利而已，導民不可不慎也』。」可見，
蕭望之這位《魯論》大師對利義的理解是：人皆有欲義好利之心，統治者的
所作所為對人民有一定的影響，他們對人民的教化好壞可使人民或欲利之心
勝好利之心或好利之心勝欲利之心。好的統治者雖「不能去民欲利之心」，而
能「令其欲利不勝其好義」，其中「勝」就是「勝過、超過」的意思，與「踰」
同。「欲利不勝其好義」就是欲利之心不超過好義之心，即好義之心超過欲利
之心，也就是「小人踰於利」而「好義」。這正如《荀子·大略》之所謂「上
重義則義克利，上重利則利克義」。故君子有較高的道德修養，小人也會同化，

〔註67〕原註：劉寶楠. 論語正義〔M〕. 北京：中華書局，1998：1.

而且君子應該有高的道德追求，小人也一樣，這種道德追求就是「君子喻於義」而趨向仁，「小人喻於利」而趨向義、仁，這就是孔子所謂「君子喻於義，小人喻於利」的含義所在。〔註68〕

4.18 子曰：「事父母幾諫，見志不從，又敬不違，勞而不怨。」

楊逢彬、蔣重母：《里仁篇》的「勞而不怨」，楊伯峻先生譯為「雖然憂愁，但不怨恨」，《堯曰篇》的則譯為「勞動百姓，百姓卻不怨恨」。〔註69〕我們認為，這兩處「勞而不怨」，都大約相當於《左傳》僖公二十九年的「勤而不怨」以及《孟子·盡心上》的「雖勞不怨」，即勤苦勞頓卻不怨恨。楊伯峻先生今譯《里仁篇》之「勞而不怨」為「雖然憂愁，但不怨恨」，係採王引之說。《禮記·坊記》：「子云：『從命不忿，微諫不倦，勞而不怨，可謂孝矣。《詩》云：「孝子不匱。」』」王引之《經義述聞·禮記下》注之云：「勞，憂也。高誘注《淮南·精神篇》：『勞，憂也。』凡《詩》言『實勞我心』『勞心忉忉』『勞心慱慱』『勞人草草』之類，皆謂『憂』也。……『勞而不怨』，即承上『見志不從』而言。言諫而不入，恐其得罪於鄉黨州閭，孝子但憂之而不怨其親也。」〔註70〕《禮記·坊記》這段文字被看成與《里仁》那段文字互為注腳。因此，近世注《論語》諸家如劉寶楠、楊伯峻先生、孫欽善先生多從王說。其實王引之此說並不正確。王所舉四例中有三例「勞」以「心」為賓語。我們窮盡考察了《詩經》中的33例「勞」字（《大雅·民勞》的5例「民亦勞止」算作1例，4例「實勞我心」，有2例見於《小雅·白華》，算作3例），除去以「心」字作賓語的9例，以及「民勞草草」1例，剩下23例中除了3例一般解作「慰勞」（莫我肯勞、職勞不來、召伯勞之）外，其餘20例一般都作「辛勞」「勞苦」「操勞」理解。如「棘心夭夭，母氏劬勞」（《邶風·凱風》）。而「勞心」的「勞」其實就是「辛勞」「勞苦」這一義位的使動用法。這和《左傳》襄公九年、《國語·魯語下》「君子勞心，小人勞力，先王之制也」以及《孟子·滕文公上》「或勞心，或勞力；勞心者治人，勞力者治於人」的「勞心」並無不同。《陳風·月出》的「勞心慘兮」和《小雅·北山》的「慘

〔註68〕劉洪波、劉凡：《〈論語·里仁〉：「君子喻於義，小人喻於利」新解》，《古籍整理研究學刊》2004年第4期，第53～54、55頁。
〔註69〕原註：楊伯峻. 論語譯注〔M〕. 北京：中華書局，1980：211.
〔註70〕原註：王引之. 經義述聞〔M〕. 南京：江蘇古籍出版社，1985：385.

慘劬勞」的「勞」也並無不同。「心之官則思」，思慮過度則為「勞心」，也即是「憂」。試以義素分析法來解決這一問題：《王力古漢語字典》「憂」的第一個義位是「憂慮」「憂傷」，而「憂慮」這一義位大致可以分析為〔操勞〕＋〔心（腦）〕＋〔壞心情〕，而「勞心」正是「操勞其心」。這樣看來，將「勞心」理解為、翻譯為「憂」是可以的；但「勞心」的「勞」，其詞彙意義並無本質上的改變。質言之，「勞心」可以理解為「憂」，但「勞」不能理解為「憂」。至於將「勞人草草」的「勞」也解作「憂」，則是由於《毛傳》說「草草，勞心也」，而《鄭箋》說：「草草者，憂；將妄得罪也」，王氏乃運用「互文」的訓詁方法將《毛傳》的「勞心」與《鄭箋》的「憂」聯繫起來。「訓詁學上的『互文見義』用在詞義訓釋上也有它的局限性，不能任意比附、闡發，用在語法分析上就更加危險。因為古文中的對句、排比句並不見得就是語法結構一一相對的。」〔註 71〕我們認為，說「勞」有「憂」義，是隨文釋義，並不可靠；《左傳》中「勞」凡 63 見，而據陳克炯先生《左傳詞典》的考察，並無一例釋〔註 72〕可釋為「憂」者。這就有違王引之自己所說的「揆之本文而協，驗之他卷而通」〔註 73〕，也即違反了語言的社會性原則。《堯曰篇》第二章，上文言「勞而不怨」，下文答曰「擇可勞而勞之，又誰怨？」皇侃《義疏》：「擇其可應勞役者而勞役之，則民各服其勞而不敢怨也。」尤可證「勞」當訓「勞動」「勞苦」而非「憂愁」。〔註 74〕

4.21 子曰：「父母之年，不可不知也。一則以喜，一則以懼。」

王浩然、曾光平：我們認為，這裏的「懼」只有「謹慎」之意而無「恐懼」之意。

從詞源學的角度來看，「敬」源於「驚」、「懼」，它們同屬牙音，韻部相同或相近；「恭」源於「恐」，二者同韻部，同屬牙音。而「恭敬」是同義複音詞，其義則生於程度很輕的畏懼感心理。對大人或大人物，如果沒有絲毫的畏懼感，便會隨便、戲狎。對待工作，一般都要產生戒懼心理，戒懼則認

〔註 71〕原註：郭錫良. 漢語史論集：增補本〔M〕. 北京：商務印書館，2005：122.
〔註 72〕原文作此，疑此「釋」字為「是」字之誤。
〔註 73〕原註：王引之. 經傳釋詞〔M〕. 南京：鳳凰出版社，2000：5.
〔註 74〕楊逢彬、蔣重母：《〈論語〉詞語考釋五則》，《上海大學學報（社會科學版）》2011 年第 5 期，第 130～131 頁。作者文中所論為 4.18 章與 20.2 章兩章中的「勞而不怨」。

真、謹慎從事。對待自身,懼其所失,則要求自己莊重。殊途同歸,「恐」、「懼」、「驚」,與「恭」、「敬」,皆有謹慎、認真、莊重、嚴肅等義。……

另外,「畏」和「懼」是同義詞,它們的用法和意義也應該是相同的。比如,據《孟子·公孫丑上》記載:當有人問起曾西與子路「孰賢」時,曾西便不安地回答道:「吾先子之所畏也。」意思是:子路是我的先輩所敬重的人。這裏的「畏」也是「敬重」的意思,絲毫沒有「畏懼」之意。

至此,則「一則以懼」的「懼」和「臨事而懼」的「懼」,都沒有「恐懼」、「畏懼」的意思,而是對待大人的「敬重」和對待工作的「認真負責」之意。〔註75〕

4.23 子曰:「以約失之者鮮矣。」

孫景龍、劉旭芳:我覺得,這裏的「以約」是指一種處世態度,應於其後點斷。「失」是失誤,是沒想到會如此。怎樣處世,失誤會少呢?「以約」。「以」表憑藉,不是表因由,可譯為「用」。「約」是怎樣一種態度呢?「簡約」。大道至簡,簡則易行,易行則少失。

《論語·雍也》:「仲弓問子桑伯子,子曰:『可也,簡。』仲弓曰:『居敬而行簡,以臨其民,不亦可乎?居簡而行簡,無乃大簡乎?』子曰:『雍之言然。』」朱熹注:「簡者,不煩之謂。」〔註76〕「不煩」即「約」也。子桑伯子以簡約的態度處世,孔子評價說「可也」。朱熹注:「可者,僅可而有所未盡之辭。」程子說:「子桑伯子之簡,雖可取而未盡善,故夫子云『可』也。」〔註77〕「以約」(以簡約的原則處世),雖未盡善,但「失之者鮮矣」(失誤的時候就少了),所以孔子說「可」。〔註78〕

4.24 子曰:「君子欲訥於言而敏於行。」

李永:「敏於行」之「敏」,古注中多訓為「疾」義。皇侃《論語義疏》:「敏,疾速也。」《論語注疏》:「包曰:『言欲遲而行欲疾。』」邢昺疏:「敏,

---

〔註75〕王浩然、曾光平:《〈論語譯注〉詞語訓釋札記》,《古籍整理研究學刊》1987年第3期,第15頁。

〔註76〕原註:朱熹. 四書集注〔M〕. 長沙:嶽麓書社,1987.

〔註77〕原註:朱熹. 四書集注〔M〕. 長沙:嶽麓書社,1987.

〔註78〕孫景龍、劉旭芳:《〈論語〉讀解辨疑八則》,《承德民族師專學報》2009年第1期,第13頁。

疾也。言君子但欲遲鈍於言敏速於行。」劉寶楠《論語正義》:「敏,疾也,敏於事謂疾勤於事,不懈怠也。」我們認為,在這裏「敏」訓「疾」不合乎《論語》旨意,正解應訓「敏」為「勉」。

「敏」在古文獻中多有「敏疾」義,如上文中「敏給」、「敏捷」,但在該條中若訓「敏」為「疾」,作「疾速」解,則明顯與孔子一貫倡導的慎行思想不合。孔子推崇實踐,但反對急躁冒進,主張「臨事而懼」。如《子路》:「毋欲速,毋見小利。欲速則不達,見小利,則大事不成。」《述而》:「暴虎馮河,死而無悔者,吾不與也。必也,臨事而懼,好謀而成者也。」《為政》:「多聞闕疑,慎言其餘,則寡尤;多見闕殆,慎行其餘,則寡悔。」焦循《論語補疏》也認為「聖人教人,固不專以急速為重」。因此,把「敏」作「疾」解,在語義上甚不圓通。

在古文獻中,「敏」可訓作「勉」,有「勤勉」、「勉力」之義。《禮記·中庸》:「人道敏政,地道敏樹。」《禮記注疏》鄭玄注:「敏,猶勉也。」「敏政」即勉力於政事。《漢書·東方朔傳》:「此士所以日夜孳孳,敏行而不敢怠也。」顏師古注:「孳,與孜同;敏,勉也。」王聘真〔註79〕《大戴禮記解詁》釋「長而敦敏」:「敦,厚也;敏,猶勉也。」《論語》也有同類用例,《述而》:「我非生而知之者,好古,敏以求之者也。」劉寶楠《論語正義》:「敏,勉也。言黽勉以求之也。」《論語注疏》邢昺疏解為「敏疾求學而知之」,非是。此外,在古文獻中「敏勉」可連綴成詞。宋張栻《同嚴慶冑遊城南書院兼贈別》:「譬彼治田者,敏勉在勿休。」《尚書·周官》:「今予小子,只勤於德。」庫勒納《日講書經解義》:「勤者,敏勉之意」「敏勉」即「勤勉」,同義連文。從音韻上看,「敏」《廣韻》「眉殞切」,上古明母支韻,「勉」《廣韻》「亡辨切」,上古明母真韻,「敏」、「勉」明母雙聲,支真通轉。可見,「敏」訓作「勉」在語音上也有依據。

「訥於言而敏於行」與《學而》中「敏於事而慎於言」是同義句,意思是少說多做,勉力工作。《論語》中其他如「敏而好學」(《公冶長》)、「敏則有功」(《陽貨》),「敏」並訓作「勉」。〔註80〕

〔註79〕原文作此,疑當為「王聘珍」。
〔註80〕李永:《〈論語〉札記二則》,《古籍整理研究學刊》2007年第2期,第89頁。

4.26 子游曰：「事君數，斯辱矣；朋友數，斯疏矣。」

錢玉趾：我們認為，《八佾》說「臣事君以忠」，《學而》說「與朋友交，言而有信」，是從正面闡述的「忠」與「信」的重要性；《里仁》則是從反面強調「忠」與「信」的重要性。「事君數」是說朝秦暮楚式的不忠的「事君」會導致「辱」。「朋友數」是說猴子扳包穀式（扳了就丟）的不信的交友，會導致「疏」。〔註81〕

孔漫春：在「數」字含義的諸種訓釋中，「頻繁」、「煩數」說贊同者頗多，但筆者認為，在「事君數」章中，「數」字含義的正解當為「親近」、「親密」。這種觀點的提出，在論語學史上亦曾有痕迹。劉寶楠在《論語正義》一書中曾經援引吳嘉賓之說：「數者，昵之至於密焉者也。」〔註82〕今人張燕翎在《孔子·聖人風範》一書中採納吳氏之說。〔註83〕

（一）由舊說得失看「數」及「事君數」章的含義

劉寶楠在《論語正義》援引吳嘉賓之說曰：「『數』與『疏』對，《記》曰：『祭不欲數』是也。君子之交淡如水，小人之交甘如醴。君子淡以成，小人甘以壞，事君與交友皆若是矣。『數』者，昵之至於密焉者也。惟恐其辱，乃所以召辱，不欲其疏，乃所以取疏。」分析吳氏之說，可以發現至少有兩點對於我們正確理解「事君數」章的真確含義具有啟發價值。其一，吳氏指出：「數者，昵之至於密焉者也。」其二，吳氏指出，「數」與「疏」對。這就是說，在本章中，「數」與「疏」意義相對，對舉成文。楊樹達先生在《詞詮·序例》中曾經這樣指出：「凡讀書有二焉：一曰明訓詁，二曰通文法。訓詁治其實，文法求其虛。」〔註84〕吳氏正是從訓詁、文法這樣虛實兩個方面來解讀「事君數」章的。吳嘉賓從「數」「疏」對舉出發，訓釋「數」「疏」的確切含義，可以說是抓住了理解「事君數」章的一個關鍵所在。但吳氏的失誤在於，他混淆了「數」、「疏」在不同語境中的不同含義。

〔註81〕錢玉趾：《〈論語〉「事君數」、「朋友數」新解》，《文史雜誌》2009年第3期，第77頁。
〔註82〕原註：〔清〕劉寶楠：《論語正義》，第160頁。
〔註83〕原註：張燕翎：《孔子·聖人風範》，北京：中國社會出版社1999年版，第118頁。
〔註84〕原註：楊樹達：《詞詮》，北京：中華書局，1979年版，第5頁。

（二）由古代典籍中「數」「疏」的使用情況看「事君數」章的含義

前文吳嘉賓所引語例出自《禮記・祭義》，其原文是：「祭不欲數，數則煩，煩則不敬。祭不欲疏，疏則怠，怠則忘。是故君子合諸天道，春禘，秋嘗。」鄭玄注此曰：「忘與不敬，違禮莫大焉。合於天道，因四時之變化，孝子感時念親，則以此祭之也。」孔穎達疏曰：「此一節明孝子感時念親，所以四時設祭之意。」〔註85〕原文的意思是，祭祀的次數不可太多，否則，就會使人心生厭煩，心生厭煩就難免喪失敬意。祭祀的次數亦不可太少，否則，就會使人懈怠，如若懈怠就會忘記先祖。因此，君子配合天道的運行，春天舉行禘祭，秋天舉行嘗祭。這裏，「數」與「疏」對舉，分別指的是祭祀次數的多和少。通過檢索相關文獻可以發現，當「數」字表示次數多時，常常指某個具體的動作或者行為，「祭不欲數」即指祭祀這一動作或者行為的次數而言。古代典籍中「數」字的如此用法，例舉如下：

……

在上述諸例中，「數」字均表示具體動作的次數之多，或是進諫，或是攻伐，或是懲罰，或是受到驚嚇而恐懼。而在《論語》「事君數」一章中，與「數」字連用的「事君」「朋友」，並不是表示某一具體的動作或者行為，而是講人與人之間的關係以及待人接物的具體規範，這涉及到人的行為方式。在「事君數」章中，「數」字如若義訓為「屢次，次數多」，則於整個句意齟齬難通。如若從「數」與「疏」對舉的角度去審視問題，或許能夠幫助我們找到更為恰切的答案。劉寶楠在《論語正義》中指出：「疏，遠也。」〔註86〕與「遠」相對應的就應當是「近」。以遠近親疏來表述和形容人與人之間的關係，這應該說是比較恰當的。此外，尤其值得注意的是，孔子本人在其具體的言語實踐中對「疏數」一詞的使用，構成了我們上述主張的一則強有力證據。據《禮記・哀公問》記載，孔子在回答哀公之問時說到：「非禮無以別男女父子兄弟之親，婚姻疏數之交也。」〔註87〕

（三）結合孔子的思想特點探解「數」及「事君數」章的含義

「事君數」章是孔子中庸思想在人際交往上的一種具體體現。……這種見解具體而言就是，在與他人的交往過程中，不可走向極端，而要使自己的

〔註85〕原註：《禮記正義》，阮刻《十三經注疏》本，第1592頁。
〔註86〕原註：〔清〕劉寶楠：《論語正義》，第160頁。
〔註87〕原註：《禮記正義》，第1611頁。

行為舉止努力做到適可而止、恰到好處。否則，「過猶不及」，〔註88〕如果以過於親近、過於密切的方式去求得親近和密切，到頭來結果往往適得其反，招致恥辱與疏遠。所以，當弟子子貢詢問交友之道時，作為老師的孔子作了如下充滿智慧的建議性回答：「忠告而善道之，不可則止，毋自辱焉。」〔註89〕⋯⋯

此外，根據《禮記‧曲禮上》篇記載：「夫禮者，所以定親疏，決嫌疑，別同異，明是非也。」〔註90〕禮是孔子思想的核心內容，他曾告誡其子伯魚曰：「不學禮，無以立。」〔註91〕禮的功用是用來「定親疏」「別同異」的，亦就是要規定人與人之間的遠近親疏關係。在《論語》「事君數」一章中，孔子的意思是，無論事君抑或與朋友交往，都不可過於親近、親密，而應該依禮而行，採取恰當的方式。這種觀點，是符合孔子關於禮的具體思想的。

約而言之，《論語》「事君數」章中的「數」與「疏」，義訓當為「親近」與「疏遠」。這樣，既符合文法與古籍用語習慣，又和孔子的中庸思想、踐禮主張一脈相承、彼此呼應，實乃當屬真確之解。〔註92〕

楊婧：這裏「事君數」的「數」字，各學者觀點不一。孔漫春先生在《中國文化研究》中發表的《〈論語‧里仁〉篇「事君數」章異解辨正》中，認為「數」應理解為「親近，親密」之義。他先列出漢代以來諸位學者對此章內容的解釋，發現在關於「數」字的解釋中，尤以「頻繁、煩數，即屢次」為多。然後通過自己的考證方法，認為這裏的「數」不應是表示次數多，而應理解為「親近」之義。其論證方法大致如下：

⋯⋯

對此，筆者持以下觀點：

首先，孔漫春先生不應只引用清人之說，「漢晉諸家之說，其可靠性從概率上看，大大高於考據學興盛時期的清儒之說。」〔註93〕《爾雅》《說文》皆

〔註88〕原註：《論語注疏‧先進》，阮刻《十三經注疏》本，第2499頁。

〔註89〕原註：《論語注疏‧顏淵》，第2505頁。

〔註90〕原註：《禮記正義》，第1231頁。

〔註91〕原註：《論語注疏‧季氏》，第2522頁。

〔註92〕孔漫春：《〈論語‧里仁〉篇「事君數」章異解辨正》，《中國文化研究》2010年第1期，第151～153頁。

〔註93〕原註：楊逢彬. 論語新注新譯〔M〕. 北京：北京大學出版社，2016：26.

以疾注數，而《廣韻》《增韻》即以頻繁屢數為解。鄭玄注曰：「數，世主反。謂數己之功勞也。」〔註94〕何晏提出：「數，謂速數之數。」〔註95〕朱熹在《論語集注》中援引程子之觀點曰：「數，煩數也。」又引胡氏主張曰：「事君諫不行，則當去；導友善不納，則當止。至於煩瀆，則言者輕，聽者厭矣，是以求榮而反辱，求親而反疏也。」〔註96〕這說明朱熹認為「數」的意思是「多次勸諫、勸告」。可見，前人的觀點多以「煩數」居多。

　　與此同時，筆者從語言系統內部進行考證，考察對象的分佈，即和「事君數」相類似的句式結構。筆者查閱和《論語》同時代的典籍發現，含「數」字的句子共有 5546 句。其中，《論語》《國語》《左傳》和《孟子》這 4 部古籍中相關的例句共 136 例（《論語》5 例、《國語》30 例、《左傳》84 例、《孟子》17 例），和「事君數」句式相似的例子即「V2＋數」結構的句式幾乎沒有（其中 V2＝V1＋N，這裏 N 具有受事義，「V1」與「N」的結合更為緊密，是動詞性結構，筆者暫時將它視為一個整體，用 V2 來表示），更多的是類似「公問羽數於眾仲」（《左傳·隱公》）這樣的結構，即「V＋N2」結構（其中 N2＝N1＋數，大部分是名詞性偏正結構，結合較為緊密，這裏把它視為一個整體，用 N2 來表示。這裏的「數」一般翻譯為「數目，數字」）。例如：「計丈數。揣高卑。度厚薄」（《左傳·昭公三十二年》），「是皆習民數者也，又何料焉」（《國語·周語》）等。但是，《漢書·賈山傳》中的「賦斂重數，百姓任罷」、（漢）應劭的《風俗通·怪神·世間多有狗作變怪》中的「賦役重數，刑罰慘剋」、《新唐書·南蠻傳上·南詔上》中的「吐蕃責賦重數，悉奪其險立營候」以及（明）方以智的《物理小識·鳥獸類上·燕窩》中的「燕窩能止小便數」等，都出現了和「事君數」相類似的句式結構，並且「數」都作「屢次」講。而「數」為「親密」時，筆者在查找的典籍中，未發現和「事君數」相類似的句式結構，同時，多與「疏」形成對舉出現在句中。例如《孔子家語·賢君》中的「故夫不比於數而比於疏，不亦遠乎？」此外，據《漢語大字典》考釋，「數」作「屢次」義講，〔註97〕屬常義，相比於作「親密」義講，更為常用。學界一般取常義，捨僻義。

〔註94〕原註：程樹德. 論語集釋〔M〕. 北京：中華書局，1990：283.

〔註95〕原註：何晏注. 皇侃疏. 論語集解義疏〔M〕. 上海：商務印書館，1937：52.

〔註96〕原註：朱熹. 論語集注〔M〕. 上海：上海古籍出版社，1987：4.

〔註97〕原註：漢語大字典編輯委員會編，漢語大字典（第 2 版）〔M〕. 四川出版集團，湖北長江出版集團，四川辭書出版社，崇文書局，2010：5097～5100.

其次，作者著重從對舉的角度看，認為「數」與「疏」對。對舉猶對偶，相對舉出。即並列的兩個事物，互相襯托。回歸原文：「事君數，斯辱矣；朋友數，斯疏矣。」從原文看，「疏」並不與「數」相對，筆者認為這裏的「辱」和「疏」分別是「事君數」，「朋友數」導致的結果，故「疏」更傾向於和「辱」相對。此外，作者提出，「數」若當「屢次」講，則句意不通，這點過於主觀。

最後，作者根據孔子的思想特點來定義「數」在此章中的含義，這是從語言系統外部的角度來考證的。而語言系統外部的證據是次要的，非自足的。王力先生說：「古人已經死了，我們只能通過他的語言去瞭解他的思想；我們不能反過來，先主觀地認為他必然有這種思想，從而引出結論說，他既然有這種思想，他這一句話也只能作這種解釋了。後一種做法有陷於主觀臆測的危險。」〔註 98〕所以，研究者不能根據孔子所主張的思想來推斷「數」字的含義，而應在語言系統內部找答案。由此觀之，孔漫春先生的考證方法可能有所偏頗。〔註 99〕

〔註 98〕原註：王力. 訓詁學上的一些問題〔J〕. 中國語文，1962（1）：7〜14.
〔註 99〕楊婧：《〈論語〉考證二則》，《三江高教》2018 年第 2 期，第 42〜43 頁。

五、《公冶長篇》新說匯輯

5.3　子謂子賤，「君子哉若人！魯無君子者，斯焉取斯？」

常彥：故本解認為，斯焉取斯，第一個斯，指子賤。第二個斯，指君子。焉，疑問代詞，哪裏的意思。取，取得、獲得，這裏引申為具有。本句意思是，哪裏還有這樣的君子。

本章意思為：孔子評論子賤說：「這個人真是個君子呀。魯國如果沒有這樣的君子，哪裏還有這樣的君子？」

君子之品德，既是傳授的結果、倣仿的結果，更是自我修養的結果。不同的人，其獲得自然有異。如果說「若魯無君子，則此人何所取以成此德乎？」或「人之善，必本其父兄師友」或「假若魯國沒有君子，這種人從哪裏取來這種好品德呢？」，那第一個君子從何而來？假如社會處於墮落之階段，還可以復興嗎？所以，本章之意，並不是說子賤之品德是倣仿或學習魯之君子的結果，而是說，當時像子賤這樣的君子，只有魯國才有。〔註1〕

5.4　子貢問曰：「賜也何如？」子曰：「女，器也。」曰：「何器也？」曰：「瑚璉也。」

高明：《論語・公冶長》中「瑚璉」之「璉」，很可能原文作「胡甌」，其中之甌或軌被誤寫成了連。胡連二字最初都沒有玉字偏旁，後人為了表示禮

〔註 1〕常彥：《〈論語〉「公冶長」「雍也」篇疑義章句解讀》，《華南理工大學學報（社會科學版）》2014 年第 5 期，第 46 頁。

器的尊貴，增添了玉符。惠定宇在《五經古義》中指出「瑚璉二字當作胡連」，分析得很清楚。

將瓳或軌誤寫成連，很可能出現在西漢初年用隸書抄寫古文經書的時候。故至鄭玄注經時，遇此難題已殊感棘手，因不知璉為何器，只能講「與簋之異同未聞」。可見鄭氏注經確很謹嚴。由於古讀連如輦，又有人故作聰明，把璉改寫為輦。這一錯誤相繼沿續〔註2〕了兩千多年。

這個問題過去有人指出過〔註3〕，由於證據和理由都不夠充分，未能引起人們的重視。其實，《左傳》哀公十一年提到：「孔文子之將攻大叔也，訪於仲尼。仲尼曰：胡簋之事則嘗學之矣，甲兵之事，未之聞也。」同是孔子之言，此稱「胡簋」，不謂「瑚璉」，證明《論語》「瑚璉」之說，確為「胡簋」之誤。〔註4〕

何琳儀、黃錫權〔註5〕：洛陽龐家溝410號墓出土的一組青銅禮器中鬲、簋、罍、壺均自銘為「医聯」，即《論語》《禮記》中記載的「瑚璉」。「瑚璉」是一種泛稱或通稱。這組自銘「医聯」的器物組合屬於日常生活的飲食器具，似不能籠統地稱之為「黍稷之器」。〔註6〕

彭占清：既然孔子對子貢的學業、才幹以及言行的得失各有評說已如上文的引述，那末「瑚璉」的比喻義就不應該是對那些內容的重複而應該是對那些內容的概括，亦即邢〔註7〕《論語疏》所說的「明弟子子貢之德」。子貢之德如何？綜觀上述的四個方面可見：他思維敏捷透徹，他能言善辯、處世通達，他願意施行老師的學說，卻又準備根據實際情況作出妥協，他有強烈的榮譽感和剛正的骨氣，當權勢者危及師門時敢於挺身而出，仗義執言。在春秋儒者的詞庫中，既可用以比喻這些德行又完全符合語言規律的實體詞是什麼？是環。《禮記·玉藻》：「君子無故，玉不去身，君子於玉比德焉。」《爾雅·釋器》：「璧……肉倍好謂之璧，好倍肉謂之瑗，肉好若一謂之環。」環通常是玉製的，也有象牙製的，《玉藻》就記載：「孔子佩象環五寸而綦組。」

〔註2〕原文即作「沿續」。
〔註3〕原註：陸懋德《瑚璉考》，《齊大國學季刊》新第1卷第1期，1940。
〔註4〕高明：《盙、簋考辨》，《文物》1982年第6期，第71頁。
〔註5〕期刊上作「黃錫權」，亦即「黃錫全」。
〔註6〕何琳儀、黃錫權：《「瑚璉」探源》，《史學集刊》1983年第1期，第70頁。
〔註7〕原文此處空出一個字符，疑缺一「昺」字。

玉質或者牙質的堅剛光潤，環的均衡諧暢的造型，適可作為子貢之德的象徵性的寫照。環與瑚璉何干？它們分別記錄了同一個詞的兩個語音形式：單音節的「環」記寫的是雅音，雙音節的「瑚璉」記寫的是口語音。古音「瑚」匣母魚部，「璉」來母元部，「環」匣母元部，瑚的聲母及其介音（這個音節沒有介音，魚部韻母〔α〕被逆向異化—高化為介音〔u〕）跟璉的元音及其韻尾切合，即為環音：〔* rα lǐαn〕→ rα+（lǐ）α n→〔* ruαn〕〔註8〕。孔子主張「君子不器」（《為政》12），何以又稱子貢為器為環？因為子貢提的問題功利念重，不甚合「禮」，孔子的回答是勉為其難，故而雖然承認他的美德，卻以器喻之，並且不用雅言而說口語，以引發子貢反省。〔註9〕

張軼：許慎《說文》解釋「瑚」為「珊瑚也，從玉胡聲」〔註10〕，「璉」在《說文》中並無收入，故不曉其義。楊伯峻對「瑚璉」一詞釋為「簠簋，古代祭祀時盛糧食的器皿，方形的叫簠，圓形的叫簋，是相當尊貴的」〔註11〕。朱熹在《四書章句集注》裏對這段對話作了更詳盡的解析，引《禮記‧明堂位》之說，闡發道：

> 夏曰瑚，商曰璉〔註12〕，周曰簠簋，皆宗廟盛黍稷之器而飾以玉，器之貴重而華美者也。子貢見君子許子賤，故以己為問，而孔子告之以此。然則子貢雖未至於不器，其亦器之貴者歟。〔註13〕

再若錢穆有「瑚璉乃宗廟中盛黍稷之器，竹製，以玉飾之，言其既貴重，又華美，如後世言廊廟之材」〔註14〕的解釋。李澤厚的《論語今讀》亦採此說，直譯為「敬禮的玉器」〔註15〕。只有李零並沒有將「瑚璉」之義上登至廟堂之上，僅僅將其解釋為「一種貴重的食器」、「用來盛飯，是個吃飯的傢

〔註8〕原註：本文所論各字的先秦古音的構擬，採用王力《漢語語音史》的《先秦33聲母例字表》和《先秦29韻部例字表》合擬的形式，見《王力文集》卷十，山東教育出版社1989年第1版，P28～29、P60～71。該書不收之字，根據諧聲系統更行構擬。

〔註9〕彭占清：《說瑚璉、瑚、連——兼論名物詞的訓釋原則》，《煙臺師範學院學報（哲學社會科學版）》1997年第1期，第58～59頁。

〔註10〕原註：許慎. 說文解字. 北京：中華書局，2008年，第13頁下欄.

〔註11〕原文此處所對應的尾註部分漏註，當引自楊伯峻《論語譯注》。

〔註12〕原文作此，疑當為「璉」。

〔註13〕原註：朱熹. 四書章句集注. 上海：上海書店出版社，1987年，第28頁。

〔註14〕原註：錢穆. 論語新解. 北京：三聯書店，2002年，第111頁。

〔註15〕原註：李澤厚. 論語今讀. 北京：三聯書店，2006年，第134頁。

伙」〔註16〕。然而聯繫《論語》中對話的情境,「瑚璉」確確是作為一種比一般「器」更高級的形態存在的,故而筆者在此同樣更傾向於將「瑚璉」作為一種祭祀的禮器看待。〔註17〕

5.5 或曰:「雍也仁而不佞。」子曰:「焉用佞?禦人以口給,屢憎於人。不知其仁,焉用佞?」

李永:我們認為,「給」當與「捷給」之「捷」同訓,有「敏捷」、「便捷」之義,訓為「足」、「辯」、「供給」皆非。

在古代典籍中,「捷」、「給」常常連用,逐漸發生詞化,意思是巧嘴利舌、善辯有口才。如《管子·匡君》:「管仲曰:『隰朋聰明捷給。』」《史記》司馬貞索隱:「喋喋,多言也。利口捷給哉!」《字詁》:「(齊)當讀為資,資,給也。言天性捷給也。」《晏子春秋集釋》:「況乎博聞強記,捷給善辯,前有尹佚,後有墨翟,其揆一也。」「捷給」的語法構成屬並列關係。在古代文獻中,「捷給」可倒序為「給捷」,前後兩個語素互換位置而意義不變。如《後漢書·酈炎傳》:「炎有文才,解音律,言論給捷。」《十國春秋·趙弘傳》:「(趙)弘給捷,善戲謔。」《西河集·姜桐音墓誌銘》:「君幼給捷,行文不起草。」由此可證「捷給」、「給捷」都是按並列關係構成的複詞。

具體來說,「捷給」、「給捷」屬並列複詞中的同義連文,「給」在古漢語中具有「敏捷」的義項。《莊子·徐無鬼》:「王射之,敏給搏捷矢。」疏曰:「敏給,猶速也。」《後漢書》李賢注:「給,敏也。」《國語·晉語》:「知羊舌職之聰敏肅給也,使佐之。」《荀子·性惡》:「齊給便敏而無類。」並以「敏」、「給」對言,「給」有「敏」義,故「給捷」又可替換構詞,作「敏捷」。「敏」、「捷」同義,故「給」有「捷」義。又,「給」《廣韻》「居立切」,上古屬緝〔註18〕韻,「捷」《廣韻》「疾葉切」,上古屬盍韻,「給」、「捷」緝盍旁轉,其同義在語音上也具有一定的理據性。

「口給」即「口快」,「給」有「敏捷」之義。巧言捷給之人,正為孔子所惡。〔註19〕

〔註16〕原註:李零. 喪家狗. 太原:山西人民出版社,2007 年,第 114 頁。
〔註17〕張軼:《神聖的禮器比喻——以「瑚璉」意象為起點淺析孔子的禮儀觀與祭祀觀》,《安徽文學》2009 年第 12 期,第 302 頁。
〔註18〕原文作此,疑當為「緝」,此文中下同。
〔註19〕李永:《〈論語〉札記二則》,《古籍整理研究學刊》2007 年第 2 期,第 89 頁。

　　侯乃峰：新出《清華大學藏戰國竹簡》第六冊《管仲》篇中一句話，似乎可以為我們深入理解《論語》「雍也仁而不佞」章提供語境背景。……《管仲》篇第24～25簡云：

　　　　管仲答：「既年（佞）或（又）㤅（仁），此胃（謂）成器。……」

　　注釋云：「既佞又仁」，參看慧琳《一切經音義》卷五七：「佞者，諂媚於上，曲順人情，乍偽似仁。」〔註20〕

管仲的答語「既佞又仁，此謂成器」，意即既有好口才又有仁德，這就稱作成器，也就是成為有用之人。如果說《論語》「雍也仁而不佞」章中「或曰」者與孔子是以管仲這句話作為語境背景的話，那麼一切就都很好理解了。也即，「或曰」者與孔子在談論之前大概都讀過或談及管仲此語，然後「或曰」者將管仲此語搬過來套用在冉雍身上，從而發生了本章的對話。上面已經提及，「或曰」者若是在孔子面前只是偶爾提及或者泛泛而論，談到「雍也仁而不佞」，孔子似不必如此激烈加以辯駁，再三反問「焉用佞」。而將「或曰」者「雍也仁而不佞」之語置於管仲「既佞又仁，此謂成器」的語境之中，則可知此人說此話的言外之意實際上是說冉雍不「成器」，這就與孔子素許仲弓之語相矛盾，故而孔子言辭激烈予以辯護。從相關材料來看，冉雍其人雖預於德行科，然實際上卻是政事之才。孔子曾許之，「雍也可使南面」（《論語・雍也》）。「南面」之義，歷來注解眾說紛紜〔註21〕，然孔子之意是稱贊冉雍有為政治民之才卻是可以肯定的。此外，如「雍之言然」、「子謂仲弓曰『犁牛之子騂且角，雖欲勿用，山川其舍諸』」（《論語・雍也》）、「仲弓為季氏宰，問政」（《論語・子路》）等章節，都可以看出孔子平素對冉雍的贊揚之意，顯然即是以「成器」許之。而「或曰」者「雍也仁而不佞」之言置於管仲之語境中，則徑是以不「成器」目之，這就無怪乎引起孔子激烈辯駁了。

　　若以上對「雍也仁而不佞」章語境背景的推測有道理，則本章章旨自當從「成器」與否的角度進行闡發，方能合乎原始含義。綜合比較前人諸說，清代陳澧《論語話解》有幾句解析，「或人問孔子道：『冉雍為人寬厚，可以

─────────────────────

〔註20〕原註：清華大學出土文獻研究與保護中心編. 李學勤主編：《清華大學藏戰國竹簡（陸）》，上海，中西書局，2016年版，第110、112～113、117頁。

〔註21〕原註：高尚榘：《論語歧解輯錄》，北京，中華書局，2011年版，第256，195頁。

算得個仁者，只可惜不會說話，沒有口才，成了個無用的好人。』」〔註22〕其中「無用的好人」之語，似與「成器」與否的角度最為接近，庶幾近是。〔註23〕

5.6 子使漆雕開仕。對曰：「吾斯之未能信。」子說。

李零：「漆彫開」，是以漆彫為氏，名啟，字子開，孔門一期的學生。彫同雕，指在漆器上刻畫。戰國齊陶文有「桼（漆）彫里」，是製作漆器的工匠聚居的里名。此人是魯人，魯國也有這類居住區。孔門弟子中，以漆雕為氏，還有漆雕哆和漆雕徒父，也是魯人，當與之同里。古代製造業經常使用勞改犯。此人受過刑，是殘疾人（《墨子‧非儒下》）。孔門弟子有手工業者、勞改犯和殘疾人。古代歧視工商，工商不能做官，孔子讓漆彫開做官，比較值得注意。漆彫開說，「吾斯之未能信」，大概仍有自卑感，信心不足，孔子覺得他謙虛自抑，很高興。〔註24〕

常彥：本解認為，信，這裏不是說漆雕開對自己從仕沒有信心，即不是對自己知識、能力、品行方面沒有信心，而是說對這種「禮崩樂壞」的社會從仕沒有信心，也就是不感興趣、不願意。孔子看到漆雕開不同流合污的品德，才高興、歡喜。

本章意思為：孔子讓漆雕開去做官。漆雕開回答說：「我對在這樣的社會做官沒有信心。」孔子聽了很高興。〔註25〕

5.7 子曰：「道不行，乘桴浮於海。從我者，其由與？」子路聞之喜。子曰：「由也好勇過我，無所取材。」

周遠斌：「通行本」之所以會在簡短的幾句話〔註26〕中出現兩處相矛盾的地方，想必是出錯在「道不行」句上，按「孔氏本」「道行，乘桴於海」句來理解，就沒有了這兩處的抵牾。……

〔註22〕原註：高尚榘：《論語歧解輯錄》，北京，中華書局，2011年版，第256，195頁。

〔註23〕侯乃峰：《〈論語‧公冶長〉篇「雍也仁而不佞」章發微》，《孔子研究》2016年第6期，第59～60頁。

〔註24〕李零：《喪家狗——我讀〈論語〉》，太原：山西人民出版社，2007年版，第115頁。

〔註25〕常彥：《〈論語〉「公冶長」「雍也」篇疑義章句解讀》，《華南理工大學學報（社會科學版）》2014年第5期，第47頁。

〔註26〕指「道不行，乘桴浮於海」一句。

……「道行，乘〔註27〕於海」所表現的不是歸隱的思想情感，而是孔子欲涉江浮海，人我相忘，去累遠憂，而「與道遊於大莫之國」的人生想法。這一理解可見證於《論語・先進》中「吾與點」的一段對話：「（曾哲）曰：『莫春者，春服既成，冠者五六人，童子六七人，浴乎沂，風乎舞雩，詠而歸。』夫子喟然嘆曰：『吾與點也。』」曾哲所說雖然與「乘桴於海」之事有異，但人生境界近似，均乘道盡性，逍遙乎河海，去累遠憂，這是孔子人生追求的另一個層面。〔註28〕

畢寶魁：「材」本義就是材料的材字，如果用本字能夠解釋得通，盡量不用通假。很多學者說古時「材」與「哉」相同，但先秦典籍中二字都多次出現，《說文解字》中二字都有，那麼二字的關係便肯定不是古今字。從字形、字義看，二字都沒有任何相同點，怎麼會「同」呢？先看「材」字。許慎說：「材，木梃也。從木才聲。昨哉切。」〔註29〕很明白，「材」是指樹木中直的部分，包括主幹和枝幹，只要直梃就是材。這是「材」的本義。關於「哉」字，許慎說：「哉，言之閒也。從口。」〔註30〕「哉」是指說話時帶出的末尾的聲音。與「材」字風馬牛不相及，二字相同的用法未見之於其他典籍。最早提出這一說法的不知是誰，何晏《論語集解》用「或曰」，與前面的鄭玄說法並列，看來當是漢代人。但二字實不相同，後世學者不詳細考察而盲目順從，一誤再誤，故此說無論從訓詁學還是從情理上均不可從。把「材」理解為「裁」也是用通假來訓詁，很多人都沒有直接這樣講解，只是在行文中是這種意思。但如前文分析，這樣講解，前後文不順暢。這樣排除之後，我們再看正確的理解和詮釋。我們將全章聯繫在一起通釋一下。孔子周遊列國到處碰壁，感覺自己的政治主張難以實行，於是發出「道不行，乘桴浮於海。從我者，其由與」的感嘆，認為能夠跟隨自己的可能只有子路。「子路聞之喜」，一般都解釋為子路不理解孔子的微言，認為是認真的，於是很高興。這樣講解有點太貶低子路了，子路高興的是老師對於自己的瞭解

〔註27〕原文「乘」後空一字，依據作者上文所寫「桴」字，疑此處當為「桴」。

〔註28〕周遠斌：《吐魯番唐寫孔氏本〈論語〉「道行，乘桴於海」句淺證》，《岱宗學刊》2006年第1期，第23、24頁。作者認為吐魯番唐寫孔氏本《論語》「道行，乘桴於海」句，并非脫字句，其較「通行本」「道不行，乘桴浮於海」句更貼合當時的語境。

〔註29〕原註：許慎. 說文解字〔M〕. 北京：中華書局，1963：119.

〔註30〕原註：許慎. 說文解字〔M〕. 北京：中華書局，1963：32.

和信任，而不是真的要跟老師漂洋出海，因此子路不可能不高興。於是孔子才略帶調侃的口吻說：「仲由啊，你的勇氣超過了我，可惜沒有地方獲取製造桴的木材啊！」言外之意是，我絕對相信，你是真能跟從我啊，可惜我們無法造出這樣的大桴。實際子路和孔子是心照不宣而已。認為子路不理解孔子的話是牢騷，是玩笑，則把子路看得太低了。其實，子路無論怎樣理解，其表現都會是「喜」，即高興。

結論：「無所取材」是孔子帶有調侃的語言，是對於前面自己說法的委婉否定，是師生之間很輕鬆很幽默的對話。全句通釋則為：

孔子說：「我的政治主張不能推行，就乘坐木排，到海上漂流去吧。跟隨我的，大概就是子路吧？」子路聽說後，很高興。孔子說：「仲由啊！你在勇敢方面超過我，可惜沒有地方獲取製造桴的材料啊！」〔註31〕

黃建躍：我們知道，孔子終其一生都在汲汲行道，屢屢碰壁之後，確實產生了「吾已矣乎」（《論語‧子罕》）的消極預期，也有著「道之不行，已知之矣」（《論語‧微子》）的感喟。儘管如此，通觀《論語》，我們還是看不出孔子對於出世行隱有多少經心用意，相反地，表現突出的是其對行道理想的矢志不渝。因此，孔子的「乘桴浮海」之嘆，只能視為行道理想遭遇現實困厄時的自我排遣，是孔子所作的「假設之言」。問題在於，孔子的「從我者，其由與」又表現了他怎樣的心理呢？欲解決這一懸疑，需要結合下面這條材料：

> 子欲居九夷。或曰：「陋，如之何？」子曰：「君子居之，何陋之有？」（《論語‧子罕》）

……居夷之嘆尚且有人表現出怯「陋」之情，生死未卜的浮海又會怎樣呢？要知道，這更加需要無所畏懼的勇氣啊。結合居夷、浮海兩章，我們不難推想，行道於世固然需要見義勇為、挺膺負責的「勇」，抱道待時同樣也要有不畏艱辛、無懼苦厄的「勇」。孔門弟子當中，以勇著稱者非子路莫屬。從這個角度來看，孔子在這裏確實贊許了子路具備「勇」的品格。但必須注意的是，孔子美子路之勇，是從子路能夠不懼困厄而「從我」（能追隨自己）這個角度立論的，決非程頤所說的孔子表彰「子路勇於義」。在孔子和子路的觀念中，「乘桴浮海」本身並不是「義」的行為，子路如果真隨孔子「乘桴浮於海」的話，絕不可用「勇於義」來看待，程頤的解釋實有過度詮釋之嫌。

〔註31〕 畢寶魁：《〈論語‧公冶長篇〉「無所取材」本義考論》，《瀋陽師範大學學報（社會科學版）》2009 年第 3 期，第 69 頁。

其次，我們再來看看子路的反應，研究一下子路到底「喜」從何來。

子路因何而喜？……幾乎可以肯定的是，子路決非因孔子「實欲浮海」而喜，子路之喜只可能是緣於「從我者，其由與」這句話，也就是說，子路是因夫子「與己」而喜，更具體些說，因孔子稱許他的「勇」而喜。

那麼，在這裏子路到底當不當喜呢？前面已經說過，孔子行道無門，故有乘桴之嘆。行道的理想空懸無著，讓孔子深憂；抱道藏世困苦重重，若無克服萬難的「勇」，道不僅不能行，或許還不可守，這同樣令孔子深憂。如此心情境遇之下，子路因夫子的稱許沾沾自喜，卻不知對道之不行抱有深憂，這種反應當然失當。孔子教人，必曰「志於道，據於德，依於仁，遊於藝」（《論語‧述而》），子路有「勇」，固然於「德」有「據」，但此處他的反應，恰好是於「道」有「失」的表現，據此失彼，必不為孔子所取。因此，孔子在下面話鋒一轉，對子路予以批評，當在情理之中。退一步來說，無論是戲謔之言還是正面之論，孔子欲「乘桴浮於海」卻找不到製作「桴」的「竹木之材」這種看法，實有悖於常理。綜上所述，筆者以為，只有將這章認作「感嘆—反應—批評」的邏輯結構，才是合乎孔子本意的。〔註32〕

楊逢彬：這裏有三種解釋，前兩解是鄭玄的。

按鄭玄前解，「只是沒地方取得木材」，便是對「由也好勇過我」的肯定，至少不是否定。按鄭玄的說法，因為孔子並非真想到海外去，「以子路不解微言，故戲之耳」。按鄭玄後解，「無所取哉，言唯取於己」，譯為「仲由太好勇了，都超過了我，我只好靠自己了」，便是對「由也好勇過我」的委婉否定。而按楊伯峻先生的今譯，「這就沒有什麼可取的呀」，則是對「由也好勇過我」直截了當地否定。……

我們同意鄭玄注前說，即「無所取於桴材」，也即「沒地方去取得木材」。茲論證如下：

第一、按鄭玄前說，「無所取材」為「無所」接謂賓結構（「謂語＋賓語」的結構），表示沒地方幹什麼；而先秦典籍中「無所」後接謂賓結構的極為常見，不勝枚舉。這裏僅舉《論語》及與之同時代的《左傳》的數例：「大哉孔子，博學而無所成名。」（《論語‧子罕》）「刑罰不中，則民無所錯手足。」（《子路》）「飽食終日，無所用心，難矣哉！」（《陽貨》）「寡君畏君之威，不敢寧

〔註32〕黃建躍：《「好勇過義」試釋——兼論〈論語〉中的「勇」及其限度》，《孔子研究》2011 年第 5 期，第 84～85 頁。

－223－

居，來修舊好，禮成而不反，無所歸咎，惡於諸侯。請以彭塵〔註33〕除之。」（《左傳》桓公十八年）「楚國方城以為城，漢水以為池，雖眾，無所用之。」（僖公四年）「君若不還，無所逃命。」（僖公十五年）……

第二、先秦典籍中「取材」數見：「故講事以度軌量謂之軌，取材以章物采謂之物，不軌不物謂之亂政。」（《左傳》隱公五年）「歲云秋矣，我落其實而取其材，所以克也。」（僖公十五年）「五良：一取仁，二取知，三取勇，四取材，五取藝。」（《逸周書・大武解》）「欲其直也，信之而直，則取材正也。」（《周禮・考工記》）

以上兩點，足證在先秦時代，「無所取材」這種句子出現在那一時代的語言中，是沒有任何問題的。

第三、《論語》中語氣詞「哉」出現 61 次，獨獨此處言「乘桴浮於海」需要取用木材時，「取材」的「材」同「哉」，除此，《論語》全書再未見「材」同「哉」者；且先秦典籍中，「材」一為木材，一為人材，罕見借為「哉」者。如《左傳》「材」出現 21 次，均為木材、人材、材用義。因此，說「無所取材」的「材」同「哉」，從概率上來看，不是太小了嗎？況且，河北定州漢墓竹簡的《論語》也是「無所取材」，「材」不作「哉」〔註34〕。〔註35〕

常彥：本解認為，材，木材，製作木筏子的材料，此處指桴，即木筏子。無所取材，得不到出海之桴的意思。

本章意思為：孔子說：「我的政治主張行不通，就乘坐木筏到海上去漂流。跟隨我的，大概就是子路吧！」子路聽到這話會心地笑了。孔子說：「仲由啊！你在勇敢方面超過我，可惜你也得不到出海之桴啊！」

如果按朱注、楊注解釋，此處孔子對子路進行了極大的譏諷或否定。這不符合孔子與人為善的思想。孔子沒有這麼尖刻，沒有這麼無情。此處其實表現了孔子幽默的一面，你子路比我勇敢，但也無法找到出海之桴。含義是，我等之人，沒有第二條路可走，只有勤奮學習取得治國本領以圖達到「治國平天下」之目的。〔註36〕

〔註33〕原文如此，疑當為「彭生」。
〔註34〕原註：河北文物所整理小組：《定州漢墓竹簡・論語》，文物出版社，1997 年，第 22 頁。
〔註35〕楊逢彬：《〈論語〉三辨》，《中國哲學史》2011 年第 4 期，第 124～125 頁。
〔註36〕常彥：《〈論語〉「公冶長」「雍也」篇疑義章句解讀》，《華南理工大學學報（社會科學版）》2014 年第 5 期，第 48 頁。

蔡英傑：「取材」是不是有「剪裁」義呢？通過檢索先秦文獻，除本例外，我們找到了4個「取材」的用例。

（1）故講事以度軌量謂之軌，取材以章物采謂之物。（《左傳・隱公五年》）

（2）及夫日月星辰，民所瞻仰也；山林、川谷、丘陵，民所取材用也。（《禮記・祭法》）

（3）引而信之，欲其直也。信之而直，則取材正也。（《周禮・冬官・考工記》）

（4）五良：一取仁，二取知，三取勇，四取材，五取藝。（《逸周書・大武解》）

前兩例是「選取物質材料」的意思，後兩例分別是「選取皮革原料」「選取才幹」的意思，均無「剪裁」之義。可見，以「剪裁」訓「取材」是站不住腳的。那麼，楊伯峻先生的看法〔註37〕是不是有道理呢，我們通過檢索，在先秦文獻中發現了5例「無所取」的用例：

（5）今有人於此，修身會計則可恥，臨財物資盡則為己。若此而富者，非盜則無所取。（《呂氏春秋・務本》）

（6）望而視其輪，欲其幎爾而下迆也。進而視之，欲其微至也。無所取之，取諸圜也。望其輻，欲其掔爾而纖也。進而視之，欲其肉稱也。無所取之，取諸易直也。望其轂，欲其眼也。進而視之，欲其幬之廉也。無所取之，取諸急也。（《周禮・考工記》）

（7）非彼無我，非我無所取。（《莊子・齊物論》）

這5例中，第1例是「沒有什麼地方獲取」的意思，中間3例是「沒有別的要求」的意思，最後1例是「沒有什麼價值（可取之處）」的意思。由此可見，「無所取」在先秦是一種較為固定的搭配。「無所取」與語氣詞「哉」結合，構成「無所取哉」，表示感嘆，是可以成立的。

《論語》中，孔子曾對子路勇敢有餘、思慮不周、缺少謀略多次提出批評：

……

〔註37〕楊伯峻《論語譯注》：「〔注釋〕材——同『哉』，古字有時通用。有人解作木材，說是孔子以為子路真要到海外去，便說，『沒地方去取得木材』。這種解釋一定不符合孔子原意。也有人把『材』看做『剪裁』的『裁』，說是『子路太好勇了，不知道節制、檢點』，這種解釋不知把『取』字置於何地，因之也不採用。」（中華書局 2017 年版，第 62 頁。）

這也證明了「無所取材」就是「無所取哉」，楊伯峻的意見是對的。〔註38〕

郭懿鸞：綜上所述，從語法上判斷，「材」不能通假為「哉」或「裁」，「無所取材」的結構應劃分為「無所+取材」，又由於「取」的「拿來」義，「材」不能解釋為「才幹」，應解釋為木材，即「沒有地方取得木材」。以木材承接上文「乘桴浮於海」為喻，亦符合孔子一貫以來的語言風格。〔註39〕

5.9 子謂子貢曰：「女與回也孰愈？」對曰：「賜也何敢望回？回也聞一以知十，賜也聞一以知二。」子曰：「弗如也；吾與女弗如也。」

孫景龍、劉旭芳：朱熹《論語集注》：「與，許也。」又引胡氏注曰：「夫子以其自知之明，而又不難與〔註40〕自屈，故既然之，又重許之。」〔註41〕錢穆先生以為：「此當從前解。孔子既深喜顏淵之賢，又喜子貢能自知弗如，故曰：『我與汝俱不如』，蓋亦以慰子貢。」〔註42〕李澤厚先生也說：「因推崇孔子，最後一句許多譯解都釋為『我允許（或同意）你不如他。』這豈不是多餘的彆扭話？其實，韓愈早就說過，『弟子不必不如師，師不必賢於弟子』。劉逢祿《論語述何》：『夫子亦自謂不如顏淵。』何況這正是孔子自謙、遜讓的詞呢？」〔註43〕

固然「弟子不必不如師，師不必賢於弟子」，然以顏淵與孔子較，事實何如？孔子沒必要在弟子面前這樣「自謙、遜讓」，言過其實的「自謙、遜讓」便成言不由衷的虛偽，夫子不為也。子貢自知弗如，但並不自卑，何須夫子寬慰？我以為，還是朱熹注為勝。子貢方人，夫子語以「不暇」，這裏又問其「與回也孰愈」，看子貢自知如何。子貢的回答與孔子心中的評價相合，所以孔子「既然之，又重許之」，表示強調，以此激勵子貢，並非「多餘」，有何「彆扭」？〔註44〕

〔註38〕蔡英傑：《〈論語〉訓詁疑案的文獻學分析》，《中國語言文學研究》2017年第1期，第229～230頁。

〔註39〕郭懿鸞：《〈論語·公冶長〉「無所取材」之「材」考》，《漢字文化》2018年第16期，第100頁。

〔註40〕原文作此，實當為「於」。

〔註41〕原註：朱熹. 四書集注〔M〕. 長沙：嶽麓書社，1987.

〔註42〕原註：錢穆. 論語新解〔M〕. 北京：三聯書店，2002.

〔註43〕原註：李澤厚. 論語今讀〔M〕. 北京：三聯書店，2004.

〔註44〕孫景龍、劉旭芳：《〈論語〉讀解辨疑八則》，《承德民族師專學報》2009年第1期，第13頁。

蔡英傑：分歧在於「與」的詞性，是動詞還是連詞？如果是動詞，它的賓語就是一個主謂結構。先秦時期，作「贊同」義的「與」能否帶主謂結構，就成了解決問題的關鍵。先秦文獻中，「與」作贊同義時，一般只帶由名詞或代詞充當的指人賓語。如：

（1）桓公知天下諸侯多與己也，故又大施忠焉。（《國語・齊語》）

（2）使人請食於越，越王弗與。乃攻之，夫差為禽。（《呂氏春秋・長攻》）

（3）若使秦求河內，則王將與之乎？（《呂氏春秋・應言》）

（4）彼請地於韓，韓與之。（《戰國策・趙策一》）

如需指出贊同某人的某種特性或行為，則在「與某人」後加以補充說明。如：

（5）穆公曰：「吾與公子重耳，重耳仁。」（《國語・晉語二》）

我們在先秦文獻中只查到兩例「與」帶主謂結構做賓語，且只見於《公羊傳》：

（6）曷為不使齊主之？與襄公之征齊也。曷為與襄公之征齊？桓公死，豎刀〔註45〕、易牙爭權不葬，為是故伐之也。（《公羊傳・昭公〔註46〕十八年》）

考慮到《公羊傳》為戰國時齊人所著，晚出，因此可以說，春秋以前，「與」作贊同義時，是不能帶主謂結構做賓語的。「吾與女弗如也」的「與」應是連詞，全句意為：我和你都不如他。〔註47〕

馬文增：《傳習錄・薛侃錄》載：

黃誠甫問「汝與回也孰愈」章。先生曰：「子貢多學而識，在聞見上用力，顏子在心地上用功，故聖人問以啟之。而子貢所對，又只在知見上，故聖人嘆惜之。非許之也。」

筆者贊同王陽明先生的解釋。所謂「聞見」，所聞所見，即「知識」；所謂「心地」，道德、心性之謂。君子稱謂的關鍵在「德行」而不在「知識」，孔子所培養的是在道德方面超出常人的君子，非掌握各種「知識」如外交、

〔註45〕原文如此，刀、刁一字分化，然《公羊傳》作「刁」。

〔註46〕原文作此，然此例實出自「僖公十八年」。

〔註47〕蔡英傑：《〈論語〉訓詁疑案的文獻學分析》，《中國語言文學研究》2017年第1期，第230～231頁。

作戰、種植、手工的「巧匠」。君子可以有各種職業身份，可以同時是掌握某種乃至幾種技能的「巧匠」，而巧匠卻不一定是君子。孔子曾謂顏回「好學，不遷怒，不貳過」「其心三月不違仁」「一簞食，一瓢飲，在陋巷。人不堪其憂，回也不改其樂」（《論語・雍也》），「用之則行，舍之則藏，惟我與爾有是夫！」（《論語・述而》）可見顏回在孔子看來，其德行足以為其他弟子之楷模。而子貢以言語、交際、經商見長，常分散精力而逐外在之物，不若顏回那樣一心只在「德行」的培養、錘煉上，「素其位而行」（《中庸》），不為外在之物所誘惑而分心，是即王陽明所說的「子貢多學而識，在聞見上用力；顏子在心地上用功」之意。孔子指點子貢，希望他能傚仿顏回、把更多的時間和精力用在「存養心性」上，而不是放在增廣見聞乃至經商謀利上——這就是孔子問子貢的原因，其意在點撥子貢，即王陽明所謂之「所以孔子問以啟之」。但子貢未領悟到孔子之問的真正涵義，並未意識到顏子「君子之道」和自己「巧匠之學」的不同，故從「巧匠之學」的角度作比較，說顏子比自己的智商高很多，比自己更「聰明」——這種回答答非所問，說明子貢對「君子之道」並未真正理解，故孔子難掩失望之情，「嘆息之」，即惋惜子貢的「不悟」，而不是如朱熹、錢穆所說的贊許他。

按照王陽明的指點，據以上分析，筆者認為《論語》「孰愈」章的斷句應如下：

子謂子貢曰：「女與回也孰愈？」對曰：「賜也何敢望回？回也聞一以知十，賜也聞一以知二。」子曰：「弗如也！吾與，汝弗如也！」

「如」，《說文》曰：「從隨也」，所謂「從隨」，此處指跟隨孔子的思路，即對孔子的提問作出正確反應。

「與」者，「幫助」「援助」之意，《說文》：「賜予也。」此處的意思是「點撥」。

以白話譯之如下：

孔子對子貢說：「你與顏回相比，誰更強一些？」子貢回答說：「我怎敢和顏回相比？顏回見其一點就能推知全體，我見其一點只能推知一小部分。」孔子說：「你不悟啊！我點撥你，你卻不悟啊！」〔註48〕

〔註48〕馬文增：《〈論語〉3 章新解——兼談〈論語〉解讀中的「質疑舊說」》，《現代語文（學術綜合版）》2017 年第 10 期，第 4～5 頁。

5.10 宰予晝寢。子曰：「朽木不可雕也，糞土之牆不可杇也；於予與何誅？」子曰：「始吾於人也，聽其言而信其行；今吾於人也，聽其言而觀其行。於予與改是。」

蕭月賢：照此推論，受孔子責備最多的宰予，自身還有不少的優點和長處。然而在嚴師面前，他的優長未能很好發揮，學術上的革新思想不被重視，卻往往張口挨訓，動輒得咎。孔子對他的責備，有的切中要害，有的卻失之偏頗。因而有時會使得他感到無所措手足，精神上有些壓抑和苦悶，這必然會影響學習的勁頭和興趣。「晝寢」之事應該是在這樣的情況下發生的吧。

我們把「宰予晝寢」的原因歸結為他的心情不佳，情緒低落，這與「志氣昏惰」「宴安之氣勝」有著嚴格的區別。因為除了「晝寢」以外，並未發現他有什麼頹喪，怠惰的表現。

從宰予和孔子的關係來看，他只是在某些學術主張上與老師有分岐〔註49〕，對於老師的整個學說，特別是老師的道德人品，他是敬佩的，仰慕的。基於真誠的師生關係，孔子對宰予責之深，斥之重，正體現對其愛之殷，盼之切，「嚴師出高徒」不正是這個道理嗎？再說，受孔子不講情面嚴責的，遠非宰予一人，如孔子曾罵請學治圃為稼的樊遲為小人（《子路》），斥子路「好勇過我，無所取材」（《公冶長》），號召弟子們向為富比周公的季氏斂財的冉求「鳴鼓而攻之」（《先進》）。如此措詞嚴厲的批評，並未造成弟子們的誤解，妨礙他們正常的師生關係。所以我們應該相信宰予理解老師對他「恨鐵不成鋼」的用心。他本是個志趣高遠，性情剛烈的人，不可能躺倒不幹，經過一段思想鬥爭之後，會振作起來，積極進取的。在孔門如雲的弟子當中，他終能躋身「十哲」行列，即為明證。〔註50〕

楊新勳：「糞土」古本無說。皇侃《義疏》云：「若鏝〔註51〕於糞土之牆，則頹壞不平，故云『不可杇也』。」〔註52〕邢昺《注疏》承此云：「糞土之牆易為坵壞，不可杇鏝、塗塈以成華美。」雖均已指出「糞土之牆」易塌壞，不堅牢，但並沒有直接解釋「糞土」二字，留下空白，難以令人解頤。清人胡紹勳《四書拾義》以「穢土」解「糞土」，被劉寶楠載入《論語正義》以後，

〔註49〕原文作此，當為「分歧」。
〔註50〕蕭月賢：《從「宰予晝寢」說開去》，《黃河科技大學學報》2003年第2期，第94頁。
〔註51〕原文作此，皇侃《義疏》作「墁」。
〔註52〕原註：《論語義疏》第76頁。

多有從者〔註 53〕。但胡說似是而非，其牆「歷久不免生穢」之說新奇而不合理。今試為論解。《說文》：「糞，棄除也，從廾，推華糞采也。官溥說似米而非米者，矢字。」「糞」字甲骨文作 🔣、🔣，「糞」之「米」字非「矢」字，實表微塵之「小」字，其字正作一手持箕，一手把帚以掃塵，會意，動詞。段玉裁注：「古謂除穢曰糞，今人直謂穢曰糞，此古義今義之別也。」〔註 54〕《廣雅》：「糞，除也。」王念孫《疏證》：「糞，猶拂也，語之轉耳。」〔註 55〕《說文》於此之「棄」同「坴」，亦掃除義。王念孫《疏證》引《禮記·少儀》「氾埽曰埽，埽席前曰拚」，云「糞、坴、拚並通」，段玉裁於《說文》「坴，掃除也。從土，弁聲，讀若糞」注「坴字〔註 56〕，《曲禮》作糞」，楊樹達《積微居小學述林·〈說文〉讀若探原二》：「許君知坴為掃除義之本字，經傳既借糞為坴，則二字音必同，故云『坴，讀若糞』也。但掃除、棄除義同無異，疑坴、糞本一字，而許君誤分為二也。」「糞」作掃除之義在上古文獻中常見，如《左傳·昭公三年》：「小人糞除先人之敝廬。」《周禮·夏官·隸僕》：「掌五寢之掃除糞灑之事。」《禮記·曲禮上》：「凡為長者糞之禮，必加帚於箕上。」可見，「糞」在先秦本用作動詞，指掃除。將「糞」理解為糞便的「矢」字蓋較後起。「糞土」即掃除之土，也就是「塵土」、「落土」。「糞土」一詞先秦也習見，《左傳》、《國語》、《戰國策》均出現過，如《左傳·魯僖公二十八年》榮黃諫楚子玉「死而利國，猶或為之，況瓊玉乎？是糞土也。而可以濟師，將何愛焉」〔註 57〕，《戰國策·秦策》呂不韋說秦質異人語「一日倍約，身為糞土」，並無骯髒或貶義，主要指沒有價值或失去意義，亦應同「落土」。「糞土之牆」恰與「朽木」相對為文。古人之牆本築土而成，儘管「繩縮」、「杵築」，年久失修，受到風化，自然要落土〔註 58〕，正如再好的木材時間久了也要朽爛一樣，均已不堅固結實而無法施工、價值銳減，故而「不可杇」、「不

〔註 53〕原註：楊伯峻《論語譯注》第 45 頁：「糞土似的牆壁粉刷不得。」黃懷信《論語新校釋》（三秦出版社 2006 年版）第 102 頁：「污穢骯髒之牆。」
〔註 54〕原註：段玉裁《說文解字注》第四下。
〔註 55〕原註：王念孫《廣雅疏證》，江蘇古籍出版社 1984 年版，第 97 頁。
〔註 56〕原註：「坴」、「坴」異體字。
〔註 57〕原註：楊伯峻《春秋左傳注》（中華書局 1981 年版）第 467 頁：「《論語·公冶長》『糞土之牆，不可杇也』，則糞土為古人恆語，猶朽土也。《博物志》謂土之三尺以上為糞，以下為地，蓋臆說。」
〔註 58〕原註：張詒三《「遊必有方」和「糞土之牆」正解》（《中國文化研究》2007 年第 2 期）認為「糞」即「棄除」，「糞土之牆」為「剝落泥土之牆」。張未解「棄除」，其「剝落泥土之牆」出於自然擬或人為未確，略嫌未洽。

可雕」。可見，古人說的「糞土」還不能直接理解為今天表示便溺肥料的「糞土」，並沒有太大的貶責甚至嘲諷之意。孔子此語重在說明這樣一個道理：時光苦短，韶華易逝，轉瞬即成「朽木」、「糞土之牆」〔註59〕，孔子汲汲一生，嘆逝川上，而宰予卻不懂得珍惜而晝寢，以致孔子有「於予與何誅」之嘆。可見，孔子語中還是委婉地責備了宰予，只是不能理解為宋儒所說的那樣「深責之」了。〔註60〕

5.13 子貢曰：「夫子之文章，可得而聞也；夫子之言性與天道，不可得而聞也。」

樊彩萍：目前對子貢這段話通行的翻譯是：「老師關於文獻方面的知識，我們聽得到；老師關於天性和天道的言論，我們聽不到。」照此來看，似乎孔子從未對學生談論過「性與天道」，然而事實上卻並非如此。《論語》中，有孔子談「性」的記載，此即一高度概括的名言：「性相近也」，——這一論斷的內涵極其豐富，乃至於揭開了古代人性論爭的序幕；更多見孔子談「天」、論「道」、說「命」的記載，如……孔子既多言之，則「不可得而聞」究竟應作何理解？顯然，翻譯為「我們聽不到」是不妥當的。

對此，漢宋大儒的理解似亦有偏差。漢鄭玄《論語注》說：「元亨日新之道深微，故不可得而聞也。」宋朱熹《論語集注》說：「言夫子之文章，日見乎外，固學者所共聞；至於性與天道，則夫子罕言之，而學者有不得而聞者。」清儒不囿於成說，乃提出了一種新的解釋，如戴震《孟子字義疏證·序》說：「自孔子言之，實言前聖所未言；微孔子，孰從而聞之？故曰『不可得而聞』。」又如黃式三《論語後案》說：「夫子述而不作，其文辭多人所常聞者，若其言性，推原至於天道，非夫子不能言，非親炙有素而嗜於學者不能遍觀而盡識也。」戴、黃二人的看法，用現代語言表述就是：孔子關於歷史文獻方面的講授，學生在其他人那裏也能聽得到；而孔子關於「性與天道」的見解，則是學生在其他人那裏無法聽得到的，因為這些見解，是孔子個人的創見與心得。這樣的理解，基本上可以廓清籠罩在「夫子之言性與天道，不可得而聞也」上的迷霧。

〔註59〕原註：《論語注疏》於此云：「此二者以喻人之學道，當輕尺璧而重寸陰。」似有見於此。

〔註60〕楊新勳：《〈論語〉詁解五則》，《古籍整理研究學刊》2011年第5期，第74頁。

這段話之所以不易理解，還有個文法上的問題：一、「夫子之文章」的完整表述應是「夫子之言文章」，「言」字從後而省略。這是古漢語中常見的一種省略手法。二、夫子不是「聞」的間接賓語，「聞」的間接賓語是因泛指而被省略掉的介詞結構「於人」（說詳洪誠《訓詁學》）。因此，子貢之語的完整表述應是：「夫子之〔言〕文章，可得而聞〔於人〕也；夫子之言性與天道，不可得而聞〔於人〕也。」〔註61〕

崔海東：此「文章」同於「大哉，堯之為君也。……煥乎，其有文章」（《泰伯》）之「文章」，指的是禮樂等政治制度。孔子欲撥亂反正，其對理想政體有全盤之考量，如語顏淵：「行夏之時，乘殷之輅，服周之冕，樂則韶舞。」（《衛靈公》）即是糅合四代之制。其周遊列國，即欲實現此制度，故門人高弟皆得聞之。

故本章義為：子貢說：「老師關於政治制度方面的言論，我可以聽得到。」

……此性與天道，指儒家工夫領域內的逆覺抵達之性體與道體，即孟子所云「盡心知性知天」（《孟子·盡心》）。性體孔子何嘗未言？如語司馬牛「不憂不懼」（《顏淵》），即是點示人性清寧和平之體狀。天道孔子何嘗未言？如答子貢「天何言哉，四時行焉，百物生焉」（《陽貨》），即是廓開天命流行境。至於子貢聞而不曉，正如他自言「夫子之牆數仞，不得其門而入」（《子張》）罷了。況乎學有次序，不得躐等，如顏淵卻無此嘆，因其「仰高鑽堅，瞻前睹後」（《子罕》），顯已及門。

故本章義為：子貢說：「老師關於性體與道體方面的思想，我卻聽不到。」〔註62〕

常彥：本解認為，文章，指文獻知識。可得而聞之，可以從其他人那裏聽到。因為是文獻知識，除孔子之外，聞道在先者大有人在，故「可得而聞之」。性與天道，是孔子關於人性和天道的領悟，這部分內容是孔子基於個人的感悟，與其他人有別，故「不可得而聞之」，即在其他人那裏聽不到。

本章意思為：子貢說：「夫子關於文獻方面的知識，可以從其他人那裏聽得到；夫子關於性與天命方面的領悟，在其他人那裏聽不到。」〔註63〕

〔註61〕樊彩萍：《〈論語〉辨惑三則》，《孔子研究》1999年第2期，第118～119頁。

〔註62〕崔海東：《楊伯峻〈論語譯注〉義理商榷》，《合肥師範學院學報》2014年第1期，第56頁。

〔註63〕常彥：《〈論語〉「公冶長」「雍也」篇疑義章句解讀》，《華南理工大學學報（社會科學版）》2014年第5期，第48頁。

杜文君、許瑾：「文章」具體來說就是，《詩》、《書》、《禮》、《樂》四書。

《史記・孔子世家》言：「定公時，魯自大夫以下，皆僭離於正道。故孔子不仕，退而修詩書禮樂，弟子彌眾，至自遠方，莫不受業焉。」又，孔子之時，周室微而禮樂廢，詩書缺。追迹三代之禮，序書傳，上紀唐虞之際，下至秦繆，編次其事。曰：「夏禮吾能言之，杞不足徵也。殷禮吾能言之，宋不足徵也。足，則吾能徵之矣。」觀殷夏所損益，曰：「後雖百世可知也，以一文一質。周監二代，郁郁乎文哉。吾從周。」故《書傳》、《禮記》自孔氏。

又云，「古者詩三千餘篇，及至孔子，去其重，取可施於禮義，……禮樂自此可得而述，以備王道，成六藝。」「孔子以詩書禮樂教，弟子蓋三千焉，身通六藝者七十有二人。」根據《史記》所述，文章應指詩書禮樂。《論語》中也講道：「自衛反魯，然後樂正，雅頌乃〔註64〕得其所。」

但是，《史記・天官書》言：「是以孔子論六經，紀異而說不書。至天道命，不傳；傳其人，不待告；告非其人，雖言不著。」《漢書・眭兩夏侯京翼李傳》贊曰：「幽贊神明，通合天人之道者，莫著乎易、春秋。然子贛猶云『夫子之文章可得而聞，夫子之言性與天道不可得而聞』已矣。」師古曰：「謂易辭文言及春秋之屬是。」也就是說，《易》《春秋》是性與天道方面，屬於「不傳、不待告、雖言不著」的方面，不在可得而聞的範圍內，所以文章應指《詩》、《書》、《禮》、《樂》四書。錢穆《論語新解》即說「文章，指《詩》、《書》、《禮》、《樂》，孔子常舉以教人」。〔註65〕

「不可得而聞」不能簡單理解為「我們每一個人聽不到」，詞義擴大。對於夫子所說的「性與天道」之所聞者，有其特定的一群人。《史記・天官書》言：「是以孔子論六經，紀異而說不書。至天道命，不傳；傳其人，不待告；告非其人，雖言不著。」張守節《正義》曰：「言天道性命，忽有志事，可傳授之則傳，其大指微妙，自在天性，不須深告語也。言天道性命，告非其人，雖為言說，不得著明微妙，曉其意也。」〔註66〕也就是說，性與天道微妙，要明白其微妙之理，「自在天性」，靠個人的天性去曉其意，並沒有說所有人一概不傳，而是「可傳則傳」。

〔註64〕原文作此，作者注其所引為楊伯峻《論語譯注》（中華書局 2012 年版）。

〔註65〕原註：錢穆. 論語新解〔M〕. 北京：九州出版社，2011：112.

〔註66〕原註：王素. 唐寫本論語鄭氏注及其研究〔M〕. 北京：文物出版社，1991：34.

又《漢書‧董仲舒傳》云：「陛下發德音，下明詔，求天命與情性，皆非愚臣之所能及也。」這說明「性與天命」非一般愚人所能理解，並不是每個人都不能理解。《漢書‧匡張孔馬傳》亦云：「災變之異深遠難見，故聖人罕言命，不語怪神。性與天道，自子贛之屬不得聞。」性與天道深遠難見，聖人很少談及，也並非不說，此處講「性與天道」自子貢以下就很少聽到。言外之意，既說子貢之下之人，難以理解深微難見的「性與天道」。這與《後漢書‧桓譚馮衍列傳》：「蓋天道性命，聖人所難言也。自子貢以下，不得而聞，況後世淺儒，能通之乎！」所表達內容相同。子貢以下，很難理解聖人講的「性與天道」，並進一步表示，後世淺識的儒生，更不可能通曉其意，也就是說子貢還是能夠通曉其義理的。

此章與「子罕言利與命與仁」章意義相發。何晏《論語集解》曰：「罕者，希也。利者，義之和也。命者，天之命也。仁者，行之盛也。寡能及之，故希言之。」罕言並非不言，而是明白、通達的人少，所以僅僅說給部分人聽，正如上文所說，「自子貢以下，不得而聞。」《論語》曰：「中人以下不可語上也。」

所以，關於「性與天道」，不可得而聞的是不能通曉其義理之人，在孔門裏面準確來說是「子貢以下」之人。〔註67〕

5.14 子路有聞，未之能行，唯恐有聞。

常彥：朱注：「前所聞者，既未及行，故恐復有所聞而行之不給也。范氏曰：『子路聞善，勇於必行，門人自以為弗及也，故著之。若子路，可謂能用其善矣。』」楊注譯為：子路有所聞，還沒有能夠去做，只怕又有所聞。本解認為，前一個聞和後一個聞是不同之聞，唯恐有聞，是怕聽到不同的說法或道理，即自相矛盾或不一致的道理。如果是又一個新的正確的道理，怕什麼？

本章意思為：子路在聽到一條道理，但還沒有能親自實行的時候，惟恐又聽到與之不同的道理。〔註68〕

〔註67〕杜文君、許瑾：《〈論語譯注〉辨正三例》，《南昌教育學院學報》2018 年第 5 期，第 112 頁。

〔註68〕常彥：《〈論語〉「公冶長」「雍也」篇疑義章句解讀》，《華南理工大學學報（社會科學版）》，2014 年第 5 期，第 48 頁。

5.16 子謂子產，「有君子之道四焉：其行己也恭，其事上也敬，其養民也惠，其使民也義。」

蔡英傑：「其行己也恭」，楊伯峻譯：「他自己的容顏態度莊嚴恭敬。」李澤厚譯：「他的行為態度謙遜、莊重。」〔註69〕

「行己」與「事上」「養民」「使民」一樣，都是動賓結構，兩位先生或譯為定中結構，或譯為並列結構，均不夠確切。

「行」有一個義位是「做某事」或「從事某種事業」。如：

（1）鄭也與客將行事。（《國語・晉語三》）

（2）我欲行禮，子敎以我為簡，不亦異乎？（《孟子・離婁下》）

（3）使管子行醫術以扁鵲之道，曰桓公幾能成其霸乎？（《鶡冠子・世賢》）

「己」的本義是自身，但可以轉指與自身有關的事物。如：

（4）君子博學而日參省乎己，則知明而行無過矣。（《荀子・勸學》）

（5）仁者如射，射者正己而後發，發而不中，不怨勝己者，反求諸己而已矣。（《孟子・公孫丑上》）

（6）故君子不處幸，不為苟，必審諸己然後任，任然後動。（《呂氏春秋・遇合》）

（7）克己復禮，仁也。（《左傳・昭公十二年》）

（8）知彼知己，百戰不殆。（《孫子・謀攻》）

（9）子路問君子。子曰：「修己以敬。」曰：「如斯而已乎？」曰：「修己以安人。」曰：「如斯而已乎？」曰：「修己以安百姓。修己以安百姓，堯舜其猶病諸？」（《憲問》）

第1例，「己」指自身的行為；第2例，「己」指自身的心理；第3例，「己」指自身的才能；第4例，「己」指自身的欲望；第5例，「己」指本方的軍事實力、戰略戰術等；第6例，「己」指自身的品德、行為等。

結合上下文，「行己」之「己」當指自身的事務，即私事。「行己」即做私事或處理私事。在先秦文獻中，除本例外，還有4例「行己」，也都是「處理私事」的意思。

（10）行己有恥，使於四方，不辱君命，可謂士矣。（《子路》）

〔註69〕原註：李澤厚. 論語今讀〔M〕. 北京：三聯書店，2008：159.

（11）行己而無私，直言而不諱。（《晏子春秋・外篇上》）

（12）行己不順，治事不公，不敢以誣眾。（《晏子春秋・內篇上》）

（13）子曰：「上好仁，則下之為仁爭先人。故長民者，章志、貞教、
　　　尊仁，以子愛百姓，民致行己以說其上矣。」（《禮記・緇衣》）

　　最後 1 例的「行己」當為「行諸己」的省略，其他 3 例「行己」均為「處理私事」的意思。「行己有恥」即處理私事時有羞恥心，「行己而無私」即處理私事時沒有私心，「行己不順」即處理私事時不遵守倫理。《漢語大詞典》把「行己」訓為「立身處事」〔註 70〕，這樣就跟「事上」「養民」「使民」沒有什麼區別了，不確。〔註 71〕

　　5.19　子張問曰：「令尹子文三仕為令尹，無喜色；三已之，無慍色。舊令尹之政，必以告新令尹。何如？」子曰：「忠矣。」曰：「仁矣乎？」曰：「未知；——焉得仁？」

　　「崔子弒齊君，陳文子有馬十乘，棄而違之。至於他邦，則曰：『猶吾大夫崔子也。』違之。之一邦，則又曰：『猶吾大夫崔子也。』違之。何如？」子曰：「清矣。」曰：「仁矣乎？」曰：「未知；——焉得仁？」

　　劉育林：首先，「焉得」除此之外，在《論語》中還有三用：「管氏有三歸，官事不攝，焉得儉？」（《八佾》）「里仁為美，擇不處仁，焉得知？」（《里仁》）「棖也欲，焉得剛？」（《雍也》）這些都是孔子對人物的負面評價，以孔子言談的嚴謹，如此評價都是建立在對人物作為十分瞭解的基礎上的，所以，「未知（zhī）」不能作為得出此結論的前提；如果說「未知」不是真的不知，只是表明孔子幽晦的反對態度，那麼「焉得仁」已經是一句態度鮮明、語氣強烈的評語了，加在「未知」之後豈不是贅言？雖然孔子多有以「不知」來表示自己的反對態度，但其後沒有如此明確的評語。其次，文獻中「知」假借為「智」是極為常見的，因為「智」本身就是「知」的分化字，二者是同源假借的關係。《漢書・古今人表》先列聖人，次仁人，次智人，其序就引了「未知，焉得仁？」可知班固以「知」為「智」；《論衡・問孔》：「子文曾舉楚子玉代己位而伐宋，以百乘敗而喪其眾。」可見，鄭注乃漢儒通釋。再者，

〔註 70〕原註：羅竹風主編. 漢語大詞典〔Z〕. 上海：上海辭書出版社，2007：1818.

〔註 71〕蔡英傑：《〈論語〉訓詁疑案的文獻學分析》，《中國語言文學研究》2017 年第1 期，第 231～232 頁。

孔子多次將仁者與智者不同特點對文互舉,如「仁者安仁,知者利仁」(《里仁》),「知者樂水,仁者樂山;知者動,仁者靜;知者樂,仁者壽」(《雍也》)等,其實在孔子的心目當中,智和仁是兩種修養的境界,二者等級不同,智是達到仁境的一個條件,所以我們認為此句的正確意義為:沒有達到智的程度,怎麼能稱其為仁呢?鄭注當為正解。〔註72〕

5.20 季文子三思而後行。子聞之,曰:「再,斯可矣。」

張俊成:本章中「三」當為實指,「三思」應訓為思考三次。「三思」應同「再」聯繫起來具體分析。「再」字後脫「思」字,當為「再思」,唐開成石經《論語》作「再思可矣」,皇本、高麗本作「再思斯可矣」。「再」即為「兩」,古書習見。《左傳·魯莊公十年》:「夫戰,勇氣也,一鼓作氣,再而衰,三而竭。」《史記·蘇秦列傳》:「秦趙五戰,秦再勝而趙三勝。」鄭玄《論語注》:「文子忠而有賢行,其舉事寡過,不必及三思也。」因此,「再思」意為「思考兩次」,本章的「三思」和「再思」對應,實指對實指。《論語》還有「三省」之說,《論語·學而》:「曾子曰:吾日三省吾身」,即用三件事來省察自己,也為實指。〔註73〕

5.22 子在陳,曰:「歸與!歸與!吾黨之小子狂簡,斐然成章,不知所以裁之。」

馬昕、董洪利:二、「吾黨之小子狂簡」章新解

司馬說和孔說在最後一句的主語是孔子還是吾黨小子上有爭論,在這段話的態度是訓誡還是贊美上也有爭論,但有一點是一致的,他們都認為:「狂簡」和「斐然成章」都是用來形容「吾黨之小子」的,而且是因為「狂簡」,所以才「斐然成章」。無論歷代學者如何解釋這兩個詞,最後都將二者看作是「吾黨之小子」的特點。而筆者以為,說「狂簡」是「吾黨之小子」的特點,這沒有問題;但「斐然成章」則要另當別論,因為它並非緊承「狂簡」而來,而是和下文「不知所以裁之」相連屬。我的理由包括以下三條:

〔註72〕劉育林:《〈論語〉歧解成因類析及選例辨正》,曲阜師範大學,2009年碩士學位論文,第30~31頁。

〔註73〕張俊成:《〈論語譯注〉商榷三則》,《孔子研究》2011年第4期,第76頁。

（一）在孔子的思想體系中，「狂簡」和「斐然成章」體現了相反的特徵，彼此矛盾。

……

綜上，我們可以清楚地看到：「狂簡」是一種不懂得禮儀修飾的表現，也就是「質勝文則野」，其原因在於不好學；而做人則應當博學，用學到的禮儀規範匡正自身，以期達到「文」的境界，這樣才能算是「文質彬彬，然後君子」。可見，「狂簡」與「斐然成章」體現了相反的特徵，彼此矛盾，不能同時用來形容「吾黨之小子」。

（二）《孟子》引用此章的情況可以說明「狂簡」和「斐然成章」當分屬兩句。

《孟子·盡心下》中，孟子曾與萬章就《論語》中的這句話展開討論：

> 萬章問曰：「孔子在陳，曰：『盍歸乎來！吾黨之士狂簡，進取不忘其初。』孔子在陳，何思魯之狂士？」孟子曰：「孔子『不得中道而與之，必也狂狷乎！狂者進取；狷者有所不為也。』孔子豈不欲中道哉？不可必得，故思其次也。」「敢問何如斯可謂狂矣？」曰：「如琴張、曾皙、牧皮者，孔子之所謂狂矣。」「何以謂之狂也？」曰：「其志嘐嘐然，曰『古之人，古之人』，夷考其行而不掩焉者也。狂者又不可得，欲得不屑不潔之士而與之，是獧也。是又其次也。」

此處萬章只說到「狂簡」，「進取不忘其初」是對「狂簡」的解釋。如果萬章認為「斐然成章」是緊承「狂簡」而來的，那就會一併引述出來，而不會籠統地稱之為「狂士」。在孟子的解釋中也並沒有提到「斐然成章」，可見「吾黨之小子狂簡」與「斐然成章，不知所以裁之」是相互獨立的兩句話。這樣，萬章只引用前面一句就比較正常了。

（三）「斐然成章」與「不知所以裁之」可以共同充當一個比喻。

既然「狂簡」與「斐然成章」是相反的概念，又分屬於相互獨立的兩句話，那麼，「斐然成章」只能連屬於下句「不知所以裁之」。

前人基本都能將「斐然成章」解釋為「文貌」。但根據上文的分析，「斐然成章」其實就是說布帛紋理鮮明。但前人多將其抽象意義提取出來，解釋為「禮文」。我們認為，這裏其實就是個比喻而已，並不抽象，也並不複雜，只不過是用裁製布帛之事比喻成德成才罷了。

前人基本都將「裁」訓為「節」或「制」，相當於「約之以禮」的意思，是一種抽象的行為。其實，這樣解釋未免迂曲。試想，孔子為何不直接說「不知所以節之」呢？就像《學而》篇中有子所說的「不以禮節之，亦不可行也」一樣。其實，這裏就是在說裁衣的事。

這一點明確之後，我們再重新審視此章，梳理其脈絡，便可作出如下解釋，也就是我們給出的新解：孔子是在說，「吾黨之小子」志向遠大，卻過於進取，疏於禮儀。沒有禮的約束，他們就不知道拿什麼來匡正自身，成德成才。這就好像一匹紋理鮮明的布料擺在他們面前，他們卻不知拿什麼去裁製它，把它變成一件衣服一樣。

三、「吾黨之小子狂簡」章背景管窺

關於其具體背景，前人多認為是孔子在陳既久，思欲返魯，裁製小子，故興此嘆。孔安國注云：「孔子在陳，思歸欲去，故曰吾黨之小子狂簡者，進取於大道，妄作穿鑿以成文章，不知所以裁製，我當歸以裁之耳。」皇侃、邢昺、朱熹皆從其說。

然而此說只是從「子在陳」和「歸與」這樣的隻言片語中猜測出來的，而且只能體現出孔子周遊列國不受重用的無奈心情，與「狂簡」這一具體內容並無關聯。說他「思歸欲去」，其實也並沒有真的去陳歸魯，因為他離開陳國之後去的是衛國，距他晚年返魯尚有數年之差。

（一）「吾黨之小子狂簡」云云，到底是在說誰？

前人有兩種看法：一說以為泛指魯國後生末學之士，如皇侃：「小子者，鄉黨中後生未學之人也。」邢昺：「吾鄉黨之中未學之小子等。」另一說以為指在魯之孔門弟子，如朱熹：「吾黨小子，指門人之在魯者。」筆者贊同朱說，因為古書中大量例證可以說明：「小子」主要用來指門人弟子。相關用例引述如下：

> 曾子有疾，「……吾知免夫！小子！」（《論語・泰伯》）
>
> ……
>
> 孺子歌曰……孔子曰：「小子聽之！……」（《孟子・離婁上》）
>
> 仲尼聞之，曰：「小子識之！晏子以一心事百君者也。」（《晏子春秋・問下》）
>
> ……

以上數條，凡稱「小子」之處，皆是老師對弟子的稱呼或弟子與老師交談時的自稱。

《史記・儒林列傳》：「及高皇帝誅項籍，舉兵圍魯，魯中諸儒尚講誦習禮樂，弦歌之音不絕，豈非聖人之遺化，好禮樂之國哉？故孔子在陳，曰『歸與歸與！吾黨之小子狂簡，斐然成章，不知所以裁之。』」司馬遷在這裏引用此章，意在證明「魯中諸儒尚講誦習禮樂」。可見，司馬遷也認為這裏的「小子」並非泛指後進末學之士，而是專指孔門弟子。

（二）冉求赴任，孔子單單對他說了這樣一番話，這又是為什麼？

筆者以為，其中別有深意。孔子是希望冉求能夠借任季氏宰的機會，用禮去引導在魯之弟子的狂簡習性，因為冉求本人正是一個溫良謙退之人，具有很好的垂範作用。關於冉求的謙退品質，上文所引之「聞斯行諸」章和「子路、曾晳〔註74〕、冉有、公西華侍坐」章已可觀其大概，另……以此諸事，足見冉求崇尚謙退的品格。「吾黨之小子狂簡」，盲目進取，不顧禮儀，恰恰就需要冉求這樣的人來約束「吾黨之小子」。

孔子認為「狂簡」的根源是「不好學」，而冉求恰恰是一個熱愛學習，崇尚學習的人。《大戴禮記・衛將軍文子》中說冉求是：

> 恭老恤孤，不忘賓旅，好學省物而不〔註75〕懃，是冉求之行也。……

冉求還曾向魯哀公陳說過學習的重要性，見於《韓詩外傳》卷八：

> 魯哀公問冉有曰：「凡人之質而已，將必學而後為君子乎？」
> 冉有對曰：「臣聞之，雖有良玉，不刻鏤則不成器；雖有美質，不學則不成君子。」

讓這樣一個溫良謙退、好學善思之人代替自己去熏陶那些在魯之弟子，真是一個不錯的選擇。但令孔子沒有想到的是，後來冉求卻為虎作倀，幫助季氏聚斂財富，……〔註76〕

常彥：本解認為，歸與，並非朱注、楊注所說是孔子「思歸之嘆」，而是說別人。原因有二，一是與事實不符。孔子在陳國說此話，但孔子並沒有從陳國回魯國。他離開陳國後先去負函會葉公，之後又去了衛國。在衛國又

〔註74〕原文作此，疑當為「曾晳」。
〔註75〕原註：「不」當為衍文，《孔子家語・弟子行》作：「恭老恤幼，不忘賓旅，好學博藝省物而勤也。」說見清王引之《經義述聞》卷12引王念孫語。
〔註76〕馬昕、董洪利：《〈論語・公冶長〉「吾黨之小子狂簡」章新解》，《古籍整理研究學刊》2010年第6期，第47、49、50～51頁。

五年，才回魯。二是說孔子「歸」與本章後部分內容不符。那麼「歸與」是說誰呢？此話暫留後。吾黨之小子狂簡，狂，無拘束，這裏指縱情向善的情懷。簡，輕率。本句含義是，在魯國的弟子具有高尚的內在本質，但過於激情且輕率、疏於約束，很讓人擔憂。斐然成章，斐然，這裏指弟子們本質高尚。成章，指可以成為國家棟樑。本句意思是，這些弟子本質高尚可以成為國家棟樑。不知所以裁之，裁，裁剪，這裏指弟子們自我剪裁，即弟子們自我修養。本句意思是，他們不知怎樣通過自我修養以成棟樑之才。現在我們可以看出，「吾黨之小子狂簡，斐然成章，不知所以裁之。」是孔子對別人所言，這個別人就是「歸與」之人。現在我們分析「歸與」是說誰。首先，從本章語義看，孔子擔憂魯國弟子們「狂簡」，因此「歸與」之人能成為修正「狂簡」的表率；其次，在孔子周遊列國隨從弟子中，最具修正「狂簡」表率的人當屬冉求，因為冉求是一個溫良謙退之人，具有很好的垂範作用。再次，冉求在隨從孔子周遊列國期間，季恆子去世，季康子繼位，季康子任用冉求做季氏宰，當時孔子正在陳國。至此我們便清楚地看出，此段話是孔子對即將回國上任的冉求所言。

本章意思為：孔子在陳國，說：「回去吧！回去吧！家鄉的弟子本質高尚但過於激情且輕率，雖然本質高尚可以成為國家棟樑，但他們不知怎樣通過自我修養以成棟樑之才。」

關於冉求謙退的品質，《論語》中多有表述：冉求曰：「非不說子之道，力不足也。」子曰：「力不足者，中道而廢。今女畫。」（《雍也》）子路問：「聞斯行諸？」子曰：「有父兄在，如之何其聞斯行之？」冉有問：「聞斯行諸？」子曰：「聞斯行之！」公西華曰：「由也問：『聞斯行諸？』子曰：『有父兄在。』求也問：『聞斯行諸？』子曰：『聞斯行之！』赤也惑，敢問。」子曰：「求也退，故進之；由也兼人，故退之。」（《先進》）等等。正因為冉求有謙退的品質和謹慎的性格，孔子才對其說以上話，希望冉求回國後能起到垂範作用，以改變魯國弟子們「狂簡」之弊病。至於冉求為虎作倀，幫助季氏聚斂財富，以至於孔子對眾弟子說冉求「非吾徒也，小子鳴鼓而攻之，可也！」（《先進》）是後來的事。當時，孔子對冉求還是給予希望的。〔註77〕

〔註77〕 常彥：《〈論語〉「公冶長」「雍也」篇疑義章句解讀》，《華南理工大學學報（社會科學版）》2014年第5期，第49頁。

5.26　顏淵季路侍。子曰：「盍各言爾志？」

子路曰：「願車馬衣輕〔輕字當刪〕裘與朋友共敝之而無憾。」

顏淵曰：「願無伐善，無施勞。」

子路曰：「願聞子之志。」

子曰：「老者安之，朋友信之，少者懷之。」

宋鋼：就句式言，「車馬」前似失一「乘」或「駕」字，否則與「衣輕裘」不相稱；就句法言，「車馬」前缺行為動詞，意思不完整。參之《雍也》「子曰：赤之適齊也，乘肥馬，衣輕裘」，知奪「乘」字無疑。車、馬若用同一動詞領屬，則以「乘」字為佳，「駕」字似欠妥。〔註78〕

崔海東：此章實乃孔子自述深遠宏大之理想，須參「吾十有五而志於學，三十而立，四十而不惑，五十而知天命，六十而耳順，七十而從心，所欲不逾矩」（《為政》）。彼章依人生之始終而順分為六個階段，此章則反之而分為老人、青壯年（朋友）和少兒三階段。老者已完成自己，是其所是，為五十、六十、七十之境界，故安矣。青壯年正是人生展開之過程，當三十、四十之境界，「人而無信，不知其可也」（《為政》），「自古皆有死，民無信不立」（《顏淵》），故當以誠信經緯人我，而立於斯世。少者則為「成人」之始，正當十五之境，故當懷之，即予以良好的撫養與教育。後《禮運‧大同》「使老有所終，壯有所用，幼有所長」等便詳發此義。故康有為認為此章「明大同之道，乃孔門之微言也」〔註79〕。

故本章義為：……老者使之安享晚年，青壯則大行朋友誠信之道，少年則予以良好的教育與撫養。〔註80〕

蔡英傑：我們檢索發現，先秦文獻中共有9例「衣裘」，除《論語》外，並無「衣輕裘」。如：

（1）為遊士八十人，奉之以車馬衣裘，多其資幣，使周遊於四方。（《國語‧齊語》）

（2）二十而冠，始學禮，可以衣裘帛，舞大夏。（《禮記‧內則》）

〔註78〕宋鋼：《〈論語〉疑義舉例》，《貴州大學學報（社會科學版）》2005年第2期，第110頁。

〔註79〕原註：康有為. 論語注〔M〕. 北京：中華書局，1984：68.

〔註80〕崔海東：《楊伯峻〈論語譯注〉義理商榷》，《合肥師範學院學報》2014年第1期，第56頁。

（3）故曰堯之容若委衣裘，以言少事也。（《呂氏春秋・察賢》）

（4）其為輿馬衣裘也，足以逸身暖骸而已矣。（《呂氏春秋・重己》）

（5）奪人車馬衣裘以自利者，有鬼神見之。（《墨子・明鬼》）

（6）無衣裘以禦冬兮，恐溘死不得見乎陽春。（《楚辭・九辯》）

（7）以時頒其衣裘，掌其誅賞。（《周禮・天官・宮伯》）

9 例「衣裘」，「衣」與「裘」均為並列關係。「衣」為夏服，「裘」為冬服。

（8）冬日麑裘，夏日葛衣。（《韓非子・五蠹》）

（9）夏不衣裘，非愛裘也，暖有餘也。（《呂氏春秋・有度》）

（10）九土所資，或農或商，或田或漁，如冬裘夏葛，水舟陸車，默
而得之，性而成之。（《列子・湯問》）

對於貴族來說，冬日穿的裘還要在外面罩上一層衣，稱為「裼」。如：

（11）緇衣，羔裘；素衣，麑裘；黃衣，狐裘。（《鄉黨》）

（12）君衣狐白裘，錦衣以裼之。（《禮記・玉藻》）

（13）君子狐青裘豹袖，玄綃衣裼之。（《禮記・玉藻》）

9 例當中，有 4 例「車馬衣裘」，1 例「輿馬衣裘」，可見車馬、衣裘、車
馬衣裘均是比較固定的搭配。唐以前的版本均無「輕」字，學者已論之甚詳，
輔之以我們的語料分析，「輕」為衍文，當無疑義。〔註81〕

陳緒平：這是顏回的話。其中「伐」王力主編的《古代漢語》注說「伐，
誇耀」，今人《論語》注幾種，均未詳注。「伐，誇耀」這個意義顯然不是本
義，該注而未注，是謂失注。究其字形，從「人」從「戈」，甲金文字象用
戈砍殺人頭形，這是其本義。有砍殺這個意思，所以可引申為「攻打」「征
伐」等義出來，如「齊師伐我」。又引申出「戰功」「功勞」等，如《左傳・
襄公二十八年》「且旌君伐」杜注說「伐，功也」。此文又見於《國語》。又
引申為「自誇」，如《左傳・襄公十三年》「小人伐其技以馮君子」，杜注曰：
「自稱其能曰伐。」蔣禮鴻《義府續貂》（增訂本）總結說：「蓋伐之本義為
攻伐，由是而戰功稱伐，凡功亦曰伐，而居功自誇亦曰伐，皆義之相引申者
也。」〔註82〕蔣氏博洽君子，然其說白璧微瑕，即未審伐字本義。〔註83〕

〔註81〕蔡英傑：《〈論語〉訓詁疑案的文獻學分析》，《中國語言文學研究》2017 年第
1 期，第 232～233 頁。

〔註82〕原註：黃生. 義府續貂（增訂本）〔M〕. 北京：中華書局，1987：13.

〔註83〕陳緒平：《〈論語〉字義疏證舉例》，《西華師範大學學報（哲學社會科學版）》
2018 年第 5 期，第 75 頁。

六、《雍也篇》新說匯輯

6.1 子曰：「雍也可使南面。」

崔海東：「雍」即冉雍，字仲弓，乃孔門高弟。「南面」者，舊注皆作君子〔註1〕、諸侯解。如朱子《集注》云：「人君聽治之位。言仲弓寬洪簡重，有人君之度也。」〔註2〕清劉寶楠《論語正義》詳解云：「夫子議禮考文作《春秋》，皆天子之事。其答顏子問為邦，兼有四代之制。蓋聖賢之學，必極之治國平天下，其不嫌於自任者，正其學之分內事也。夫子極許仲弓，而云『可使南面』，其辭隱，其義顯。包（咸）、鄭（玄）均指諸侯之，劉向則謂『天子』，說雖不同，要皆通也。近之儒者，謂『為卿大夫』，不兼天子、諸侯，證引雖博，未免淺測聖言。」〔註3〕……

故本章義為：孔子說：「冉雍以其德才，可做天子，至少是諸侯。」〔註4〕

楊逢彬：我們傾向於劉向之說，即所謂「南面者，天子也」。論證如下：見於先秦典籍之「南面」，其義有二：一為面朝南方，如：「《書》曰：『湯一征，自葛始。』天下信之，東面而征，西夷怨；南面而征，北狄怨。」（《孟子·梁惠王下》，又見《滕文公下》《盡心下》）一為特指天子諸侯面朝南方。除《雍也》此章的「南面」尚待討論外，我們在先秦典籍中找到此類書證 23

〔註1〕原文作此，疑當為「天子」。
〔註2〕原註：朱熹. 論語集注〔M〕//朱子全書. 上海：上海古籍出版社/合肥：安徽教育出版社，2002：108.
〔註3〕原註：劉寶楠. 論語正義〔M〕. 北京：中華書局，1990：210.
〔註4〕崔海東：《楊伯峻〈論語譯注〉義理商榷》，《合肥師範學院學報》2014年第1期，第57頁。

例，其中「南面」用以表示天子的 17 例，用以表示諸侯的 6 例，未見一例用於卿大夫的。……

由以上 23 例可知，一是較早的文獻，如《論語》《孟子》，未見「南面」用於諸侯者；二是凡儒家文獻，如《論語》《孟子》《荀子》，「南面」都用於天子。劉寶楠《正義》引《孟子·萬章上》「匹夫而有天下者，德必若舜禹，而又有天子薦之者，故仲尼不有天下」；引《荀子·非十二子》「聖人之不得埶（勢）者也，仲尼、子弓是也。……聖人之得埶（勢）者，舜、禹是也」，可見子弓和孔子一樣，得與「聖人」之列，可以南面為天子。綜上，我們認為，此章的「南面」不是指卿大夫。在天子和諸侯之間，我們認為是指天子。

但是，何以後漢的包咸、鄭玄均以為「南面」是指諸侯呢？這與「南面」一詞到漢代以後的詞義變化有關。《史記》中，「南面」除了指一般的面向南方外，特指天子諸侯卿大夫面南而治的有 22 例，其中用於諸侯的有 16 例，用於天子的 5 例，用於卿大夫的只有 1 例（即王引之所引者），包、鄭等正是基於當時的語感，才說「南面」指稱諸侯。語言有着一定的慣性，也即語言反映已經改變的社會現實時有一定的滯後性。西周時，天子即「王」。自楚子僭稱王起，到戰國時群雄俱稱王，有一個過程；與「天子」，也即「王」相對應的詞語「南面」，隨着「王」地位的下降，即諸侯都可稱「王」，它的逐漸指稱諸侯，有一定必然性，但要滯後一些。《論語》成書時，楚君已僭稱王，但在與《論語》成書時間差不多的《左傳》中，「楚王」只有 8 次出現，且都是在對話中；「楚子」卻出現 233 次。也就是說，當時公認的「王」仍是「天王」，即周天子。因此，與「王」相對應的詞語「南面」，那時也不可能用於諸侯。到了漢代，諸侯已普遍稱「王」，「南面」也自然可用於諸侯；所以那時的學者，犯了「以今律古」的常見病，也就以為《論語》此章的「南面」是指的諸侯了。〔註5〕

6.3 哀公問：「弟子孰為好學？」孔子對曰：「有顏回者好學，不遷怒，不貳過。不幸短命死矣，今也則亡，未聞好學者也。」

張詒三：筆者認為，「不貳過」之「貳」當為「愿」之誤字。如此假設，初看似乎迂曲牽強，但是當我們梳理出古文獻中「貳」與「愿」互相關聯、互相訛轉的許多例子之後，也就不足為奇了。

〔註 5〕楊逢彬：《論語「雍也可使南面」解》，《第四屆禮學國際學術研討會論文集》，清華大學中國禮學研究中心，上海金澤工藝社，2018 年 8 月，第 322～323 頁。

　　首先，古文獻中，「慝」以音近，可與「忒」字混用。如《尚書・洪範》「民用僭忒」，《漢書・王嘉傳》引此句作「民用僭慝」。《詩經・鄘風・柏舟》「之死矢靡慝」，馬瑞辰釋曰：「慝，當為忒之同音假借。」〔註6〕《詩經・大雅・瞻卬》「豈曰不極，伊胡為慝」，馬瑞辰釋曰：「慝，即忒之假借。」〔註7〕《國語・周語下》「過慝之度」，王引之《經義述聞》：「此慝字當讀為忒，忒，差也。」〔註8〕

　　其次，「貳」與「貸」「貣」「忒」形近，古文獻中混用的例子也較常見。如《詩經・衛風・氓》「女也不爽，士貳其行」，王引之《經義述聞》：「貳當為貣之訛。貣音他得切，即忒之借字也。」〔註9〕馬瑞辰釋曰：「貳當為貣字形近之訛。貣，他得反，與忒同音。」〔註10〕是「貳」「貣」形近而訛。

　　《左傳・昭公二十六年》「不貳其命」，「貳」當作「貣」，即「忒」字，差也〔註11〕。《荀子・禮論》「萬物變而不亂，貳之則喪也」，《大戴禮記・禮三本》作「萬變不亂，貸之則喪」，「貳」作「貸」，孔廣森《補注》：「《荀子》『貸』作『貳』。按《月令》『宿離不貸』，徐仙民音二，蓋古貸、貳字多通用。」〔註12〕揚雄《太玄・斂・初一》「小斂不貸」，司馬光《集注》：「一曰『貸』當作『貣』，吐得切。」〔註13〕《太玄・度・上九》「積差之貸，十年不復」，司馬光《集注》：「貸當作貣，吐得切，與忒同。」〔註14〕是「貸」「貣」「忒」形近而混。

　　《大戴禮記・五帝德》「其言不貳，其德不回」，《孔子家語》引此句「貳」作「忒」〔註15〕。又如，《禮記・緇衣》「其儀不忒」，《經典釋文》：「（忒），他得反，本或作貳，音二。」〔註16〕「貳」當作「貣」。是「貳」「忒」形近而混。

〔註 6〕原註：馬瑞辰：《毛詩傳箋通釋》，北京，中華書局，1989 年版，第 167 頁。

〔註 7〕原註：馬瑞辰：《毛詩傳箋通釋》，北京，中華書局，1989 年版，第 167 頁。

〔註 8〕原註：王引之：《經義述聞》，南京，江蘇古籍出版社，1985 年版，第 487 頁。

〔註 9〕原註：王引之：《經義述聞》，南京，江蘇古籍出版社，1985 年版，第 487 頁。

〔註 10〕原註：馬瑞辰：《毛詩傳箋通釋》，北京，中華書局，1989 年版，第 212 頁。

〔註 11〕原註：楊伯峻：《春秋左傳注》，北京，中華書局，1990 年版，第 1479 頁。

〔註 12〕原註：孔廣森：《大戴禮記補注》，北京，中華書局，2013 年版，第 35 頁。

〔註 13〕原註：司馬光：《太玄集注》，北京，中華書局，1998 年版，第 72 頁。

〔註 14〕原註：司馬光：《太玄集注》，北京，中華書局，1998 年版，第 72 頁。

〔註 15〕原註：楊朝明、宋立林：《孔子家語通釋》，濟南，齊魯書社，2013 年版，第 280 頁。

〔註 16〕原註：陸德明：《經典釋文》，北京，中華書局，1983 年版，第 211 頁。

　　《國語・周語下》「平民無貳也」，孔穎達解釋此句曰：「平民使不貸也。」是「貳」作「貸」〔註17〕。《儀禮・大射儀》鄭玄注引此句，「貳」作「忒」〔註18〕，是「貳」「貸」「忒」形近而混。《文選・阮瑀〈為曹公作書與孫權〉》「無匿張勝貸故之變」，李善注：「貸」或為「貳」〔註19〕，本字實為「貣」。是「貸」「貣」「貳」形近而混。

　　以上表明，「慝」以音近，可以借為「忒」，而「忒」「貸」「貣」「貳」常因形近而混訛。

　　或許有人認為，說「慝」「貳」可通，不好理解，然古文獻中確有「慝」直接訛作「貳」者，請看《周禮・秋官・大行人》：「時聘以結諸侯之好，殷覜以除邦國之慝。」《大戴禮記・朝事》引作「殷覜以除邦國之貳」，「慝」作「貳」。王樹枏校注：「貣，訛為貳，貣與慝同聲字。」〔註20〕這條資料為「貳」本字為「慝」的假設提供了有力的參證。

　　關於「慝」的意義，《爾雅・釋訓》云：「崇讒慝也。」陸德明《經典釋文》解釋說：「慝，謝切得反，諸儒並女陟反，言隱匿其情以飾非。」〔註21〕《集韻・職韻》曰：「慝，隱情飾非曰慝。」〔註22〕可見，「慝」的意義是「隱情飾非」，即隱藏真實情況而掩飾過錯。故「不貳過」亦即「不慝過」，「不隱瞞掩飾過錯」之意。

　　孔子肯定弟子顏回誠實、忠厚，有過錯勇於承擔，而不刻意隱瞞、掩飾。〔註23〕

6.5 原思為之宰，與之粟九百，辭。子曰：「毋！以與爾鄰里鄉黨乎！」

　　宋鋼：按：「九百」後無量詞，疑有失字。此前有「庾」、「秉」等量詞，唯此處獨缺，殊不可解。

　　朱熹《論語集注》：「九百，不言其量，不可考。」〔註24〕

〔註17〕原註：阮元：《十三經注疏》，北京，中華書局，1980年版，第1372頁。
〔註18〕原註：阮元：《十三經注疏》，北京，中華書局，1980年版，第1372頁。
〔註19〕原註：蕭統：《文選》，上海，上海古籍出版社，1985年版，第1888頁。
〔註20〕原註：孔廣森：《大戴禮記補注》，北京，中華書局，2013年版，第471頁。
〔註21〕原註：陸德明：《經典釋文》，第414頁。
〔註22〕原註：丁度：《宋刻集韻》，北京，中華書局，2005年版，第218頁。
〔註23〕張詒三：《〈論語・雍也〉「不貳過」索解》，《孔子研究》2018年第2期，第89～90頁。
〔註24〕原註：論語上（四部要籍注疏叢刊本）〔M〕．中華書局，1998年。

何晏《論語集解》孔注：「九百，九百斗。」〔註25〕安國特別加出量詞「斗」，此量詞是否合適，姑且不論，但著意加注補出，證明不可無之。〔註26〕

6.6 子謂仲弓，曰：「犁牛之子騂且角，雖欲勿用，山川其舍諸？」

（1）犁牛

徐中舒：孔子有犁牛之言，此出《論語・雍也篇》。何晏注：「犁、雜文也。」《淮南・說山訓》：「骲屯犁牛，既科以楢。」高注：「犁牛不純色。」雜文或不純色之牛為犁牛。〔註27〕

裘錫圭：南宋時周必大曾以「孔子有犁牛之言」來證明春秋時有牛耕。《耒耜考》〔註28〕反駁說：「此出《論語・雍也》篇。……雜文或不純色之牛為犁牛，與農耕無關。」（57 頁）其說可從（《論集》編按：卜辭以「物」與「羊」對稱，「羊」即「騂」。《論語》也以「犁」與「騂」對稱。可能騂牛之外的各種毛色的牛都可以稱為物牛或犁牛）。〔註29〕

（2）勿

周遠斌：1969 年，吐魯番阿斯塔那一八四號墓出土的唐寫孔氏本鄭氏注《論語》（下文簡稱「孔氏本」）中的這一句「勿」作「物」。表面上看，「物」從「勿」得聲，同聲假借，「物」即「勿」之借字〔註30〕，但歷史實際卻是「物」為本字，「勿」為借字，也就是說，《論語》原用的是「物」字。

按「孔氏本」「雖欲物用」句來理解這一章就是：耕牛的兒子，長著赤色的毛，整齊的角，其想求犧牲之用，難道山川之神會因它是耕牛之子而嫌棄它，不予歆饗嗎？「雖」在句中，為發語詞，無實義。〔註31〕犁牛之子，非

〔註25〕原註：論語上（四部要籍注疏叢刊本）〔M〕．中華書局，1998 年。

〔註26〕宋鋼：《〈論語〉疑義舉例》，《貴州大學學報（社會科學版）》2005 年第 2 期，第 110 頁。

〔註27〕徐中舒：《耒耜考（續）》，《農業考古》1983 年第 2 期，第 135 頁。

〔註28〕裘先生前文中有提到《耒耜考》一文，謂：徐中舒先生《耒耜考》一文在 1930 年發表於《歷史語言研究所集刊》第二本第一分，故此處直接錄作《耒耜考》。

〔註29〕裘錫圭：《裘錫圭學術文集（甲骨文卷）》，上海：復旦大學出版社，2015 年版，第 244～245 頁。

〔註30〕原註：王素《唐寫本論語鄭氏注及其研究》一書，把「物」作為「勿」之假借字。

〔註31〕原註：《說文・虫部》：「雖，似蜥而大。」錢坫《說文解字斠詮》：「後世以為語助字，而本義晦矣。」王引之《經傳釋詞》卷三：「惟，發語詞也。亦作雖。」

牧人掌牧的六牲，按說沒有資格，但「騂且角」，又具備供宰殺之犧牲在毛和角上所要求的條件，犁牛之子不自卑身世，而因自身的條件求有用於祭祀。〔註32〕孔子這裏將子弓的情況作比於犁牛之子，以犁牛之子的不自卑和積極有為，來鼓勵子弓不要自卑出身，而應積極有為。可以看出，本章若從「孔氏本」作「物」，不但句順，而且章義明確。

以上比較說明，「物」用在本章中是貼切的，而「勿」與本章的語境卻相抵牾，那麼，《論語》本章原用的顯然是「物」，而不是「勿」。在「通行本」中，「物」之所以誤用作「勿」，應是同聲假借所致。皇侃《論語集解義疏》「雖欲勿用」句疏曰：「勿，猶不也。」皇侃以「不」解「勿」，說明至遲在皇侃所處的時代就已發生了誤用。〔註33〕

（3）對整章的理解

崔海東：故本章義為：孔子談論仲弓道：「耕牛之犢毛赤角正，（當為天牲作上祀，來祭上天與宗廟。按：喻為天子；）如果不用，則作次祀，那麼山川又怎麼會捨棄呢？（按：喻為諸侯。）」〔註34〕

6.9 季氏使閔子騫為費宰。閔子騫曰：「善為我辭焉！如有復我者，則吾必在汶上矣。」

楊逢彬、蔣重母：楊伯峻先生譯為：「季氏叫閔子騫作他采邑費地的縣長。閔子騫對來人說道：『好好地替我辭掉吧！若是再來找我的話，那我一定會逃到汶水之北去了。』」〔註35〕汶，水名，就是山東的大汶河。孔安國說：「去之汶水上，欲北如齊」，意謂孔子之所以跑到汶水之上，是想往北到齊國去。故「汶上」暗指齊國之地。楊譯之所以將「汶上」譯為「汶水之北」，乃從桂馥之說。〔註36〕桂馥《札樸·汶上》全文為：「《玉海》引曹氏曰：『汶在齊南

〔註32〕原註：這裏說犁牛之子不自卑並自求用於祭祀，乍看起來是荒誕之見，但瞭解了孔子所用的近乎寓言的比喻手法後，就能接受這一解釋了。

〔註33〕周遠斌：《〈論語·雍也〉「雖欲勿（物）用」本字考》，《臨沂師範學院學報》2010年第1期，第53、54頁。

〔註34〕崔海東：《楊伯峻〈論語譯注〉義理商榷》，《合肥師範學院學報》2014年第1期，第57頁。

〔註35〕原註：楊伯峻. 論語譯注〔M〕. 北京：中華書局，1980：58. 編者案：作者原文中夾注及尾注中所標引文頁碼不一致，書稿所錄以夾注為準，下同。

〔註36〕原註：楊伯峻. 論語譯注〔M〕. 北京：中華書局，1980：58.

魯北，言欲北如齊也。』水以陽為北，凡言某水上者，皆謂水北。」〔註37〕
按，桂馥並未作任何論證，直接得出結論，而注《論》諸家多從之。除《論
語譯注》外，孫欽善《論語本解》、李零《喪家狗——我讀〈論語〉》皆從其
說。今按，桂說不確。周秦典籍中多見「江上」「淮上」「河上」「漢上」「沂
上」「汝上」「泗上」「涇上」「濮上」「濟上」以至於「川上」「海上」等等，
均指水邊；而且這「水邊」不一定僅僅指岸邊，距某水相當長一段距離如幾
里、十幾里也可叫做「某上」。如僖公二十四年《左傳》：「己丑晦，公宮火，
瑕甥、郤芮不獲公，乃如河上，秦伯誘而殺之。」後兩句沈玉成譯為「於是
就到了黃河邊上，秦伯把他們騙去殺掉」〔註38〕。……果如桂馥所說「某上」
指水之北，那麼當有「某下」指水之南。但在周秦典籍中我們只見到《韓非
子‧有度》中有一例：「攻韓拔管，勝於淇下。」〔註39〕單文孤證，疑其為「淇
上」之誤，暫且存疑待考。先秦典籍中載有大量河流並非東西走向因而有北
岸南岸的；如果為南北走向因而有東岸西岸的，又該如何表達？由此亦可知
桂說之謬。〔註40〕

6.12 冉求曰：「非不說子之道，力不足也。」子曰：「力不足者，中
道而廢。今女畫。」

俞紹宏：近檢高亨《古字通假會典》：「《易‧說卦》：『故易六位而成章。』
《釋文》：『六位又作六畫。』《集解》位作畫。《儀禮‧士冠禮》鄭注引同。」
〔註41〕筆者以為，「今汝畫」的「畫」可能通作「位」。而「位」、「立」古本為
一字，漢字中本無「位」字，「位」原本作「立」。雖然「立」、「位」均見於《說
文》，但就現有的出土古文字材料來看，甲骨文中已經出現字形「立」；兩周
金文中「位」普遍用「立」字表示，如西周早期的史獸鼎、西周中期的師毛
父簋、西周晚期的頌鼎、春秋早期的秦公鐘、戰國早期的之利鐘等〔註42〕；

〔註37〕原註：桂馥. 札樸〔M〕. 北京：中華書局，1992：87.

〔註38〕原註：沈玉成. 左傳譯文〔M〕. 北京：中華書局，1981：104.

〔註39〕原註：《韓非子》校注組，周勳初、韓非子校注：修訂本〔M〕. 南京：鳳凰
出版社，2009：35.

〔註40〕楊逢彬、蔣重母：《〈論語〉詞語考釋五則》，《上海大學學報（社會科學版）》
2011年第5期，第131頁。

〔註41〕原註：高亨：《古字通假會典》，濟南，齊魯書社，1989年版，第449頁。

〔註42〕原註：張亞初：《殷周金文集成引得》，北京，中華書局，2001年版，第332
～333頁。

秦簡中「位」依然作「立」（如睡虎地秦簡《為吏之道》）；由「人」、「立」構成的「位」這一字形最早出現在戰國時期的包山、郭店等竹書文獻中，其後的漢代文獻，如漢印、銀雀山漢簡《戰國縱橫家書》與《孫臏兵法》等，也均出現；戰國時期的中山王方壺銘文中出現了一個從「立」、「胃」聲的「位」字異體。看來「立」分化為「位」、「立」二字可能始於戰國時期。

「立」、「位」二字古本為一字，傳世文獻中兩者或互訓，或通用，因此所謂「今汝畫」可能應為「今汝立」。「立」有「止」之訓〔註43〕。從字形上看，古文字「立」本像人站立形，而其「止」義則是「站立」義的引申。「今汝畫」字面意思是你現在站著不動，言下之意即你現在還沒有採取行動；「惡夫畫」意即笑話那種學習上只說不做、止步不前的行為（「惡」讀「啞」，訓「笑」〔註44〕）。

當然還存在另一種訓解可能。文獻中「畫」可解為「飾」〔註45〕，而「飾」有「粉飾」、「裝飾」、「虛」等訓解〔註46〕，其意義引申序列為：繪畫→粉飾、裝飾→虛假。因此，此「畫」可解為「虛」，即說假話。明代的郝敬已經指出《論語·雍也》中冉求此言為「說謊」：「夫子姑不與論道，先與辯謊。」〔註47〕清代劉寶楠也有類似的見解〔註48〕。冉求說「非不說子之道，力不足也」，以自己的能力不能勝任孔子所說的「道」作為託辭，而孔子則以為「力不足者，中道而廢」，因此說冉求「今汝畫」。言下之意是說，只有付諸行動了，最後堅持不下去，半途而廢了，才是力不足；你還沒有行動，怎麼知道自己力不足？你是在講假話。《法言·學行》也是在說學習上要實在，不要講假話；「丘陵學山而不至於山」是只說不做的行為，可見也是講假話，也就是「畫」，而「畫」會讓人笑話。

學習、修行忌諱弄虛作假。細品文味，以上兩解以後一說為優。〔註49〕

〔註43〕原註：宗邦福、陳世鐃、肖海波：《故訓匯纂》，北京，商務印書館，2003 年版，第 1655 頁。

〔註44〕原註：汪榮寶：《法言義疏》，第 31 頁。

〔註45〕原註：宗邦福、陳世鐃、肖海波：《故訓匯纂》，北京，商務印書館，2003 年版，第 1491 頁。

〔註46〕原註：宗邦福、陳世鐃、肖海波：《故訓匯纂》，北京，商務印書館，2003 年版，第 2520 頁。

〔註47〕原註：郝敬：《論語詳解》，見《續修四庫全書》第 153 冊，上海，上海古籍出版社，2002 年版，第 167 頁。

〔註48〕原註：劉寶楠：《論語正義》，第 227 頁。

〔註49〕俞紹宏：《〈論語·雍也〉「今女畫」箋識》，《孔子研究》2014 年第 1 期，第 83～84 頁。

6.16　子曰：「不有祝鮀之佞，而有宋朝之美，難乎免於今之世矣。」

（1）不有祝鮀之佞，而有宋朝之美

畢寶魁：這裏的「不」字有貫穿兩句的功能，「而」字可以理解為連詞，表示並列。前引王引之的觀點很值得注意。他在《經義述聞》中說：「而猶與也，言有祝鮀之佞與有宋朝之美。」是說「而」字如同「與」字。這樣，將「不」字看成具有統領前後兩句的功能，將「而」理解為「與」，這兩句的意思就是這樣了：「不有祝鮀之佞與不有宋朝之美」，那麼和後面一句連接起來，意思就非常順暢了。實際就是說：假如沒有祝鮀的巧舌和宋朝的美貌，那麼就「難乎免於今之世矣」！〔註50〕

高敏：筆者認為，「不有」並非表示假設語氣。祝鮀，衛大夫子魚，以佞諂獲寵於靈公。宋朝，宋公子，以美色善淫獲寵於靈公夫人南子，《左傳》昭公二十年和定公十四年都記載有宋朝因美色而惹起禍端的事實。孔子認為，衛國不僅有祝鮀之佞，而且有宋朝之美，既然國君夫婦寵愛這類人，當今之世受其禍害是難免的了。欲解通本章，關鍵在於對「不有」、「而有」的理解。「不有」，即「不僅有」；「而有」，即「而且有」。「而」表遞進，猶「並且」。還有人解「不有」為「沒有」，解「而」為「及」、「反」、「與」、「卻」，皆牽強難通。孔子列舉危害今世的兩種惡行，為衛國擔憂，並非是楊伯峻所說的「假使沒有祝鮀的口才，而僅有宋朝的美麗」之意。兩種不良現象，孔子皆擔心，並非是希望兩項都具備，或必須具備其中一項。〔註51〕

蔣國保：在古漢語中，「而」字的確可解作「卻」〔註52〕。則在諸解中，我認同將「而」字作「卻」字解，將本章理解為：一個人如沒有口才（才能），卻有美色，在當今社會就很難避免被禍害。這樣解釋，不但就字義、語法、語氣上講都十分合理、順暢，而且合乎孔子思想——孔子說他沒見到「好德如好色的」，這個批評，正是他對當時整個社會輕德重色風氣的批評。孔子視其生活的社會，為「無道」的社會。在無道的社會，人們普遍輕德而重色。在這種社會風氣下，有才能的人尚可以自保，而無才能者便難以自保。如果沒才能反倒貌美，則就很危險了，因為他（她）要做到不被好色的人所算計、

〔註50〕畢寶魁：《〈論語〉「不有祝鮀之佞」章本義辨析》，《北京大學學報（哲學社會科學版）》2009年第2期，第151頁。

〔註51〕高敏：《楊伯峻〈論語譯注〉獻疑》，《孔子研究》2015年第1期，第53頁。

〔註52〕原註：漢語大辭典：第8冊〔M〕．上海：漢語大辭典出版社，1991：773.

所禍害就是十分困難的事〔註 53〕。孔子這樣說，正是提醒世人，在當時社會裏求生存，要以「才」為重，而不能以「色」為重，因為有才起碼能避免禍害，而有「色」無「才」反倒容易招致禍害。〔註 54〕

　　蔡英傑：除本例外，我們在先秦文獻的檢索中，未發現其他「不有……而有」的用例，卻發現其同義同構句式「無……而有」17 例。如：

　　（1）嬰無倍人之行，而有參士之食，君之賜厚矣。（《晏子春秋·內篇·雜下》）

　　（2）無恆產而有恒心者，惟士為能。（《孟子·滕文公上》）

　　（3）無大夫冠禮，而有其昏禮。（《儀禮·士冠禮》）

　　（4）小國無文德而有武功，禍莫大焉。（《左傳·襄公八年》）

　　（5）無亢山名谷，而有付丘於其四方者，雄城也。（《孫臏兵法·雄牝城》）

　　（6）人無百歲之壽，而有千歲之信士，何也？（《荀子·王霸》）

　　（7）無御相之勞而有其功，則知所乘兮。（《呂氏春秋·分職》）

　　（8）天下無粹白之狐，而有粹白之裘，取之眾白也。（《呂氏春秋·用眾》）

　　「無……而有」均是「沒有……卻有」的意思，「無」只管前一句，不管後一句。由此可見，「不有……而有」也應當是「沒有……卻有」的意思。〔註 55〕

（2）難乎免於今之世矣

　　畢寶魁：這句話一直被忽略，很少有學者注意到，可能是感覺沒有什麼歧義，但如何理解也大有關係。一般都認為是難免在今世要遭難或遭受禍害，因為分歧不大，幾乎眾口一詞，故不舉例。其實，孔子這句話的意思是難於避免在這個時代被邊緣化，難免要寂寞沉淪，即不被重視。寂寞沉淪不等於遭受磨難。「難免」的是不被重視，而不是災害。這樣理解，有如下理由：1.從語法角度和本句話的語氣可以體會出來。「難乎免於今之世矣」，「難」並非磨難、患

〔註 53〕原註：本章後一句直譯的話，當是：要避免於現今社會很困難啊。避免於現今社會，也就是逃避現今社會，避免禍害。

〔註 54〕蔣國保：《〈論語〉新解三則》，《徐州工程學院學報（社會科學版）》2015 年第 2 期，第 21 頁。

〔註 55〕蔡英傑：《〈論語〉訓詁疑案的文獻學分析》，《中國語言文學研究》2017 年第 1 期，第 233～234 頁。

難的意思，而是與「免」字構成一個詞，「於」是介詞，「於今之世」屬於補語，但在現代漢語中屬於狀語後置。這樣，這句話用現代漢語來翻譯就是「在今天的社會就難於避免……」避免什麼沒有說，屬於省略。「乎」和「之」兩個字均是虛詞，只是增加感嘆的語氣。那麼，在「今世難免」什麼呢？我們可以根據前後語意和全句的意思進行合理補充。而最合情合理的意思就是難免被冷落疏遠。這樣，全句的語意才順暢而不抵牾。2. 孔子率領弟子周遊列國時，離開魯國開始到達的第一國就是衛國，受到禮遇，享受與魯國同樣的俸祿。其後也幾次到衛國，在衛國逗留時間也比較長，對於衛國的政治狀況以及人際關係很熟悉。孔子與衛國賢人蘧伯玉關係很親密，與其他大夫關係也不錯，對祝鮀、仲叔圉、王孫賈等大夫看法都不錯，南子對孔子也可以（必求見孔子一事可知），可知孔子師徒在衛國沒有危險和禍患，並沒有遇到磨難和危險，故孔子沒有必要說「免於災難」這樣的話。3. 從人生常理來說，具有「祝鮀之佞」與「宋朝之美」的人畢竟是極少數，如果沒有二者之一就要遭受磨難，那怎麼得了？天下豈不人人自危？這既不符合歷史情況，也不符合人之常情。孔子怎麼會說出這麼不近人情的話呢？鑒於以上三點理由，此處的「在今世難免了」的賓語是被冷落疏遠的意思。這樣解釋，全句的意義才順暢而更容易理解，也符合實際情況。用這種觀點來通釋全句，則是這樣的意思：孔子說：「如果沒有祝鮀那樣的伶牙俐齒，或者沒有宋朝那樣的美貌，在今天這樣的世道裏就難免要被冷落疏遠，要寂寞沉淪了。」「被冷落疏遠、寂寞沉淪」依然可以生活，這非常符合孔子當時的處境和衛國當時的歷史狀況。〔註56〕

（3）對整章的理解

畢寶魁：本章是孔子針對衛國的政治情況發出的感慨，是說衛國統治者喜歡阿諛逢迎和美色而不重視仁義道德，致使不肯阿諛逢迎或不具有美色的賢人沉淪下層而不被重用。其他解釋均未完全符合孔子的原意。〔註57〕

常彥：本解認為，此章講述的不是一個人如何避免禍害的事，講的是當時社會如何避免亂世之現狀問題。有，這裏引申為注重、看重、重視。難乎免於今之世矣，其意為很難避免目前這種亂世。

〔註56〕畢寶魁：《〈論語〉「不有祝鮀之佞」章本義辨析》，《北京大學學報（哲學社會科學版）》2009年第2期，第151～152頁。
〔註57〕畢寶魁：《〈論語〉「不有祝鮀之佞」章本義辨析》，《北京大學學報（哲學社會科學版）》2009年第2期，第152頁。

本章意思為：孔子說：「不注重像祝鮀這樣有真才實學的人，而只注重像宋朝這樣只有美麗外表的人，很難避免目前這種亂世。」

祝鮀是衛國的大夫，因他擅長外交辭令，能言善辯，受到衛靈公重用，為國家發展作出了貢獻。宋朝是宋國的公子朝，貌美聞名於世。《左傳‧昭公二十年》及《定公十四年》記述公子朝與襄夫人宣姜私通，並參與發動禍亂，出奔到衛國。又以貌美，與衛靈公夫人南子私通，而受到寵幸。宋朝無才無德，僅以貌美先後私通襄夫人宣姜和衛靈公夫人南子，他走到那裏就給那裏〔註58〕帶來道德上的混亂甚至國家動亂。孔子對當時這種人才觀和社會現狀十分不滿，認為要避免這種亂世，就要消除宋朝這樣無才無德之人，而要重視、重用祝鮀這樣有實際才能的人，否則國家將會繼續混亂，亂世不可避免。〔註59〕

6.18 子曰：「質勝文則野，文勝質則史。文質彬彬，然後君子。」

宋鋼：朱熹《論語集注》：「史掌文書，多聞習事，而誠或不足也。」〔註60〕

何晏《論語集解》包注曰：「史者，文多而質少。」〔註61〕

按：朱子仍將「史」視作職官一類，實非。包氏所謂「文多而質少」，是「史」即「飾」也。

蕭民元說：「現在注家多跟朱熹走，朱熹解釋『史』字為：『史掌文書，多聞習事，而誠或不足也。』太牽強了。……就筆者的看法『史』是『飾』的音誤字。『飾』是將人或事物的外表，裝修得更美麗好看的意思。『飾』字一般的應用於裝飾、修飾、飾辭、文過飾非等等。」〔註62〕蕭氏所論，確為的解。原音誤之由，蓋如陸德明所言：「楚夏聲異，南北語殊，是非信其所聞，輕重因其所習，後學鑽仰，罕逢指要。夫筌蹄所寄，唯在文言，差若毫釐，謬便千里。」〔註63〕〔註64〕

〔註58〕原文此兩處均作「那裏」，疑當為「哪裏」。
〔註59〕常彥：《〈論語〉「公冶長」「雍也」篇疑義章句解讀》，《華南理工大學學報（社會科學版）》2014年第5期，第50頁。
〔註60〕原註：論語上（四部要籍注疏叢刊本）〔M〕．中華書局，1998.
〔註61〕原註：論語上（四部要籍注疏叢刊本）〔M〕．中華書局，1998.
〔註62〕原註：蕭民元．論語辨惑〔M〕．北京：中國社會科學出版社，2001.
〔註63〕原註：陸德明．經典釋文序錄〔A〕．經典釋文〔C〕．上海古籍出版社，1985.第1頁。
〔註64〕宋鋼：《〈論語〉疑義舉例》，《貴州大學學報（社會科學版）》2005年第2期，第109頁。

6.20 子曰：「知之者不如好之者，好之者不如樂之者。」

常彥：古今解讀中，將「知」解釋為知道、懂得。朱注：「尹氏曰：『知之者，知有此道也。好之者，好而未得也。樂之者，有所得而樂之也。』張敬夫曰：『譬之五穀，知者知其可食者也，好者食而嗜之者也，樂者嗜之而飽者也。知而不能好，則是知之未止也；好之而未及於樂，則是好之未止也。此古之學者所以自強而不息者與？』」楊注將此章譯為：孔子說：「對於任何學問和事業，懂得它的人不如喜愛它的人，喜愛它的人又不如以它為樂的人。」本解認為，知，智，指智慧，即聰明。知之者，不如好之者，是說一個人聰明，不如雖不聰明但愛好學習的人。按朱注、楊注解釋，語義不順，邏輯不通。好、樂，都是為了知道、懂得、掌握。如果知道了、懂得了，好、樂意義何在？所以，本章其實是講述了聰明人和雖不聰明但好學、樂學之人的區別，講了先天聰明和後天雖愚但好學、樂學之間的關係。

本章意思為：孔子說：「聰明的人，不如雖不聰明但愛好學習的人。愛好學習的人，不如以學習為快樂的人。」〔註65〕

6.22 樊遲問知。子曰：「務民之義，敬鬼神而遠之，可謂知矣。」問仁。曰：「仁者先難而後獲，可謂仁矣。」

于扶仁：《譯注》將「務民之義」譯作：「把心力專一地放在使人民走向『義』上。」

今按：「民」義為「人」，本句意應如朱熹說：「專用力於人道之所宜，而不惑於鬼神不可知，智者之事也。」〔註66〕《禮記‧禮運》曰：「何謂人義？父慈、子孝、兄良、弟弟、夫義、婦聽、長惠、幼順、君仁、臣忠，十者謂之人之義。」「民之義」即「人之義」。朱熹的解釋與「未能事人，焉能事鬼，……未知生，焉知死」〔註67〕的精神一致，符合孔子的一貫思想。把「民」釋作「人民」，孤立地看，似無不可。但把「之」作實詞處理（需要重讀），譯為「走向」，則過於勉強，既破壞了原文的音韻節奏，又在句式上與下文「敬鬼神而遠之」很不協調，因而不可信從。〔註68〕

〔註65〕 常彥：《〈論語〉「公冶長」「雍也」篇疑義章句解讀》，《華南理工大學學報（社會科學版）》2014年第5期，第50頁。

〔註66〕 原註：《四書集注》。

〔註67〕 原註：《論語‧先進》。

〔註68〕 于扶仁：《〈論語譯注〉商兌》，《煙臺師範學院學報（哲學社會科學版）》1994年第4期，第75頁。

常彥：本解認為，義，指的就是「敬鬼神而遠之」這一道理。遠，長遠，將來的意思。遠之，考慮長遠、考慮將來。敬鬼神而遠之，就是說敬奉鬼神是為了考慮將來，是為了將來有好運。

本章意思為：樊遲問怎樣才算有智慧。孔子說：「致力於民眾達義，即敬奉鬼神而考慮長遠，可以說就有智慧。」樊遲又問怎樣才是仁，孔子說：「仁者以難事為先而獲報於後，可以說是仁了。」

孔子經常談到敬鬼神之事，《論語》中就有很多論述，如：「子曰：『非其鬼而祭之，諂也。』」（《為政》）「祭如在，祭神如神在。子曰：『吾不與祭，如不祭。』」（《八佾》）「王孫賈問曰：『與其媚於奧，寧媚於竈，何謂也？』子曰：『不然。獲罪於天，無所禱也。』」（《八佾》）「雖蔬食菜羹，必祭，必齊如也。」（《鄉黨》）「朋友之饋，雖車馬，非祭肉，不拜。」（《鄉黨》）「季路問事鬼神。子曰：『未能事人，焉能事鬼？』」（《先進》）等。從孔子的言行可以看出，他既敬鬼神又不遠鬼神，從事理上說，敬何以遠？所以「能敬能遠」不符合事理。敬鬼神是為了辟邪、避災從而求得好運，現在敬鬼神是為了將來有好運，所以敬鬼神是為了考慮將來，考慮長遠，不考慮長遠的人是缺乏智慧的人，所以，孔子說「務民之義」，即「敬鬼神而遠之，可謂知矣」。〔註69〕

6.23 子曰：「知者樂水，仁者樂山。知者動，仁者靜。知者樂，仁者壽。」

常彥：本解認為，樂，樂意。水，象〔註70〕水一樣流動。山，象山一樣沉穩。都為比喻。動，流動，這裏指像水一樣瞬間流失。靜，靜止，和動相對，表示永遠存在。「知者樂，仁者壽」中的「樂」和「壽」也相對，樂，表示結果，即像流動的水一樣會消失。壽，表示永遠存在。

本章意思為：孔子說：「聰明的人樂意像水一樣，有仁德的人樂意像山一樣。聰明的人象水一樣流動，有仁德的人象山一樣沉穩。聰明的人就像流動的水一樣會消失，而有仁德的人則像山一樣永遠屹立、流傳百世。」

孔子用水和山為比喻，說明智者和仁者的特性，其實是要人們努力去做仁者。「知」雖然是一個人達到「仁」的必備條件，但「知者」達不到「仁者」，

〔註69〕常彥：《〈論語〉「公冶長」「雍也」篇疑義章句解讀》，《華南理工大學學報（社會科學版）》2014年第5期，第50～51頁。

〔註70〕原文作此，疑當為「像」，下一段「有仁德的人象山一樣沉穩」一句的「象」亦是同種情況。

就像流動的水，會消失，一去不復返。只有「仁者」才能屹立於社會，留存於歷史。〔註71〕

6.26 宰我問曰：「仁者，雖告之曰：『井有仁焉。』其從之也？」
子曰：「何為其然也？君子可逝也，不可陷也；可欺也，不可罔也。」

孫景龍：「雖」可作副詞，通「唯」，表示僅限於某個範圍。如《詩·大雅·抑》：「女雖湛樂從，弗念厥紹。」《管子·君臣下》：「決之則行，塞之則止，雖有明君能決之，又能塞之。」王引之《經傳釋詞》說：「《說文》『雖』字以『唯』為聲，故『雖』可通作『唯』。」「雖」，即今「虽」字。《論語·子罕》：「譬如平地，雖覆一簣，進，我往也。」俞樾《古書疑義舉例》：「此雖字當讀為唯（惟），言平地之上唯覆一簣，極言其少。」我覺得「仁者雖告之曰」之「雖」即與「唯」通，副詞，限制謂語「告」，可訓作「只」、「僅」。宰予的意思是，仁德之人，「只」告訴他「井有仁焉」，沒有任何其他附加信息，他會如何？會隨即下井嗎？以此問難孔子，正符合宰予否定孔子「仁」之學說的用心。〔註72〕

常彥：本解認為，雖，縱然，即使。雖告之，即使告訴他。井有仁焉，這是本章的關鍵句，井，鄉里，這裏指別的某一國家。本句意思是，別的某一國有仁德。如果是「井裏掉下一個仁人」，此後解釋就出現問題。如果是一個仁人掉下井裏，問其他仁人是否下井相救，即「隨之於井而救之也」，按儒家思想，毫無疑問應該「救之」，孔子之所以說「何為其然也？」按朱注，是因為「井有仁焉」本身是假話，是一個騙局，其目的在於愚弄仁人，但即使按「井裏掉下一個仁人」解，也不可能是假話或騙局，因為按章義這是一種假設，是假設有這種情況，是對仁人選擇的一種設想。所以以上解釋顯然有矛盾。如果是因為仁人掉下井裏，問其他仁人是否從之，即「他是不是會跟著下去呢」，這本身就是一種愚蠢的思想，孔子弟子宰我不可能愚昧到問這樣荒唐的事。其從之也，其，他，指仁者。從，順從、聽從，其意為聽從「井有仁焉」而去「井」。本句意思為，他可以去那裏嗎？逝，死亡。陷，陷害。因為孔子認為別國不可能有仁，如果去那裏就會被陷害，因此孔

〔註71〕 常彥：《〈論語〉「公冶長」「雍也」篇疑義章句解讀》，《華南理工大學學報（社會科學版）》2014 年第 5 期，第 51 頁。
〔註72〕 孫景龍：《〈論語〉文義新解六題》，《孔子研究》2012 年第 4 期，第 27 頁。

子認為寧可在自己的國家死亡，也不可到不如自己的國家去而被陷害。另外，因為很明顯別的國家不如魯國有仁德，因此孔子認為不能被這種明擺著的謊言所迷惑。

本章意思為：宰我問道：「對於有仁德的人，即使告訴他：『某國有仁德。』他可以去那裏嗎？」孔子說：「為什麼去那裏？君子可以自己去死，不可以被人陷害；可能會被人欺騙，但不能被這種明擺著的欺騙迷惑。」

孔子認為，即使魯國「禮崩樂壞」，也是當時最具仁德的國家。「子曰：『齊一變，至於魯；魯一變，至於道。』」（《雍也》）說明魯國最接近「道」。孔子同時主張「危邦不入，亂邦不居」。（《泰伯》）因為孔子認為當時再沒有比魯國更具仁德的國家，而不具仁德的國家應「不入、不居」，故對有人說「井有仁焉」之語認為不符合實際，是一種欺騙，因而教育宰我不能被這種顯而易見的欺騙所迷惑。當然，孔子後來不得不周遊列國，包括出入「危邦、亂邦」，曾遭圍追堵截、甚至危及到生命，但這是後來之事。由此可見，本章之語言於早期，至少是在孔子周遊列國之前。〔註73〕

6.28 子見南子，子路不說。夫子矢之曰：「予所否者，天厭之！天厭之！」

羅繼祖：《論語・雍也》子見南子章，最滋異論。《日知錄》（二七）引孔安國注曰：「行道既非人之事，而弟子不悅，與之祝誓，義可疑焉。」亭林謂「此亦漢人疑經而不敢強通者」。張仲雅《四寸學》（五）舉趙耕菘、袁簡齋兩家說而斷之曰：「袁解似較趙說為貫串」而疑《列女傳》之靈公夫人非指南子。同卷另一條引《呂覽・貴因篇》「孔子道彌子瑕見釐夫人」，高注：「釐夫人未之聞。」仲雅舉或說「諡法小心畏忌曰釐，南子淫泆不得諡釐」而辯之曰：「魯之姜氏亦淫泆而得文穆之諡，何怪乎南子。」

予謂仲雅說是，《呂覽》說亦可信，何以言之？據《孔子世家》，孔子凡三適衛，一在攝魯相而魯祭不致胙時，二在畏匡過蒲時，三在將西見趙簡子而聞竇鳴犢、舜華之死臨河而返時，每至皆有所主。初主顏濁鄒，二、三則主蘧伯玉，伯玉衛賢大夫。濁鄒，《孟子・萬章篇》作顏讎由，當是一人。趙注：「顏讎由，衛賢大夫。」然則所主皆賢矣，何以萬章有「或謂孔子於衛主

〔註73〕 常彥：《〈論語〉「公冶長」「雍也」篇疑義章句解讀》，《華南理工大學學報（社會科學版）》2014年第5期，第52頁。

－260－

癰疽，於齊主寺〔註74〕人瘠環」之問？孟子解之曰：「否，不然也，好事者為
之也。於衛主顏讎由，彌子之妻與子路之妻，兄弟也，彌子謂子路曰：『孔子
主我，衛卿可得也。』子路以告，孔子曰：『有命。』孔子進以禮，退以義，
得之不得曰有命，而主癰疽與寺人瘠環，是無義無命也。吾聞觀近臣以其所
為主，觀遠臣以其所主，若孔子主癰疽與寺人瘠環，何以為孔子。」孟子之
言甚辯。按：孔子之周遊列國意在得君行道，不得不事結納，所結納者豈必
盡賢，孔子力辯其進禮退義，而不覺吐露情實。彌子瑕與子路為姻婭，瑕嘗
欲使孔子主之，覬可得衛卿，孔子主瑕否雖不可知，而見南子必由瑕，此有
《呂覽》作證。孔子之三適衛，靈公尚在，南子必卒於靈公之前，則得其諡
釐，又何疑焉。〔註75〕

　　陳科華：首先，孔子更為關注儒家群體的生存危機與求仕以道的發展需
要。……所以，我認為，孔子見南子在主觀上是自願的。

　　其次，孔子開始採取了與學生一致的立場即不同意見南子，但這是策略
性的。在見不見南子的問題上，孔子既意識到是一個難得的機會，又同他的
弟子一樣，感到是一種道德向權力屈從的恥辱。因此，唯一的辦法是婉言謝
絕南子的召見，並以此作為試探南子的信息。假若南子因此作罷，見不見實
無兩樣；假若情況相反，則表明孔子對衛國尚有利用的價值，還有獲得靈公
信任的可能。所以，我認為，孔子婉言拒絕召見，實在是策略性冒險，而且
從結果看還是比較成功的。《史記‧孔子世家》說孔子「不得已而見之」，似
乎是懾於南子的權勢，其實是出自自身的生存與道德的雙重需要而不得不採
取的一種欲擒故縱的手法。

　　……在孔子看來，只要「才」能夠促進社會的發展進步，「才」就是「德」。
故孔子許管仲為「仁」。那麼，以此推之，孔子心目中的南子雖德不足道，但
才卻值得肯定。既如此，見見南子又有何妨呢？……

　　……筆者以為，「子見南子」一事，既見於《論語》，又見於《世家》，若
疑其非實，證據不足。倒是可以從這種恥辱共識中感受到儒家道統與封建勢
統的矛盾衝突在傳統知識分子心中所引起的強烈震動，以及他們以「學堂」（知
識、道）而臨「廟堂」（權力、勢）的理想寄望。如果說這種寄望在漢代獨尊

〔註74〕原文作此，疑當為「侍」，此文下同。
〔註75〕羅繼祖：《楓窗脞語》，北京：中華書局，1984 年版，第 1～2 頁。

儒術時已部分實現,那麼,子見南子,則是儒家知識分子為實現這種寄望的最早實踐。它為儒家在中國封建社會贏得正統地位起了重要的作用。〔註76〕

張詒三:認為「夫子矢之曰」之「矢」通「誓」,歷來很少異議。關鍵是是否「發誓」義?楊伯峻、李澤厚都譯「夫子矢之曰」為「孔子發誓說」,顯然「之」沒有著落,被忽略了,暴露了這種注釋的缺陷。《儀禮·大射》:「司射西面誓之曰:『公射大侯,大夫射參,……』」又《國語·越語上》:「句踐……乃致其父母昆弟而誓之曰:『……將帥二三子夫婦以蕃。』」可見「之」是「誓」的對象,即聽眾,就「誓之曰」引出的話來看,是上對下嚴肅的、正式的辭令,即「告誡、命令」。上引《儀禮》中的「誓」,《十三經注疏》中引鄭玄注:「誓猶告也。」《爾雅·釋言》:「誥、誓、謹也」,郭璞注:「(誥、誓)皆所以約,勤謹戒眾。」《周禮·春官·典命》:「誓於天子。」孫詒讓正義曰:「約言為誓,引申之,凡策命有誥戒之辭亦得謂之誓。」《逸周書·世俘》:「用小牲羊犬豕於百神水土於誓社。」孔晁注:「誓,告也。」可見,「夫子矢之曰」之「矢」通「誓」,義為「告誡」,而非「發誓」,句意是「夫子告誡子路說」。

臧琳《經義雜記》:「凡古人誓多云『所不』,《左傳·僖二十四年》:重耳曰:『所不與舅氏同心者,有如白水。』可證。……此記者約略之辭,『所不』下當更有誓辭。」可知,把「所」解釋為「若」的思路是:「予所否者,天厭之」是誓詞,誓詞中「所」訓為「若」。但是「予所否者,天厭之」和「所不與舅氏同心者,有如白水」到底是不是同一句式,兩個「所」字是否同義,則需要斟酌、論證。請比較以下三個句子:

A. 所不與舅氏同心者,有如白水。(《左傳·僖二十四年》,對未來可能情況的假設)

B. 予所否者,天厭之。(《論語·雍也》,對既成事件的解釋、說明)

C. 女所營者,水皆至,滅表。(《戰國策·齊韓魏共攻燕》,對既成事件的解釋、說明)

B與C的結構類同性超過B與A,所以B與C為同構,B與A只是近似。很明顯,「予所否者,天厭之」之「所」應該與「女所營者,水皆至,滅表」之「所」同義,不應和「所不與舅氏同心者,有如白水」之「所」同義。那麼,此「所」何義?

〔註76〕陳科華:《「子見南子」論》,《益陽師專學報》1994年第4期,第79、80、81頁。

「女所營者」是典型的「所」字結構，意思是「你們所營造的（軍營）」，「所」是輔助性代詞，指「營」的對象，正如「你所說的」「所」，指「說」的內容。「所」字結構中「所」後必須是動詞，問題是，「予所否者」中，「否」和「不」都不是動詞，因而臧琳懷疑「『所不』下當更有誓辭」。把「否」解釋成「做錯事」等動詞，顯然是強為之解。

原來，此處「否」當為「鄙」之借字，《論衡‧問孔篇》兩次引「予所否者」都作「予所鄙者」，可知王充所見《論語》「否」必作「鄙」。唐‧陸德明《經典釋文》：「所否：鄭繆方有反，不也。王弼、李充備鄙反。」認為讀「否」（方有反）為鄭玄的「繆（謬）」，正確讀音「備鄙反（即：bǐ）」。據郭錫良《漢字古音手冊》，古代「否」和「鄙」音近，都是「幫母之部」。古籍中常通用：《尚書‧堯典》：「否德忝帝位。」《史記‧五帝本紀》引作「鄙德忝帝位。」由於「所……者」之間只能是動詞，「不」「否」都不具備處在這一位置的條件，只有「鄙」才能使句子文通字順。則「予所否者」實為「予所鄙者」，即「我（們）所鄙棄的」。

各家把「天厭之」的「天」理解為「上天」、「老天」，「厭」理解為「厭棄」，這沒有爭議。關鍵是「之」指代誰？是否孔子？這種賓語位置上的「之」指代說話者的情況極其罕見，目前古漢語虛詞和語法著作中都沒有列出這一用法，即是說，認為「之＝我」屬於孤例。

我們認為，此處「之」代指前文的「予所否（鄙）者」，具體指「見南子」一事。那麼，「予所否者，天厭之，天厭之。」即：「我（們）所鄙棄的（東西），天（也）厭棄它，天（也）厭棄它！」

從事理看，使「子路不說」的是「見南子」。那麼子路是對「見南子」「不說」呢，還是懷疑孔子在「見南子」時做錯了什麼才「不說」呢？作為「君子坦蕩蕩」的孔子，如果不心虛，他見「子路不說」，首先會認為是因為「見南子」，不會肯定地認為子路懷疑他做錯了什麼才不高興的，孔子要回答和解釋的，也應該針對「見南子」一事。南子作風不好，又插手衛國政事，正是「予所鄙者」，那麼去「見南子」，當然也是「予所鄙者」，孔子要解釋和說明的是「見南子」一事，表示「天厭之」，自然也是表示自己的不樂意和無可奈何。言外之意是：不僅你子路不高興，我們誰都不高興。〔註77〕

〔註77〕張詒三：《「子見南子」疑案再考》，《光明日報》，2010 年 2 月 8 日國學版。

　　王向東：分析起來，子路憑什麼不高興，可以從《論語》中找到若干原因。首先是由子路的個人品格決定。子路這個人，一輩子言行一致。《論語・公冶長》：「子路有聞，未之能行，唯恐有聞。」《論語・顏淵》：「子路無宿諾。」在子路看來，師生之間不應該有雙重標準，既然要求學生這樣做，老師自己更加必須帶頭這樣做。所謂以身作則，是為人師表的第一要素。《論語・憲問》有「子言衛靈公之無道也」的明確記載，既然如此，又去見南子幹什麼？何況離開魯國，就是因為「女樂」；難不成一到衛國，反而要走美女路線？這些問題，子路一定想不通。其次當然是由於老師的一貫信任。孔子一直認為子路為人忠誠老實。《論語・公冶長》有孔子「道不行，乘桴浮於海，從我者其由與」之感慨，可見孔子對他的倚重。至於批評的行為依據，《論語・里仁》有「事父母幾諫」之教誨。而最重要的一點，是孔子這位老師，和許多「現代化」老師不大一樣，孔子真誠歡迎學生當面批評自己。〔註78〕

　　張沖：綜之，「矢」訓為「誓」，即「發誓」。「所」訓為「若」，即「如果」。「否（pǐ）」訓為「否心」，即「邪惡之心」。「厭（yā）」訓為「殺（壞）」，即「懲罰」。而「子見南子」一章的正確釋義是：夫子見過南子，子路不高興。夫子對子路發誓說：「我如果心思不正，上天懲罰我！上天懲罰我！」〔註79〕

〔註78〕王向東：《〈論語〉首章初探》，《泰州職業技術學院學報》2011 年第 4 期，第 6 頁。
〔註79〕張沖：《〈論語〉「子見南子」章正詁》，《棗莊學院學報》2013 年第 1 期，第 97～98 頁。

七、《述而篇》新說匯輯

7.1 子曰：「述而不作，信而好古，竊比於我老彭。」

黔容：《論語‧述而》：「述而不作，信而好古，竊比於我老彭。」老彭是誰？歷來說法不一。一說是殷之賢大夫，其根據是《大戴禮‧虞戴德》載有老彭之名，由於是和名臣仲隗並列，所以說是賢大夫。包咸主此說，朱熹也採此說。此外，有的說，老彭就是彭祖。以上統謂之一人說。還有二人說，以老是老聃，彭是彭祖，老彭是二人。更有一種合併說，認為老彭、老聃、彭祖，同是一人（這些說法，劉寶楠《論語正義》記的較詳，可參看）。但不管哪一說，都有不能解決的困難，主要是怎麼能和「述而不作，信而好古」掛起鉤來。殷的賢大夫說和它了無關係。彭祖說也不行。彭祖本是傳說中的人物，據說是堯的臣子，以壽長見稱，活了八百歲。在一些文獻中凡是提到他的都是採取的這一點，別的沒有人重視過，因而也不能和「不作」「好古」掛鉤。老聃、彭祖二人說，不但解決不了這個問題，而據記載，老聃是周守藏室之史，彭祖遠在他之前，二人並提，就應該是「彭老」，不該是「老彭」。至於三個名字同是一人的說法，也說不出所以然的道理。照具體情況看，老聃這個人倒有幾分接近，因為他是周的守藏室史，也稱柱下史，是個管理國家圖書的史官，在工作上，他有知古的方便，也有傳述的條件，由於他的任務是管理，因而要求於他的是實事求是地反映，不要求有什麼樣的發揮。這就是「述而不作，信而好古」的基本精神。孔子用他來和自己相配比，倒是有可能的。只是本是老聃，何以竟呼做老彭？按：所謂「老彭」，「彭」字實誤，當為「肜」字，是丹字的古文（見《說文解字》卷十《丹部》），與彭字

形近而誤。丹與聃同音，古來同音的字常是通用的，老彤就是老聃。這樣的錯誤之所以發生，是不是有儒門弟子不願看到本門祖師尊重別派開山的事情，於是改字這樣因素在內？也是難以說定的。但「彭」為「彤」的誤字，則必須肯定。在當時，老聃還有點名氣，孔子確實很尊重他，不少材料都記載了孔子問禮於老聃的故事。如《史記‧老莊申韓列傳》寫道：「孔子適周將問禮於老子。」及見過老子以後，孔子說：「至於龍，吾不能知，其乘風雲而上天。吾今日見老子，其猶龍邪！」孔子問禮於老聃的事，崇儒的人也曾否認過，不過承認這件事並無損孔子的形象，相反，更表現了他的勤學和不恥下問的精神。〔註 1〕

7.2 子曰：「默而識之，學而不厭，誨人不倦，何有於我哉？」

楊逢彬：我們認為，劉寶楠的「不難之詞」說是有一定道理的，但其不能涵蓋《論語》中的全部「何有」。我們承認，《雍也篇》《子路篇》的「於從政乎何有」與《孟子》的兩處「何有」一樣，確實是「不難之詞」：

> 季康子問：「仲由可使從政也與？」……曰：「求也藝，於從政乎何有？」（《論語‧雍也》）
>
> 苟正其身矣，於從政乎何有？（《子路》）
>
> 王曰：「寡人有疾，寡人好貨。」對曰：「……王如好貨，與百姓同之，於王何有？」王曰：「寡人有疾，寡人好色。」對曰：「……王如好色，與百姓同之，於王何有？」（《孟子‧梁惠王上》）
>
> 任人有問屋廬子曰：「禮與食孰重？」……屋廬子不能對。……孟子曰：「於答是也何有？」（《告子下》）

以上幾處表示「不難」的句子，其句型結構的共同特點是「於＋Vp（Np）＋何有」，它與「何有於我哉」這種「何有＋於＋Np（Vp）」結構看上去似乎並無二致，只是介賓結構置於「何有」的或前或後而已；但通過對《論語》同時代典籍的考察，我們發現二者所表示的意義其實並不相同：

> 雖及胡耉，獲則取之，何有於二毛？（《左傳》僖公二十二年）
>
> 吉若獲戾，子將行之，何有於諸游？（昭公元年）
>
> 將奪其國，何有於妻，唯秦所命從也。（《國語‧晉語四》）

〔註 1〕黔容：《「老彭」實為「老彤」》，《學術研究》1987 年第 6 期，第 102 頁。

君若不鑒而長之，君實有國而不愛，臣何有於死，死在司敗矣！惟君圖之！（《楚語下》）

今君掩王東海，以淫名聞於天子，君有短垣，而自逾之，況蠻、荊則何有於周室？（《吳語》）

人情非不愛其子也，於子之不愛，將何有於公？公喜宮而妒，豎刁自刑而為公治內。人情非不愛其身也，於身之不愛，將何有於公？（《管子·小稱篇》）

「何有於二毛」即「哪裏還有什麼二毛（可言）」「二毛算個什麼」，沈玉成譯：「雖然是老頭子，俘虜了就抓回來，管什麼頭髮花白不花白」，二毛，雙鬢斑白，代表老人；「何有於諸游」即「諸游算個什麼」，沈玉成譯：「吉如果得罪，您也要執行懲罰，何必把游氏諸人放在心上」；「何有於妻」即「老婆算個什麼」；「何有於死」即「死算什麼」；「蠻、荊則何有於周室」即「在蠻、荊心目中，周室又算個什麼」；「於子之不愛，將何有於公」「於身之不愛，將何有於公」即「他連自己兒子都不愛，主公您又算什麼」「他連自己身體都不愛，主公您又算什麼」。可見，「何有+於+Np（Vp）」結構的意義是「Np（Vp）算個什麼」。這一結構及其意義在後世文言文中也保留了下來，如楊樹達先生在其《增訂本中國修辭學·自序》中說：「文字之不保，何有於修辭！」〔註 2〕即，漢字都保存不了了，修辭又算個什麼！哪裏還有什麼修辭可言！這一結構還有個變式，即「Np（Vp）+於+何有」，如：

入而能民，土於何有。（《左傳》僖公九年）

魏犨、顛頡怒曰：「勞之不圖，報於何有！」（僖公二十八年）

群臣若急，君於何有？（襄公二十三年）

若得其人，四方以為主，而國於何有？（哀公二十五年）

祭養尸，饗養上賓，鱉於何有？而使夫人怒也！（《國語·魯語下》）

「土於何有」即「何有於土」，亦即「土地算個什麼」；「若得其人，四方以為主，而國於何有」意為「如果得到這樣的人，天下都將把他作為主人，國家又算個什麼」，意即取得國家不在話下。餘仿此。這一變式與表示「不難」的「於+Vp（Np）+何有」結構在形式上的區別是介詞「於」位置不同。《左傳》昭公十九年：「諺所謂『室於怒，市於色』者，楚之謂矣。」「室於怒，

〔註 2〕原註：楊樹達：《中國修辭學》，湖南教育出版社 2008 年，第 2 頁。

市於色」即「怒於室，色於市」的變式，與「土於何有」之類可以互證。

綜上，我們認為，「何有於我哉」，義為「我又算個什麼」，孔子是說他人若能「默而識之，學而不厭，誨人不倦」，那我還有什麼了不起呢？〔註3〕

崔海東：句讀當作：默而識之：學而不厭、誨人不倦，何有於我哉！

「默而識之」與「學而不厭」「誨人不倦」是總分而非平行關係。〔註4〕「默而識之」，邢《疏》云「不言而記識之」〔註5〕，「之」代下面的「學而不厭、誨人不倦」。此二者是孔子自任之語，其多次提到。如「若聖與仁，則吾豈敢？抑為之不厭，誨人不倦，則可謂云爾已矣」（《述而篇》）。孟子亦云：「子貢問於孔子曰：『夫子聖矣乎？』孔子曰：『聖則吾不能，我學不厭而教不倦也。』」（《孟子·公孫丑篇》）而「何有於我哉」，即此二者哪一樣我擁有呢。故此章義謂：吾當默記：學而不厭、誨人不倦，此二者，我所做的，還遠遠不夠。〔註6〕

高敏：「何有」，《論語》中共出現七次：《鄉黨》：「子曰：『惟酒無量，不及亂，何有於我哉？』」《述而》：「子曰：『默而識之，學而不厭，誨人不倦，何有於我哉。』」《里仁》：「子曰：『能以禮讓為國乎？何有？』」《雍也》：「季康子問：『仲由可使從政也與？』子曰：『由也果，於從政乎何有？』曰：『賜也可使從政也與？』曰：『賜也達，於從政乎何有？』曰：『求也可使從政也與？』曰：『求也藝，於從政乎何有？』」《子罕》子曰：「出則事公卿，入則事父兄，喪事不敢不勉，不為酒困，何有於我哉？」

品味這些「何有」，應是「有何」的倒裝用法，是用反問的語氣表示「這有什麼」。清代劉寶楠《論語正義》曾述及三解，其最後一解曰：「上篇『為國乎何有』，『於從政乎何有』，『何有』皆為不難也。」〔註7〕此解近於文義。如今的孔子故里曲阜及其魯西南一帶，在表示「某事不難」或「有能力有把握勝任某事」時，口語中常說：「這有啥？」「這算什麼？」意思是「這沒啥」，

〔註3〕楊逢彬：《〈論語〉「何有於我」解——兼論所謂「不難之詞」》，《武漢大學學報（人文科學版）》2011年第1期，第77～78頁。

〔註4〕原註：楊寶忠. 論語舊詁質疑（二則）〔J〕. 古漢語研究，1995（1）：59～60.

〔註5〕原註：邢昺. 論語注疏〔M〕//四庫全書（第195冊）. 上海：上海古籍出版社，1987：587.

〔註6〕崔海東：《楊伯峻〈論語譯注〉句讀商榷》，《江蘇科技大學學報（社會科學版）》2013年第3期，第27頁。

〔註7〕原註：劉寶楠. 論語正義〔M〕. 北京：中華書局，1990：254.

「這種事算不得什麼」。由此，將「何有於我哉」理解為「對於我來說，有何難的」，或說「對於我來說，算得了什麼」，符合經義。

孔子是說：把所學的知識默默地記在心中，學習不厭煩，教誨學生不厭倦，這些對我來說又算得了什麼呢？孔子終生都在這麼做著，認為是平常事，所以才說得如此輕鬆。他這樣說的目的，一是對別人貴己、以聖智贊己表示謙虛（這麼做並不難，沒什麼了不起的）；一是激勵人們都這麼做。〔註8〕

7.7 子曰：「自行束脩以上，吾未嘗無誨焉。」

車錦生：「束脩」有多種意思，新版《辭海》列出兩種：一是送給老師的謝金、禮物；二是「約束修整」。近閱吳曾《能改齋漫錄》，發現還有第三種解釋：「《後漢・馬援傳》注云：『男子十五以上，謂之束脩。』……後漢杜詩薦伏湛曰：『自行束脩，說無毀玷』，注：『自行束脩，謂年十五以上』。」

查「束」字，有「束髮」之意。古制，男十五而束髮為髻，謂之「成童」（鄭玄《禮記・內則・注》：「成童，十五以上。」李賢《後漢書・李固傳・注》：「成童，年十五也。」）。「成童」，是學習的開始。如《大戴禮記・保傳》：「束髮而就大學，學大藝焉，履大節焉。」如果束髮成童後還不投師學藝，則視為「父之罪也」（《穀梁傳・昭公十九年》）。《後漢書・延篤傳》注引鄭玄即云：「束脩：謂年十五以上也。」劉寶楠《論語正義》亦據《隸釋》、《隸續》所載漢碑文謂「束脩」有「表年」意。

孔子曾說過「吾十有五而志於學」（《論語・為政》）。所以，他把十五歲做為收學生的年齡標準，既合於古制，又合於他自己的實踐。

綜上所述，「自行束脩以上，吾未嘗無誨焉」，應釋成「凡是成童後來求學的，我沒有不教育他們的」。〔註9〕

江浦：總之，我同意「束脩」不是學費說。孔子和他的學生通過各種渠道獲得相當數量的經濟收入，完全可以解決教育經費問題，不需要再向每個學生收「十小條乾牛肉」。「束脩」作為一種贊見禮，也不是一般性的禮貌要求，而是要接受他「克己復禮」的教育宗旨，終身不得違背。這才是「自行束脩以上，吾未嘗無誨焉」的本質問題。〔註10〕

〔註8〕高敏：《〈論語〉疑難句辨惑六則》，《齊魯學刊》2013年第6期，第12頁。
〔註9〕車錦生：《「自行束脩」別解》，《社會科學戰綫》1982年第3期，第115頁。
〔註10〕江浦：《也談「束脩」不是學費》，《齊魯學刊》1984年第3期，第55頁。

羅志田：那麼，孔子之意何在？束脩既不必一定是贄，又不是學費，為什麼孔子一定要致送了束脩的人才教誨呢？這還要回到孔子當時的社會環境中去。孔子辦私學，屬開創性質，新生事物總有人不理解、不接受甚至反對。雖然後來四方來學者日眾，但也不是人人都承認孔子的地位和他所辦的學校。荷蓧丈人就對子路說：「誰知道你的老師是什麼人？」（《論語·微子》：「四體不勤，五穀不分，孰為夫子？」）少正卯使孔門三盈三虛的說法固然不可信，但至少從一個側面反映出有人對孔子辦學的否定性情緒。弟子打翻天印的事雖未見記載，按常理推斷也是有可能的〔註11〕。後來儒學獨尊，孔子成了聖人，但在當時不過是個博學的大師而已。正因為如此，辦私學的孔子儘管主張有教無類，仍要求受教者要有所表示，至低要像童子行贄那樣奉上束脩。這又可見束脩雖不必是贄，至少也和贄見禮有淵源關係。致送束脩不僅如張瑞璠先生所說是表示尊師，更重要的是要承認孔子為老師，在某種程度上竟可以說有原始契約的性質，即正式確立師弟子關係〔註12〕。孟子說：「教亦多術矣。予不屑之教誨也者，是亦教誨之而已矣」（《孟子·告子下》）。孔子的不行束脩就不教，恰是孔門的入門之教：《曲禮》云：「宦學事師，非禮不親」，「禮聞來學，不聞往教」，正是所謂「必也正名乎」（《論語·子路》）！儘管索要束脩就使其教為「有類」，在私學開創時期，至少在孔子看來這個師弟子的名是必須正的。過了百多年，到孟子設教之時，就已是「往者不追，來者不拒。苟以是心至，斯受之而已矣」（《孟子·盡心下》）。這並非孟子比孔子所教更「無類」，而是那時興學者眾，已蔚為風氣，師弟子名分不必特別強調，孟子自然不必索要束脩了。如此則《論語》中束脩字義仍為十脡脯，而孔子說「自行束脩以上，吾未嘗無誨焉」的意思就是「只要致送十條乾肉以上（承認我為老師），我從沒有不教誨的」。這大概就是孔子要求致送束脩的真正含義吧。〔註13〕

王文仲：《論語》的「自行束脩以上」用的是「束脩」本義，即「十脡脯」（十條乾肉），是當時人情往來的微薄禮物。朱熹《論語集注》：「脩，脯也。

〔註11〕原註：任銘善前引文。編者按：作者原文之前一則注釋中已提到任文，即任銘善《論語〉「束脩」義》，載《杭州大學學報》人文版二期，1963年10月。
〔註12〕原註：做了官的冉求不十分買孔子的帳，以致先生不認徒弟，要其他學生「鳴鼓而攻之」（《論語·先進》），即頗有弦外之音。
〔註13〕羅志田：《「束脩」我見》，《四川師大學報（社會科學版）》1986年第6期，第66～67頁。

十脡為束。」楊伯峻解釋說:「脩是乾肉,又叫脯,每條脯叫一脡(挺),十
脡為一束。束脩就是十條乾肉。」(《論語譯注》)邢昺疏:「書傳言束脩者多
矣,皆謂十脡脯也。」《禮記‧內則》有「牛脩鹿脯」之說。關於「脩」與「脯」
的區別,唐代賈公彥在《周禮‧膳夫》疏中說:「謂加薑桂鍛治者謂之脩,不
加薑桂以鹽乾之者謂之脯。」《說文》段注說:「《曲禮》疏云脯訓始,始作即
成也;脩訓治,治之乃成,修治之謂捶而施薑桂。」總之,二者都是乾肉,「脯」
是作成時間較久的鹹肉乾,「脩」是加了薑桂等調料,剛剛製成的肉乾。

按周代禮俗,「束脩」為「禮之薄者」,《禮記‧少儀》說當時的薄禮通常
是「以乘壺酒、束脩,一犬賜人」。《禮記‧檀弓》:「古之大夫束脩之問不出
境。」《穀梁傳》:「束脩之問不行境中。」可知「束脩」這類薄禮,在國內、
國外的公開交往都是行不通的,從而證明「束脩」在禮物中最微薄。如若行
厚禮,則必有金玉幣帛之類。孔子僅收「束脩」這種薄禮,而且強調「自行」,
即由弟子主動致送,不是孔子向學生索取,足見孔子從教的目的不在於個人
功利,「有教無類」的教育思想是偉大的。〔註14〕

馬連湘、聶鴻英:「束脩」一直被認為是「束脯」,是弟子敬師之禮,是
師收弟子的手續、學費。然而仔細品味,總覺不大和諧。孔子是位十分注重
禮節的學者,而古代饋贈禮物又男女有別,《左傳‧莊公二十四年》記載:「男
贄,大者玉帛,小者禽鳥」,「女贄,不過榛栗棗脩」。況且孔子的弟子中並無
女性,以束脩為敬師之禮不符合實際。清代康有為《論語注》承先師朱九江
看法,認為「惟女贄乃以脯脩,學者無之。後儒誤以解此經,則大謬」。至少
可以設想,在孔子時代,或說在孔子的私學裏,送束脩致師禮是不合適的。

那麼「束脩」到底是什麼?歷觀先秦兩漢「束脩」的用法及其注疏,可
以認為將孔子《論語》中「束脩」釋為從師之禮是一種誤解。

誤解原因之一是「脩」字。「脩」的本義為乾肉,「束脩」就是一束乾肉,
即十條乾肉。可是「脩」還有修飾、修整之義,在這個意思上與「修」構成
異體字關係。古籍中以「脩」作「修」是經常的。如果在這句話中「脩」即
「修」,那麼「束修」就不是一束乾肉了。……

事實怎樣呢?自漢代開始注釋古籍,漢魏唐注疏家並沒將此句的「束脩」
釋為從師之禮。如唐孔穎達《尚書正義‧秦誓》引漢孔安國注《論語》「束脩」

〔註14〕王文仲:《「束脩」衍義》,《佳木斯教育學院學報》1988年第3期,第23頁。

為「束帶修飾」，魏何晏《論語集解》也引此注，漢鄭玄注《論語》「束脩」「謂年十五已上也」，唐李賢《後漢書‧延篤傳注》引鄭注。據以上先賢注釋可初步認定「束脩」即束帶修飾，是年至十五的裝束。古時按習慣男孩到十五左右則束髮為髻，表示成童，並可以接受成童的教育。如漢桓寬《鹽鐵論‧貧富》記：「余結髮束脩，年十三，幸得宿衛，給事輦轂之下。」李賢注「束脩謂束帶修飾」，表示有年齡特點的裝束。且文中直言「年十三」，是「余」初為宦之肘〔註15〕。古時根據實際需要在十五歲上下結髮束修是正常的。

既然「束脩」是十五歲上下成童的特定裝束，那麼以人的特別穿戴來代稱人或人的年齡，這在修辭上是一個很普通的方法。古籍中表示年齡經常用一些修辭手法，只《論語》就可見數例。如《泰伯》：「可以託六尺之孤」，鄭玄注：「六尺之孤，年十五已下。」……

原因之二是對「行」字的誤解。「行」在此句中不應作「敬奉」、「交納」講，「行」即「行年」的省文。韋昭注《國語‧晉語》「行年五十」的「行」為「歷也」，即經歷，那麼「行年」即是「經歷過的年歲」，實指當時年齡。「行年五十」是說經歷過的年頭有五十年，也就是說現年五十歲。古籍中「行年××」是一種表示年齡的固定套語。如《莊子》的《天道》、《達生》和《天運》分別用「行年七十」和「行年五十有一」表示年齡。孔子言「行束脩」即「行年十五」，它與《莊子》《國語》的「行年××」是一致的，只不過「行年××」是普通用法，而「行束脩」是孔子語言個性化特色的表現。

原因之三是對「自××以上」句式的誤拆。「自××以上」是一個固定結構，與之相同的還有「自××以來」、「從××以下」、「由××以東」……等等。其中「自（從、由）××」是介賓詞組，用作狀語，「以」是連詞，「上（下、來、東）」應是動詞。古籍中這種結構式使用較為普遍。例如《左傳‧文公十六年》：「宋公子鮑禮於國人，宋饑，竭其粟而貸之。年自七十以上，無不饋也，時加羞珍異。」「年自七十以上」即「年紀從七十歲往上的」。……可見，「自××以上」等句式在上古時已是一種自身結構嚴整的句式，可以用來表示年齡、範圍、時間、處所等內容。孔子表年齡範圍用「自行束脩以上」句型，恰好與當時「自××以上」句式的形式和內容相吻合。

如果以上論證尚欠充分的話，下面的客觀實況也足以引起我們的思考。

〔註15〕原文作此，疑當為「時」。

第一，自漢代始用「束脩」表年齡較多。如《漢書·王莽傳》：「竊見安漢公自初束脩。」顏師古注：「束脩謂初學官之時。」《後漢書·伏湛傳》：「臣詩竊見故大司徒陽都侯伏湛，自行束脩，訖無毀玷。」……

第二，孔子的學堂是私立大學。古代的學校有小學大學之分。……入學年齡亦有規定，一般是八歲入小學，十五歲入大學。《大戴禮記·保傅》記載：「束髮而就大學，學大藝焉。」……

第三，孔子收費未必嚴格。孔子辦學，收費是正常的，弟子以物代費也是正常的。但他是否不分弟子生活狀況而一概收繳呢？在孔子辦學以前，能上學的無非是貴族子弟。自孔子開創私學，提出「有教無類」的教育思想，情況就有了一定的變化，至少在孔子的學府裏，學生已不是單一的貴族子弟。……因此，宋代邢〔註16〕關於《論語》束脩是敬師之禮且「禮之薄者」（禮物分量的最低限）的說法是與客觀事實相悖的。「自行束脩以上」反映的是孔子收弟子的最低年齡限制，《孔子家語·本姓解》亦可為證：「孔子……凡所教誨，束脩已上，三千餘人。」〔註17〕

孫永昌：竊以為，《論語》束脩不是脡脯（或酬金）之類，而是指「入大學」年齡段應具有的禮節與能行。「自行束脩」，即知束帶修潔之禮，有謹束進修之行。不到一定年齡當然做不到。〔註18〕

武樹臣：我認為，「束脩」之「脩」即「修」，「束修」是梳洗修飾之義。古人拜謁有身份的人，事先要梳洗修飾，以示恭敬。「自行束脩以上」，即自動梳洗修飾一番來謁見老師，亦即「潔己以進」之義。……

《鹽鐵論·貧富》載御史大夫之言：「余結髮束修，年十三，幸得宿衛。」馬非百注：「結髮，古時男子年幼小，用繩子把頭髮結紮起來，即指少年時期。束修，指小兒從師。」〔註19〕「結髮束修」即少年從師。弟子對老師應畢恭畢敬，「束修」亦含尊師之義。

在春秋末期，「食肉」仍是貴族的專利，故貴族又稱「肉食者」。國家大事唯「肉食者謀之」〔註20〕。孔門弟子中貴族出身的極少，絕大部分為貧窮

〔註16〕原文「邢」字後空一字，疑為印刷問題，當缺一「昺」字。
〔註17〕馬連湘、轟鴻英：《「束脩」是什麼？》，《東疆學刊（哲學社會科學版）》1995年第4期，第34～35頁。
〔註18〕孫永昌：《〈論語〉「束脩」辨析》，《文史雜誌》2003年第2期，第63頁。
〔註19〕原註：馬非百：《鹽鐵論簡注》，北京，中華書局，1984。
〔註20〕原註：《戰國策·曹劌論戰》。

子弟。若顏回，身居「陋巷」，「一簞食，一瓢飲」，發奮讀書，29 歲「髮盡白」，「短命早亡」〔註21〕。何「束脩」之有！

久而久之，原先那種「束脩」的內在心理狀態（恭敬），逐漸外化並簡潔化為一種儀式禮節，其載體便是禮品。這種禮品正巧也稱「束脩」（十條乾肉）。這真是中國語言的絕妙巧合。而這種專門給老師的見面禮，最終演變成學費的代名詞。當「束脩」終於可以用商品或貨幣（一般等價物）來衡量時，在它的文字表象的深處，仍洋溢著古代對老師（天、地、君、親、師）的尊敬之情。〔註22〕

劉煥文：關於這一句話的理解主要有三種觀點：一是認為「束脩」為乾肉，二是認為「束脩」為「約束修飾」，三是認為「束脩」為年齡十五歲的代指。

我們認為第三種解釋更為合理，「『束脩』指年齡十五歲。孔子有教無類，只要『行束脩以上』（年滿十五歲），皆可入孔門學習」〔註23〕。鄭注《論語》和黃式三《論語後案》也都認為「束脩」指十五歲以上，是年齡概念。古代男子十五歲之前髮式為「總角」，即頭髮紮成兩角後向上分開，而年過十五就必須「束髮修飾」，即頭式要像成人一樣，衣冠必須修飾整理。通過這一髮式和服飾的整理變化，實現「成童志明」，因此「束脩」也就成為年齡達到十五歲的代名詞。「孔子授學要求學生年滿十五歲還與西周時期的『學制』有關」〔註24〕，西周時期學校教育分「小學」和「大學」。「小學」教授的內容為「禮、樂、射、御、書、數」，即「六藝」。十五歲後「成童志明」，入「大學」學習六經。這符合教育原理和青少年的身心發展規律，因為幼童在智力上尚不足以理解深奧的道理，十五歲左右少年具有了與兒童不同的特點，理解能力有明顯的提高，開始具有責任感和主觀能動性，此時用蘊含「窮理、正心、修己、治人之道」的「六經」教授學生，學生才能真正理解和實踐。孔子的教育思想自西周沿襲而來，自己也曾說過「吾十有五而志於學」，因此其教育「必須有一個前提，那就是只有達到『成童』，才可以學習『大學』，懵懵懂懂的

〔註21〕原註：《史記・仲尼弟子列傳》。

〔註22〕武樹臣：《〈論語〉新解五則》，《法律文化研究》2008 年第 00 期，第 116、117頁。

〔註23〕原註：楊朝明 盧梅. 子游生年與《禮運》的可信性問題〔J〕. 史學月刊，2010，（07）.

〔註24〕原註：楊朝明 盧梅. 子游生年與《禮運》的可信性問題〔J〕. 史學月刊，2010，（07）.

孩童是做不到的」〔註25〕。〔註26〕

常彥：自行：行，實行、做。如《訓儉示康》：「君子寡欲則不役於物，可以直道而行。」自行的字面意思為自己做，含義為自覺自願的意思。

束脩：束，約束。如《廉頗藺相如列傳》：「未有嘗堅明約束者也。」脩，通「修」，治理、整治。如諸葛亮《草廬對》：「內脩政理。」束脩，字面意思為約束治理，含義為嚴格要求的意思。

以上：以，連詞，表示名列關係〔註27〕，並且、又、而的意思。如《遊褒禪山記》：「夫夷以近，則遊者眾；險以遠，則至者少。」上，向上。如《鴻門宴》：「噲遂入，披帷西向立，瞋目視項王，頭髮上指，目眥盡裂。」又《趙威后問齊使》：「上不臣於王，下不治其家，中不索交諸侯。」「以上」的含義為並且積極向上。

本章意思為：「孔子說：『自覺自願地嚴格要求自己並且積極向上，這樣的人我從沒有不教誨的。』」〔註28〕

馬文增：筆者斷句如下：

子曰：「『自行束』，『修以上』——吾未嘗無誨焉。」

注解如下：

「自」，自己。

「行」，為，做。

「束」，約束，意同顏回所謂「約我以禮」之「約」。「自行束」者，「自我約束」「自強」之意。

「修」，修身、修心，提高道德品行。

「上」，即「上達」，提高道德修養之意。

「無」，沒有。

「誨」，教誨，此指先聖，尤其是文王之教。孔子一生「祖述堯舜，憲章文武」（《中庸》），晚年尤其喜《易》，讀《易》而「韋編三絕」，又作《十翼》以闡《易》道，可謂「以《易》為師」。

〔註25〕原註：楊朝明. 正本清源說孔子〔M〕. 濟南：山東人民出版社，2014.123.
〔註26〕劉煥文：《〈論語〉「四子侍坐」章研究》，曲阜師範大學，2015 年碩士學位論文，第 18、19 頁。
〔註27〕原文作此，疑當為「並列關係」。
〔註28〕常彥：《〈論語〉疑義章句解讀——「自行束修以上」章新解》，《甘肅高師學報》2016 年第 10 期，第 10 頁。

綜上,以白話譯之如下:

孔子說:「自我約束,修以提高道德——我一直遵循著先聖的教誨。」

「吾未嘗無誨」,亦可直譯為「我並非無師自通者」。〔註29〕

趙華:「束脩」的本義,當如孔子十一代〔註30〕孔安國所說:「束脩,十脡脯也」,即十條肉脯,這裏還只能視為詞組,凝聚為詞,義為乾肉,名詞,因古代多用於上下親友間相互酬謝贈的禮物,故引申為贄禮,其他年齡標誌、束身自修等義均應視為「贄禮」義的進一步引申,而《論語・述而》「自行束脩以上,吾未嘗無誨焉」中的「束脩」則當作學生給老師的禮物「贄禮」(此處即學費)講。

主要記述從戰國初期到東漢中期十幾位孔子後代子孫的言語行事的《孔叢子》一書中的兩處用例為我們理解「束脩」一詞提供了不大為人注意的線索。其中一條是孔子孫子子思在回答孔子學生子張之子申祥問「文王受命,斷虞芮之訟,伐崇邦,退犬夷,追大王、王季。何也?(文王秉承天命,決斷虞、芮兩國的爭議,討伐崇國,擊退犬戎的入侵,而太王、王季為何受到後代的尊崇呢?)」時的答話:「……(大王)過梁山,止乎岐下,豳民之束脩而從者三千乘,一止而成三千乘之邑,此王道之端也(太王翻過梁山,在岐山腳下安頓下來。豳地的百姓攜帶乾糧跟隨而來者有三千乘之眾,這是周代王業崛起的開端)。……」句中「束脩」,義為「乾肉」,活用作動詞,「攜帶乾糧」。

《孔叢子》一書中的另一處用例更有說服力:

> 子思居貧,其友有饋之粟者,受二車焉。或獻樽酒束脩,子思弗為當也。或曰:「子取人粟而辭吾酒脯,是辭少而取多也,於義則無名,於分則不全,而子行之,何也?」子思曰:「然。……」……

文中動詞「行」的賓語「之」,指代上文出現的粟、樽酒束脩等,這裏的「束脩」也應作「贄禮」即禮物講。

綜上,《論語・述而》「自行束脩以上,吾未嘗無誨焉」中的「束脩」當作學生給老師的禮物「贄禮」即學費講。〔註31〕

〔註29〕馬文增:《〈論語〉六章新解》,《孔廟國子監論叢》2016 年第 00 期,第 141~142 頁。

〔註30〕原文作此,疑此處缺一「孫」字。

〔註31〕趙華:《再說〈論語・述而〉中的「束脩」一詞》,《漢字文化》2017 年第 4 期,第 79 頁。此篇知網上作「2017 年第 16 期」,然期刊本身上寫「2017 年第 4 期」,今從期刊本身所載。

7.8 子曰:「不憤不啟,不悱不發。舉一隅不以三隅反,則不復也。」

聶振弢:前人注解,根本上弄錯了句中的關鍵——「復」字的詞性和含義,從而誤解了這句話。

鄭玄說:「舉一隅以語之,其人不思其類,則不復重教之。」從「則不復重教之」這個解釋看,鄭玄首先把「復」字當作副詞看待了。在上古漢語中,「復」是個兼類詞,可作動詞,也可作副詞。作動詞又可分及物的和不及物的兩類。……

……將「則不復也」說成「則不復重教之」,顯然是多加了「教之」二字,使「復」字失去了本來的詞性,由動詞變為副詞。誤解即由此復引出。

那麼,這裏「復」字的具體含義是什麼呢?

《爾雅·釋言》:「還、復,返也。」郝懿行《爾雅義疏》云:「蓋反(返)、復,一聲之轉,故其字通。」《爾雅》從詞彙角度講解,郝氏從音韻角度作疏,都明確指出,「復」義即「返」。《說文》從文字角度講得更明白:「復」,往來也;從彳、复聲。」「往來也」是它的意義,就是走去了,再返回來叫「復」。「從彳、复聲」是它的結構,按《說文》體例,凡注從某、某聲的字,一般都是形聲字。但這個「復」字卻不能這麼簡單地看待。它的形旁「彳」是小步走的意思,與「往來也」意義不符,而它的聲旁「复」,《說文》注為「行故道也。」這才和「復」的意義相合。《說文》所收的「復」是古寫「夏」,《康熙字典》也收有這個字,並引《玉篇》為證,注解說:「夏與复同,今通作復。」這就徹底解決問題了,我們可以這樣結論:「复」即「復」的本字,「往來也」即「行故道也」的今解。「則不復也」的「復」字的具體含義就是:返回來,走老路;「舉一隅不以三隅反,則不復也」這句話的正確解釋也就是:舉一角為例,不能從而推知其它三個角,就不返回來,走老路。孔子在這裏是以否定形式從反面告訴我們,在教學過程中,要適時啟發誘導,充分調動學生積極思維,而效果未達到舉一反三,那就要重新考慮教授的方法。〔註32〕

陳曉強、徐秀兵:「啟」、「發」都有「打開」義,在「不憤不啟,不悱不發」具體語境中,「啟」、「發」則指打開學生學習的心;「憤」、「悱」都從心,指人內心的一種狀態,這種狀態,關係到何時進行啟發教育和如何進行啟發

〔註32〕聶振弢:《「舉一隅不以三隅反,則不復也」新解》,《中州學刊》1985 年第 3期,第 97 頁。

教育的問題。然而,「憤」、「悱」到底是什麼樣的狀態,歷來的注釋家卻含糊其詞。……

「憤」是從「賁」得聲的形聲字,形聲字的聲旁大多數有示源功能。「賁」字從「卉」,它的本義與花卉有關,然而「賁」指花卉的何種狀態,從字形上無法直接看出。王寧先生指出,詞源意義決定著詞義引申的方向。因此,反過來綜合分析一詞的引申義和引申方向,往往能倒推出該詞的詞源意義。文獻使用中,「賁」有以下義:①「茂盛」義,如《書·湯誥》「天命弗僭,賁如草木」; ②「光彩」義,如《詩經·小雅·白駒》「皎皎白駒,賁然來思」,朱熹《集傳》「賁然,光彩之貌也」;由「光彩」義引申,「賁」又有「文飾」義,如《易經》「賁,亨」,鄭玄《注》「賁,文飾也」;〔註33〕③「盛大」義,如《尚書·盤庚》「用宏茲賁」,孔安國《傳》「宏,賁,皆大也」。綜合分析以上各義,就可看出「賁」所標記的花卉狀態有三個特徵:盛開(茂盛)、鮮艷(光彩)、招展(盛大)。綜合這些特徵,「賁」的詞源意義就形象地展現在我們腦海,即:鮮花盛開到最為飽滿之時的狀態。這一狀態,與成語「百花怒放」中的「怒」相當,而「怒」與「賁」有極為密切的關係,這就進一步證明了「賁」的詞義特徵在「飽滿」(詳見下文)。

「賁」指鮮花盛開之飽滿,經引申,其他事物甚至人心(欲望、情緒等)的飽滿亦可用「賁」。如《禮記》「粗厲、猛起、奮末、廣賁之音作,而民剛毅」,鄭玄注:「賁讀為憤,憤,怒氣充實也。」「廣賁」之「賁」,就指內心情緒的飽滿、激昂狀態。鄭玄用「怒氣充實」注「賁」,「充實」與「飽滿」是同一狀態的不同表達,漢朝的鄭玄去古未遠,他的注釋,從另一個角度證明了「賁」的「飽滿」義。鄭玄注「賁讀為憤」,反映了「賁」、「憤」之間同源通用的現象,這一現象,說明「憤」是從「賁」中分化而出:由於欲望、情緒等的飽滿與「賁」的本義已相隔很遠,為了讓字形與語義切合,人們便通過增加義符的方法在「賁」的基礎上分化出「憤」。《方言》《廣雅》均謂「憤,盈也」,「盈」為「充盈」,這些訓詁專書的解釋也證明「憤」具有「充實、飽滿」義。《說文》「憤,懣也」,「懣」字從心、滿聲,其聲旁「滿」正好反映出「憤」的詞義特徵在「充實、飽滿」。內心的飽滿狀態往往是情緒長時間不得釋放,欲望長時間不得實現所導致的結果,因此,與「憤」的「飽滿」特

〔註33〕原註:《說文》「賁,飾也」,是許慎在本義不清的情況下所做的訓釋,不能據
　　　　此把「賁」的本義界定為「文飾」。

徵直接相關的另一特徵是「鬱積」。受這種認識規律的制約，「憤」往往兼有「飽滿」和「鬱積」雙方面的特徵。從「滿」得聲的「懣」在文獻中主要有「鬱悶」義，這也可以證明「飽滿」和「鬱積」的義通關係。

……孔子說「不憤不啟」，意思就在於：如果學生內心中求知的欲望沒有鬱積到飽滿狀態，則不需強行打開學生的心進行教育。……「憤」指求知的欲望鬱積到飽滿狀態，「噴」指達到飽滿狀態後的瞬間爆發，它們之間，一靜一動，一因一果，符合同源詞之間動靜引申和因果引申的規律。……

「不憤不啟，不悱不發」中，「啟」與「發」相對出現，「憤」與「悱」相對出現。「啟」「發」都指「把求知的心打開」，「憤」指「求知欲望鬱積之後的飽滿」，則「悱」義應當與「鬱積、飽滿」義相關。鬱積達到飽滿狀態，事物的發展就有兩種可能性：1. 自然爆發，這種結果即「噴」所反映的狀態；2. 人為疏導，洪水積到飽滿，就需人為的「排」洪，否則洪水將破堤「噴」出。「悱」與「排」同源，其實質與「憤」「噴」同源一致，都反映因果、動靜之間的詞義運動軌迹，只不過「噴」強調自然結果，「排」強調人為結果，而他們的前提是一致的，都指欲望、情緒等的鬱積、飽滿狀態。因此，依據互文見義的原理和比較互證的方法，可以確定「不憤不啟，不悱不發」中「悱」的詞義與「憤」一致，都指內心求知欲望鬱積達到飽滿狀態。〔註34〕

楊新勳：鄭玄《論語注》以「則不復重教之」釋「則不復也」〔註35〕，後皇侃、邢昺、程頤、朱熹等均承此說，清人劉寶楠及今人程樹德、錢穆、楊伯峻亦同此說，此說幾為定論。然此說實與孔子「誨人不倦」思想軒輊。朱熹似已有見於此，但又強為之說：「復，再告也。上章已言聖人『誨人不倦』之意，因並記此，欲學者勉於用力，以為受教之地也。」〔註36〕朱熹之說似是而非。一者，孔門弟子如雲，孔子有教無類，誨人不倦，而不會因弟子資質或學意而增減施教熱情，如子羔愚、曾參魯、樊遲愛農、宰予晝寢均不見棄，對聲稱「力不足」之冉求亦只明言其「畫」，對互鄉童子與其進不保其往。二者，孔子病無能，責於己、求諸己，「躬自厚而薄責於人」，並不求備於人。三者孔子一生重為學、教學，更重勸學，循循善誘，怎能偶因一舉而「不復

〔註34〕陳曉強、徐秀兵：《〈論語〉「不憤不啟，不悱不發」解——兼談啟發式教學思想》，《甘肅聯合大學學報（社會科學版）》2006年第2期，第77～78、79頁。
〔註35〕原註：《十三經注疏・論語注疏》第26頁。
〔註36〕原註：《四書章句集注・論語集注》第95頁。

重教」？四者，從此處行文來看，「不憤不啟」，「不悱不發」均是談啟發式教學方法，「憤」、「悱」指受者狀態，「啟」、「發」指施者措施，此二句意在突出「啟」、「發」實施當口的準確把握；但「舉一隅不以三隅反」卻並非受者狀態，而是施者行為和這一行為引起的受者反應，說的是此一措施實不成功，因此要否定，「則不復也」。竊以為「不憤不啟，不悱不發」與「舉一隅不以三隅反，則不復也」正相對照，一正言，一反說：正言，通過循循善誘，受者達到「憤」、「悱」狀態時，施者適時把握時機進行「啟」、「發」，若受者未達到「憤」、「悱」狀態則施者就不要「啟」、「發」；反說，若受者未達到「憤」、「悱」狀態而施者行「舉一隅」之教，受者懵懵不能一貫而「三隅反」，此正孔子「不可與言而與之言，失言」（《論語・衛靈公》）之意，故而「不復」，即不要再重複草率的「一隅」之舉，以防流弊生衍，此正「責諸己」之意。可見，鄭玄「則不復重教之」之說屬增「教」字為訓，而增此「教」字一則大為擴大了施者「不復」的領域，二則改變了孔子為教初衷，有了貶抑、求備於受者之意。〔註37〕

趙庸謙：（一）句子語意　從句子語意方面分析，傳統譯文對句子語意的理解是不確切的。「不憤不啟，不悱不發」的譯文，「不到他想求明白而不得的時候，不去開導他；不到他想說出來卻說不出來的時候，不去啟發他」非常清楚地說明，對於「不憤不啟，不悱不發」語意的理解是「不到憤時不去啟，不到悱時不去發」，如此理解句子的語意是欠推敲的。

請看內在結構與此句完全相同的句子：「不塞不流，不止不行」（韓愈《原道》）聯繫原文去分析理解，「不塞不流，不止不行」的譯文應該是：「不堵塞佛老之道，就不能使孔孟之道流傳；不禁止佛老之道，就不能使孔孟之道流行。」譯文非常清楚地說明：「不塞」就是「不塞」，不是「不到塞時」；「不止」就是「不止」，不是「不到止時」。「不流」是「不能流」，不是「不去流」；「不行」是「不能行」，不是「不去行」。「不塞不流，不止不行」中的「塞」、「止」和「流」、「行」之間的關係是：「塞」和「止」是強調的部分，是實現「流」和「行」的前提條件；「流」和「行」是「塞」和「止」的結果，沒有「塞」就不能實現「流」，沒有「止」就不能實現「行」。因此，「不塞不流，不止不行」的語意是：「不塞則不能流，不止則不能行。」

〔註37〕楊新勳：《〈論語〉詁解五則》，《古籍整理研究學刊》2011 年第 5 期，第 74 頁，又下轉至第 46 頁。

「不憤不啟，不悱不發」與「不塞不流，不止不行」相比較，二者的內在結構是完全相同的。其中的「不憤」就是「不憤」，不是「不到憤時」；「不悱」就是「不悱」，不是「不到悱時」。「不啟」是「不能啟」，不是「不去啟」；「不發」是「不能發」，不是「不去發」。「憤」、「悱」和「啟」、「發」之間的關係，與「塞」、「止」和「流」、「行」之間的關係也是完全相同的。其中的「憤」和「悱」是強調的部分，是實現「啟」和「發」的前提條件；「啟」和「發」是「憤」和「悱」的結果，沒有「憤」就不能實現「啟」，沒有「悱」就不能實現「發」。

綜合以上分析，「不憤不啟，不悱不發」的語意應該是：「不憤則不能啟，不悱則不能發」。

（二）句式特點　從句式特點方面分析，傳統譯文把「啟」、「發」翻譯為「開導他」、「啟發他」是不確切的。這樣翻譯，無疑是把「啟」和「發」看成了「啟（之）」和「發（之）」的省略，把「啟」和「發」視為了常規的省略賓語句，這樣理解是不確切的。「啟」和「發」確實是「啟（之）」和「發（之）」的省略，但是，它不是常規的省略賓語句，而是省略賓語的使動句，這是一種比較少見的特殊句式。

請看句式特點與此句完全相同的句子：「強本而節用，則天不能貧；養備而動時，則天不能病；循道而不二，則天不能禍。」（《荀子·天論》）。其中的「貧」、「病」、「禍」就是這種省略賓語的使動句式。「貧」、「病」、「禍」是「貧（之）」、「病（之）」、「禍（之）」的省略，但是，這裏省略的賓語，不是動詞涉及的對象，而是使動賓語。把它轉換為正常使動句式的方法是，用「使」字把賓語「（之）」提到動詞的前面，「貧（之）」、「病（之）」、「禍（之）」即「使（之）貧」、「使（之）病」、「使（之）禍」。省略的賓語「之」指代了「人」，因此，「天不能貧（之）」、「天不能病（之）」、「天不能禍（之）」，即「天不能使人貧窮」、「天不能使人生病」、「天不能使人遭禍」。

「不憤不啟，不悱不發」中的「啟」和「發」，與以上例句的句式特點完全相同，也是這種結構形式的使動句式，即「啟（之）」、「發（之）」的省略。將其轉換為常規的使動句，用「使」字把賓語「（之）」提到「啟」，和「發」的前面，即「使（之）啟」、「使（之）發」。因此，「不啟」、「不發」應該理解為：「不能使（之）啟」，「不能使（之）發」。

「啟」、「發」是省略賓語的使動句式，對此，朱熹注釋得非常清楚，即：「啟，謂開其意；發，謂達其辭。」〔註38〕「開其意」、「達其辭」即「使其意開」、「使其辭達」。朱熹的注釋非常清楚地說明了這一點。

綜合以上分析，「不憤不啟，不悱不發」的句式結構是：「不憤則不能使（之）啟，不悱則不能使（之）發」。

（三）文字翻譯 從文字翻譯方面分析，傳統譯文對於「憤」、「悱」、「啟」、「發」的解釋是不確切的。「憤」、「悱」、「啟」、「發」應該如何翻譯？下面逐一分析。

先說「憤」、「悱」。

「憤」、「悱」，朱熹的注釋說得非常明白：「憤者，心求通而未得之意；悱者，口欲言而未能之貌。」事實很清楚，「心求通而未得之意」、「口欲言而未能之貌」是在描寫人的心理活動。朱熹生活的時代，還沒有心理學這門學科，因此，朱熹描寫人的心理活動，是用心理活動的外部表現來描述的。今天我們翻譯朱熹的解釋，應該捨棄對心理活動外部表現的描述，抓住真實的內心活動，用現代的心理學知識去解釋。「心求通而未得之意」，是指人正在思考問題，始終沒有思考明白，還在認真地思考。用現代的心理學知識去解釋這種內心活動，應該把它翻譯為：「積極思維。」「口欲言而未能之貌」，是指人要把自己內心的思維成果表達出來，始終沒有找到準確的語言，還在認真地組織、錘煉語言。用現代的心理學知識去解釋這種內心活動，應該把它翻譯為：「認真組織、錘煉語言。」

以上分析說明，「憤」、「悱」的正確翻譯應該是：「積極思維」、「認真組織、錘煉語言」。

再說「啟」，「發」。

「啟」、「發」，朱熹的注釋說得非常明白：「啟，謂開其意；發，謂達其辭。」「開其意」、「達其辭」即「使其意開」、「使其辭達」。

「使其意開」應該如何翻譯？句中的「其」是人稱代詞，應該翻譯為「他」。「意」即「心」也。《孔雀東南飛》有言云：「吾意久懷忿，汝豈得自由！」其中的「意懷忿」即「心懷忿」，「意」即「心」也。王安石《書洪範傳後》有言云：「古之學者雖問以口，而其傳以心；雖聽以耳，而其受以意。」〔註39〕

〔註38〕原註：朱熹：《四書章句集注》，北京，中華書局，1983年版，第95頁。
〔註39〕原註：程舜英、曹劍英：《中國古代教育家語錄今譯》，北京，北京師範大學出版社，1991年版，第293頁。

其中的「傳以心」、「受以意」是互文句。「受以意」是「用心接受」,「意」即「心」也。依據以上二例中「意」字的用法,「使其意開」中的「意」,可以理解為「心」,翻譯為「心理」。「開」即「開化發展」。因此,「使其意開」應該翻譯為:「使他心理開化發展。」

「使其辭達」應該如何翻譯?句中的「其」是人稱代詞,應該翻譯為「他」。「辭」即「言辭」,「達」即「通達流暢」。因此,「使其辭達」應該翻譯為:「使他言辭通達流暢。」

以上分析說明,「啟」、「發」的正確翻譯應該是:「使他心理開化發展」、「使他言辭通達流暢」。

「憤」、「悱」即「積極思維」、「認真組織、錘煉語言」,因此,「不憤」、「不悱」應該翻譯為:「不積極思維」、「不認真組織、錘煉語言」。「啟」、「發」即「使他心理開化發展」、「使他言辭通達流暢」,因此,「不啟」、「不發」應該翻譯為:「不能使他心理開化發展」、「不能使他言辭通達流暢」。

綜合以上分析,孔子這段語錄的正確翻譯應該是:「(學生)不積極思維,就不能使他心理開化發展;不認真組織、錘煉語言,就不能使他言辭通達流暢。譬如,一個桌子有四個角,(教師)把一個角的意思講了,學生不能由此推知其它三個角,便不再給他講授三個角了。」

這裏還要附帶說明一點,傳統譯文把「則不復也」翻譯為「便不再教他了」,如此翻譯是不確切的。其中的「復」,與「舉」相對,是「再講授」之意。因此,「則不復也」應該翻譯為:「便不再給他講授三個角了。」朱熹注云:「復,再告也。」說的就是這個意思。〔註40〕

7.11 子謂顏淵曰:「用之則行,舍之則藏,惟我與爾有是夫!」

子路曰:「子行三軍,則誰與?」

子曰:「暴虎馮河,死而無悔者,吾不與也。必也臨事而懼,好謀而成者也。」

李零:「暴虎馮河」,《詩·小雅·小旻》有「不敢暴虎,不敢馮河」,「暴虎」也見於《詩·鄭風·大叔于田》。傳統解釋,都說「暴虎」是不假兵器,空手搏虎;「馮河」是不假舟楫,徒步渡河。但裘錫圭先生考證,「暴虎」的

〔註40〕趙庸謙:《〈論語〉「不憤不啟」章教育思想初探》,《孔子研究》2017 年第 1 期,第 79～81 頁。

「暴」，字本作「虣」，本象執戈搏虎，「空手」之訓可能是後起，原來指不乘田車打老虎，並不是不用兵器。〔註41〕〔註42〕

孫景龍、劉旭芳：我以為，「唯我」二語誤倒，當為「我唯」，全句應是「我唯與爾有是夫」。「與」者，許也，即「我只許你能如此」，言外之意，別的弟子暫時還做不到。所以，子路聽了，才不服氣。於是說：「子行三軍則誰與？」「與」，亦「許」也，稱許也，贊賞也。「誰與」即「與誰」，贊賞誰？子路自負其勇，以為老師必誇美自己，沒想到卻遭到老師的批評，碰了一鼻子灰。「徒手搏虎，赤腳涉河，死而不悔的莽夫，我不贊賞。一定要臨事謹慎，好動腦筋，周密籌謀，而且能夠成功的人，我才贊賞。」

這樣說來，這段語錄中的三個「與」字都是「許」的意思，動詞，做謂語。「誰與」譯為「贊賞誰」，更符合子路問語的語境，比譯為「和誰同事」，「和誰在一起」，「讓誰輔助」也更順暢。錢、楊、李三家，增字解經，且味其譯文，略有子路揶揄孔子之意，孔子師徒，必不如是。〔註43〕

7.14 子在齊聞《韶》，三月不知肉味，曰：「不圖為樂之至於斯也。」

孫景龍、劉旭芳：孔子以為《韶》樂「盡美矣，又盡善也」（《論語·八佾》），他陶醉其中，全神貫注於樂而「不及乎他」，故「三月不知肉味」。「不知」者，「沒有感覺到」也。心未及乎肉，故不知，非謂不曾食肉，也非味覺失靈而「嘗不出」。「為樂」者，作樂也。樂乃音樂家所製作，表達製作者情意的藝術形式。就像作家用語言文字表達對現實的認知，美術家用線條、色彩表達對人生的感悟一樣，音樂家用音符旋律來表達對理想的追求。舜作「韶」樂，「極其情文之備」，夫子聞之，產生了強烈的精神共鳴，完全沉浸在此樂的美妙境界中，所以情不自禁地深深嘆賞，嘆賞「舜之作樂至於如此之美」，把樂感文化發展到這樣盡善盡美的境界。〔註44〕

〔註41〕原註：裘錫圭《說「玄衣朱襮袷」——兼釋甲骨文「虣」字》，收入所著作《古文字論集》，北京：中華書局，1992年，350～352頁。

〔註42〕李零：《喪家狗——我讀〈論語〉》，太原：山西人民出版社，2007年版，第147頁。

〔註43〕孫景龍、劉旭芳：《〈論語〉讀解辨疑八則》，《承德民族師專學報》2009年第1期，第13頁。

〔註44〕孫景龍、劉旭芳：《〈論語〉讀解辨疑八則》，《承德民族師專學報》2009年第1期，第14頁。

梁宗華、孫忠厚：在系統梳理了前賢時哲對於此章的諸種闡釋以後，我們把此章定位在「藝術精神」，這可以從孔子日常與音樂的密切關係得到證明。在生活實踐中音樂構成孔子不可或缺的生命旋律，孔子學習音樂，欣賞與評論音樂，整理與教授音樂，這些層面共同展現著孔子所代表的儒家藝術精神，與「在齊聞《韶》」章遙相呼應。

在學界豐碩研究的基礎上，尤其是在徐復觀先生對儒家藝術精神闡釋的啟發下，我們可以進一步肯定《論語》「子在齊聞《韶》」章呈現了儒家超越感官享受的藝術精神，並從孔子學習樂、欣賞與評論樂、整理與教授樂等實踐層面與「在齊聞《韶》」章的呼應，來具體展現孔子所代表的以音樂為中心的儒家藝術精神。〔註45〕

7.17 子曰：「加我數年，五十以學《易》，可以無大過矣。」

廖名春：帛書《要》篇的最後兩節，一稱「夫子老而好易，居則在席，行則在囊」，一稱「孔子繇（籀）易至於損、益一〈二〉卦，未尚（嘗）不廢書而嘆，戒門弟子曰」。這一記載與司馬遷《史記·孔子世家》、《古論》等是一致的，說明早在戰國時代，就有孔子「好易」、「籀易」之說了。「籀易」即讀易，義與「學易」同。由此可見，據「魯讀」之異文，說「孔子與易並無關係」，是完全錯誤的。

......

如依司馬遷《史記·孔子世家》，將孔子這一段話排在其暮年返魯之後，「五十」二字就非常好理解了。「五十以學易」這〔註46〕「學」，其實就是《史記》、《漢書》「晚而喜易」之「喜」，帛書《要》篇「老而好易」之「好」。「喜」、「好」與「學」雖有程度的不同，所反映出的事實都是一樣的。能知「五十以學易，可以無大過矣」，這樣的「學」，決非初學，亦決非一般性的學。因為一般性的學，看到的只是吉凶悔吝，決不會看出《周易》是寡過之書。所以，《論語》此章的「學」，實質就是《史記》、《漢書》、帛書《要》篇之「喜」、「好」。只不過「喜易」、「好易」是他人對孔子的客觀描述，而「學易」則是孔子的謙稱罷了。

〔註45〕梁宗華、孫忠厚：《〈論語〉「子在齊聞《韶》」章的詮釋史考察》，《孔子研究》2018 年第 3 期，第 21、23 頁。

〔註46〕原文如此，疑當為「之」。

　　由此可知，《論語》此章是孔子晚年深入學《易》之後的追悔之言。其意思是說：再多給我幾年時間，只要我從五十歲時就象〔註47〕現在這樣學《易》，就可以不犯大的錯誤了。其情形猶我們今日學外文，早年學而不好，現在為事年迫下了一些功夫，嘗到了甜頭，心時不免有所追悔：要是再多有幾年時間，從過去的某某時候起就用功，現在掌握的程度肯定會更好。這一理解從帛書《要》的記載完全可以得到印證。

　　論定《論語》此章係孔子「老而好易」時之語，再來細探此章言外之意，也許會獲得新的啟示。「加我數年，五十以學易」，方「可以無大過」。這是一個假設句。「五十以學易」是虛擬條件，「無大過」也是假設結果。事實上孔子是承認自己有「大過」，而且這種「大過」是可以通過「五十以學易」而加以避免的。這就暗示出其所謂「大過」是在「五十」以後，當然不會晚到「自衛反魯」之後。

　　孔子自認「五十」以後有「大過」，「大過」係何？史無明文，不便揣測。但從帛書《要》篇看，孔子「老而好易」前，對《周易》的認識是偏頗的，亦可謂之「過」。從上引帛書文可知，在子贛的批評面前，儘管孔子沒有直接承認自己以前對《周易》的認識有誤，但通過闡述新的易學觀，事實上是否定了自己過去的觀點。《易》是講天道之書，帛書《要》的「孔子絲（籀）易」節就明載孔說「《易》又有天道焉」。孔子晚年既然因「《易》又有天道焉」而好《易》，改變了其易學觀。那麼，他的其他學術思想是否也有一定的變化呢？他是否也覺察到他以前的學術思想有「過」呢？如果說孔子晚年「老而好易」之後，對自己的思想囿於人學一端而有所追究悔〔註48〕，因而將其發展為天人合一之學，這不僅在《論語・述而》篇的「五十以學易」章可找到線索，與傳統的孔子作《易傳》的說法也是相合的。〔註49〕

　　郭沂：鑒於《魯論》只是《古論》的改編本，當然《古論》更原始、更可靠。……

　　《魯論》將「易」寫作「亦」，當係筆誤。將讀音相同或相近的字相互替代假借以至造成筆誤，是中國早期手抄本的常見現象，如馬王堆漢墓帛書常

〔註47〕原文如此，疑當為「像」。
〔註48〕原文即作「追究悔」，疑當刪去「究」字。
〔註49〕廖名春：《〈論語〉「五十以學易」章新證》，《中國文化研究》1996年第1期，第26～27、28頁。

將「功」寫作「攻」、「配」寫作「肥」、「爻」寫作「效」、「動」寫作「童」
等等。這種現象至遲在唐代還很普遍。如唐寫本《論語》鄭玄注《為政篇》
將「問」寫作「敢」〔註50〕、《八佾篇》將「臣」寫作「辰」等等〔註51〕。「易」、
「亦」二字古音相近，正屬於這種情況。

那麼，應該如何看待《史記》對此章的編排呢？程樹德說：「《世家》將
《論語》隨意編入，其先後不足為據。」〔註52〕應該指出，《史記·孔子世家》
並不是完全「將《論語》隨意編入」。如：……但是，孔子返魯之後的那一大
段文字，……應如程氏所言，「其先後不足為據」，因為孔子的這些言行已很
難或不必確考時間。如：「孔子以詩書禮樂教，……」「魚餒、肉敗、……未
嘗飽也」等等，皆不應僅理解為六十八歲以後的事跡或行為特點。「假我數年」
之語正記在這一部分，故亦不必拘泥於六十八歲以後這段時間。

我的意見是：此章乃孔子在五十六七歲至六十歲之間說的，而孔子開始
「學《易》」亦大約在此時。

首先，「加我數年」之「加」字值得進一步推敲。劉寶楠《論語正義》云：

> 《孔子世家》：「孔子晚而喜《易》，……曰：『假我數年，若是，
> 我於《易》則彬彬矣。』」彼文作「假」。《風俗通議·窮通卷》引《論
> 語》亦作「假」。《春秋》桓元年「鄭伯以璧假許田」，《史記·十二
> 諸侯年表》作「以璧加魯易許田」，是「加」、「假」通也。

何謂「假」？借也。然而，人之天年有定數，安能相借？所以，「加我數年」
必為不可能實現的假設。如果孔子在五十歲以前出此語，其前提必須是他意
識到自己天年已終。否則，享其天年，便可至五十，何須「假年」？如果孔
子是在七十三歲去世之前出此語，他一定會說「加我數年，八十以學《易》」，
這又和「五十」毫不相干。其實，既然是「假年」，則所假之年既可往未來方
向推，也可往過去方向推。此處正屬後一種情況，意思相當於我們現在所說
的「如果我再年輕幾歲」。因此，此語一定是孔子在五十幾歲之後、六十歲之
前說的。

其次，何晏等人認為孔子「五十而知天命」和「學《易》」有關，是非常
正確的。由於有「加我數年」之語，所以「五十以學《易》」之「五十」即具

〔註50〕原文即作此。
〔註51〕原註：見王素編著：《唐寫本論語鄭氏注及其研究》，文物出版社1991年版。
〔註52〕原註：程樹德《論語集釋》，中華書局1990年版，第二冊，第471頁。

體指五十歲。但「五十而知天命」的「五十」不同，乃以「五十」而概指五十歲至六十歲之間……孔子在逝世之前總結他的一生時，認為五十歲至六十歲之間他最大的發展是通過「學《易》」而「知天命」。也就是說，他在此期間發「加我數年」之語是完全合乎邏輯的。

再次，「大過」二字為我們提供了重要的線索。……我認為，此語由孔子總結五十歲以後幾年來的經驗教訓所發，故「大過」當為實指。

在孔子眼裏，其「大過」是什麼呢？……孔子的「大過」當指五十四歲以後周遊列國一事。孔子是為了實現其政治理想而離開魯國的。但在周遊列國期間，到處碰壁，沒有一位諸侯真心任用他，政治抱負一直得不到施展。……在整整十四年的大好時光裏，可以說沒有什麼值得稱道的政績。這不可不謂之「大過」。

……

照理說，孔子在遊歷的最初幾年尚滿懷希望，不可能認識到自己的「大過」。因此，孔子發「加我數年」之語當在五十六七至六十歲之間，此時孔子已經學《易》。

以上主要是從《論語》本身來看孔子學《易》的時間。如果進一步考察其他文獻，亦可得出孔子周遊列國期間學《易》的結論。

其一，據《史記・孔子世家》載，周遊列國期間，孔子沒有停止講誦和研究六藝的活動：「孔子去曹適宋，……孔子講誦弦歌不衰。」

其二，《說苑・雜言》載：

　　孔子遭陳、蔡之境，……孔子曰：「……夫陳、蔡之間，……
　聖人所與人難言信也。」

陳蔡之困，事在哀公四年，孔子六十一歲時。孔子現身說法，借自己的處境闡發《周易》的哲理，說明他在此之前已經研究《周易》了。

其三，帛書《要》載：「夫子老而好《易》，居則在席，行則在囊。」這個「行」字提供了最可靠的證據。《史記》「韋編三絕」一語證明孔子所讀的《周易》為竹簡，攜帶極為不便，而孔子六十八歲返魯後就沒再出遠門，完全沒有必要將《周易》放在行囊中。所以，「行則在囊」之「行」，只能理解為周遊列國之行。……

其四，《要》緊接在這段文字之後便記載了孔子與子貢關於《周易》的對話，而據《史記》記載，孔子周遊列國時子貢正相伴隨，所以他們的對話當

發生在這個時期。從對話內容看，當時孔子已形成關於《周易》的獨到見解，這當然是學《易》所得。

值得一提的是，「學《易》」之「學」不應理解為一般的學習，而應理解為研究、探索。……

總之，確如《論語》、《史記》、《漢書》、《要》等文獻所言，「孔子晚而喜《易》」，時間在他五十六七歲前後。〔註53〕

梁濤：可見，「學亦」說和「晚年」說均不能成立，正確的解釋還是五十歲前更為合適。那麼，如何理解人們對此的疑問呢？其實，《論語》和《史記》的不同記載，應當和孔子修訂《詩》、《書》、禮樂一樣，是前後不同階段的事情，不必強合於一處。我們知道，孔子一生曾經有兩次集中對文獻的整理。第一次是在由齊返魯後，時孔子四十七歲，首次出遊遭到挫折，加之魯國陽虎當政，「故孔子不仕，退而修《詩》《書》禮樂，弟子彌眾，至自遠方，莫不受業焉。」（《孔子世家》）第二次是孔子晚年周遊列國不遇，返回魯國時。《孔于世家》〔註54〕云：「魯終不能用孔子，孔子亦不求仕。孔子之時，周室微而禮樂廢，《詩》、《書》缺。追跡三代之禮，序《書傳》……孔子晚而喜《易》，序《彖》、《繫》、《象》、《說卦》、《文言》。讀《易》，韋編三絕。曰：『假我數年，若是，我於《易》則彬彬矣。』」《世家》敘此事於魯哀公十二年，此時孔子已年近七十。《論語·述而》中，「加我數年」一語顯然是孔子第一次而不是第二次整理文獻時所說的。但需要注意的是，《世家》敘述第一次整理文獻時，並沒有提到《易》，而只在第二次整理文獻時說到「晚而喜《易》」，並引用了「假我數年」的話。我們認為出現這種情況，並不意味著孔子直到晚年才對《易》發生興趣，也不意味著「五十以學《易》」是孔子晚年的言論。細讀《世家》的文字，不難發現司馬遷實際是對《易》與《詩》、《書》、禮樂作了不同處理。對《詩》、《書》、禮樂，在前後兩個階段均作了敘述，而對《易》則只在後一段作了集中敘述，把前後不同的事情放在了一起。其中「假我數年」一段即是以前的事情，但在敘述「晚而好《易》」時連類而及一並提起，司馬遷這樣作可能如學者所說，「《詩》、《書》、禮樂是孔子教一般學生的教材」，而《易》「則是比較高深的學科，因之不用來做普通教材，只有少數高

〔註53〕郭沂：《孔子學易考論》，《孔子研究》1997年第2期，第7、8、9～10、11頁。
〔註54〕原文作此，當為《孔子世家》。

材生才能學習」〔註55〕。由於《易》與《詩》《書》禮樂有這樣的差別，在敘述第一次整理文獻時，因下面接著有「弟子彌眾，至自遠方，莫不受業焉」的話，故省去了對《易》的論述，而放在「晚而好《易》」時一並敘述。學術界還有一種觀點，認為《論語》與《世家》中的「假我數年」記敘的是不同的兩件事情，如元代李冶《敬齋古今黈》說：「《論語》為未學《易》時語，《史記》所載則作十翼時語。」清劉寶楠《論語正義》也主張：「《世家》與《論語》所述不在一時，解者多失之。」這種觀點看到了「五十以學《易》」和「晚而好《易》」的區別，無疑是正確的，但把本來是同源的「假我數年」一語分作兩事，卻是不合適的。凡此種種，皆是由《世家》特殊的表達方式造成的。

「五十以學《易》」既然是孔子五十歲以前的言論，那麼是否意味著孔子五十歲以後才開始學《易》的呢？顯然不能這樣認為。……據《左傳》記載，昭公二年，晉國韓宣子聘魯，「觀書於大史氏，見《易象》與《魯春秋》，……」這裏的《魯春秋》應該是魯國的史書，而《易象》李學勤先生認為是分析討論卦象的著作，……可見，魯國流傳的不僅有《易》，還有專門解說《易》象的著作，而素以好學著稱的孔子，生活在這樣的環境中，不可能不聽說過《易》，並對之發生興趣，說孔子五十歲才學習《周易》，是不符合常理的。……

其實，孔子的「五十以學《易》」並不是說五十歲才開始學《易》，而是表示由於對《易》有了新的認識理解，而決定要重新學《易》，……從解釋學的角度看，孔子「五十以學《易》」是一種對《易》的重新解讀和詮釋，與以往學《易》的不同之處在於，孔子此時已不是從占筮的角度來理解《周易》，而是把《周易》看作一部人生的教科書，是從哲理的角度看待《周易》。孔子自稱：「不占而已矣。」（《論語·子路》）又說：「我觀其德義而。」（帛書《要》）正說明了這一點。

我們說孔子五十歲前《易》學觀發生變化，是有根據的。《左傳·哀公六年》記載了這樣一件事：

> 秋，七月，楚子在城父，……孔子曰：「楚昭王知大道矣。……
> 由己率常，可矣。」

楚昭王出兵救陳，因病在城父這個地方去世。當初昭王染病時，卜人占卜後，認為是河神作怪，但昭王並不去祭祀，後大夫又要求舉行郊祭，昭王仍不同

〔註55〕原註：鍾肇鵬：《孔子研究》，中國社會科學出版社1983年版，第92頁。

意。孔子知道此事後稱贊昭王「知大道」。魯哀公 6 年（公元前 489 年），孔子六十三歲，「初，昭王有疾」時應該在此之前，孔子只有對《易》的性質有了新的理解，才可能對楚昭王拒絕占卜的行為表示贊賞，由此可知，孔子在此之前《易》學觀確實發生了變化。

根據以上的討論，我們可以得出以下結論：孔子可能很早就已經接觸到《周易》，但他這時主要是把它當占筮之書看待，快五十歲時，他對《周易》產生新的認識，認為《周易》的作用不在於占卜，而在於對人生的指導意義，於是立志要重新學習《周易》，對這部古老的著作進行重新闡釋。但由於孔子這時席不暇暖，四處奔波，不可能有足夠的時間完成這一願望。直到晚年從衛國回到魯國後，才真正有時間來學《易》，於是出現了「夫子老而好《易》，居則在席，行則在囊」的一幕。因此，孔子關於《易》的一些見解主要是在晚年提出的，但孔子《易》學觀的轉變要更早，他對《周易》的思考經歷了從五十歲到七十餘歲一個漫長的過程。〔註56〕

武樹臣：朱熹《論語集注·述而》注云：「劉聘君見元城劉忠定公自言嘗讀他《論》，『加』作假，『五十』作卒。蓋加、假聲相近而誤讀，卒與五十字相似而誤分也。……」

崔述《洙泗考信錄·歸魯上》云：「子曰：加〔古本作假〕我數年，五十〔二字古本作卒〕以學易，可以無大過矣。」括號內原為小字。

雖然不知朱熹所記「他《論》」與崔述所云「古本」是否同出一本，但可以認為，與今傳《魯論語》相異的他本《論語》中，「加」作「假」，「五十」作「卒」。則「五十以學易」當為「卒以學易」。全句「假我數年，卒以學易，可以無大過矣」，意謂：再給我幾年時間，全部用來學習易，就可以無大過失了。

卒字本義為終、盡。如《詩經·邶風·日月》載「父兮母兮，畜我不卒」；《左傳·襄公二十一年》載「聊以卒年」；《僖公二十八年》載「不卒戍也」；《莊公二十八年》載「二五卒與驪姬譖群公子而立奚齊」；《國語·魯語上》載「饑饉薦降，民羸幾卒」。皆其證也。

孔子說此言之際，或因年邁，或因繁忙，無完整時日傾注於《易經》，然《易經》難讀，或有學生問難，為師者以不精此學為恥。故不無解嘲地說：「再

〔註56〕梁濤：《孔子學〈易〉考》，《中華文化論壇》2000 年第 4 期，第 80～82 頁。

給我幾年時間，全用來研究它，我就可以滔滔不絕了。」況且，即使到了「五十」歲，也不會自知死期，以至悲觀到朝不保夕，說出「讓我多活幾年」的話來。〔註57〕

高敏：筆者認為，諸家關於「加」和「五十」為誤字的懷疑，如果沒有可靠的《論語》版本作依據，仍應以傳統版本為準，畢竟揣測出來的結果難以服人。加，增加也。此語是一種假設，假設能將我的年齡增加數年，從五十歲時就開始學《易》，則可以無大過也。加我數年，實際上是期望將時光倒回去數年。孔子悔恨學《易》太晚，故有「加我數年」的企求。如果能讓自己回到五十歲上（假設回到五十歲上，也就等於為自己增加了數年的年齡），從五十起學《易》，就不會有大的過錯了。不少人認為孔子說此話是在五十歲之前，試想，五十歲之前提出「加我數年」的要求，不是有些荒唐嗎？難道他認為自己活不到五十歲？孔子學《易》是在晚年，《史記》之孔子「晚而喜《易》」的記載可證。〔註58〕

程旺：現有的觀點大都沿著「早年說——『五十』實指」、「晚年說——『五十』虛指」的思路進行思考，……

從邏輯組合的角度看，還有兩條進路未受到前賢的充分重視，或可重新加以考慮，即「早年說——『五十』虛指」、「晚年說——『五十』實指」。經由論證，筆者認為此章的圓滿解釋應取徑「晚年說——『五十』實指」，請試言之。

首先，這句話當為孔子晚年所說。《論語‧述而》「加我數年」本就可與《史記‧孔子世家》「假我數年」所載相發明，而且現在也有了出土文獻的新證：

> 夫子老而好《易》，居則在席，行則在囊。（帛書《易傳‧要》）
〔註59〕

「老而好《易》」又可與《孔子世家》「晚而喜《易》」相印證，孔子學《易》、好《易》、喜《易》，都應是不爭的事實，……《論語》與帛書《易傳》記載都可以使我們對《孔子世家》關於孔子學《易》的記載保持樂觀的態度，所

〔註57〕武樹臣：《〈論語〉新解五則》，《法律文化研究》2008年第00期，第123～124頁。

〔註58〕高敏：《〈論語〉疑難句歧解辨正》，《孔子研究》2011年第4期，第73頁。

〔註59〕原註：帛書《易傳》均據廖名春《帛書〈周易〉論集》（上海古籍出版社2008年版）引，方便起見，錯別字、古體字、異體字、假借字徑以相應簡體寫出。

以,《孔子世家》將「加我數年」之語定在孔子自衛歸魯以後應是有據的。而且「加」者,通「假」,借也。〔註60〕「然而,人之天年有定數,安能相借?所以,『加我數年』必為不可能實現的假設。……」〔註61〕這就是說,「加我數年」的假設語氣,預設了此章的話語邏輯前提,即孔子必須已意識到自己天年將終,所以此語當為孔子暮年所說,……具體地說,此章應是孔子自衛歸魯(六十八歲,魯哀公十一年)、老而好《易》之後說的。

其次,這句話中的「五十」應是實指。……其實「五十以學易」應是實指,孔子只是陳述了自己五十歲時就已開始學《易》的事實。……首先,在五十歲決心「學」《易》之前,孔子接觸過《周易》應該是沒有問題的,但彼時其對《周易》認識有所偏見,僅僅將《易》視為卜筮之書而不予重視(詳及後文),故就算五十以前接觸過《周易》,也不應將這種「接觸」納入「學」的範圍內,〔註62〕若不然,孔子應該說「五十復學《易》」;其次,……當然,孔子是有可能幼時就已「學」《易》(姑且稱之為「學」),但孔子明確表述的是「五十以學《易》」,那麼,我們就應當以孔子的自述為依據,而不應把我們的價值判斷強加於古人。

……由前,「加」通「假」,假設語氣;「五十」即五十歲,陳述語氣。又,「以」通「已」,已經之意;〔註63〕「大過」即大的過錯,兼指學《易》與人

〔註60〕原註:劉寶楠《正義》曰:「《孔子世家》:『孔子晚而喜《易》、序《彖》、《繫》、《象》、《說卦》、《文言》。讀《易》,韋編三絕。曰:假我數年,若是,我於《易》則彬彬矣。』彼文作『假』。《風俗通議・窮通卷》引《論語》亦作『假』。《春秋》桓元年『鄭伯以璧假許田』,《史記・十二諸侯年表》作『以璧加魯易許田』,是『加』、『假』通也。」參劉寶楠《論語正義》(中華書局1990年版)第268頁。

〔註61〕原註:郭沂. 孔子學易考論〔J〕. 孔子研究,1997,(2).

〔註62〕原註:有觀點認為,「這樣的『學』,絕非初學,亦絕非一般性的學。因為一般性的學,看到的只是吉凶悔吝,絕不會看出《周易》是寡過之書。」如廖名春《〈論語〉「五十以學易」章新證》(《中國文化研究》1996年第1期)。「五十以學《易》」之「學」不是一般的學習,而應理解為研究、探索,可參郭沂《孔子學易考論》(《孔子研究》1997年2期)。如此來看,五十學《易》與幼習六藝本不可同日而語,這個批評就更站不住腳了。

〔註63〕原註:「以」「已」互釋,早有先例,如《禮記・檀弓下》:「則豈不得以」,鄭玄注「以,已字。……以與已字本同」,又如《周易》損卦初九爻辭:「已事遄往」,《經典釋文》:「本或作以,故『以』『已』可通用。「以」字通「已」之例也並不鮮見,並有多種意涵:有太、甚之意,如《孟子・滕文公下》:「三月無君則弔,不以急乎」;有完結之意,如《墨子・號令》:「事以,各以其記取之」;有已經之意,如《穀梁傳・文九年》:「襄公以葬」,《戰國策・楚策一》:

生。其句意可理解為：「再讓我多活幾年吧，（這樣我）五十歲已經開始的學《易》歷程，就可以沒有大的過錯了。」此語應理解為孔子暮年的企求、哀嘆之言，哀嘆的是「五十以學《易》」才略聞其「要」，企求的是「加我數年」繼續學《易》，方可「無大過」。言外之意，孔子有感於天年將終，但自己從五十歲已經開始學《易》，直到現在，始對大《易》之「要」略有領悟，故哀嘆時不我待，企求天命能多借給他幾年時間繼續研究《周易》，才能參透易理，對《易》理解不偏頗、人生不再有大過錯。這並不是孔子的「追悔之言」，更不是「往前推，再年輕幾歲」，而是一個垂垂老者在「安得益吾年」(《要》)的反思中涵詠出的企求之言，也是一個經歷了長時期的學《易》歷程後真正知曉了大《易》之美、深見《易》之無窮，老而好之、晚而喜之又不能盡之至之的哀嘆之言。

……《史記・孔子世家》所記「假我數年，若是，我於《易》則彬彬矣」是孔子學《易》自道的另一版本，其沿自《論語》「加我數年」章而來甚明，雖不涉及「五十」的爭論，仍可與我們的理解互為印證，其意為「再多給我幾年時間，如果可以的話，我就能完全與易理相融」。「假」，借也，同「加」，表假設，與「五十以學《易》」的確定性陳述相對揚；「若是」，「竟事之辭」，「彬彬」，「猶班班，物相雜而適均之貌」〔註64〕，適與「無大過」相映襯；……為什麼「五十以學」，到暮年還需「加我數年」？正因為《易》道精微，十幾年如一日的學《易》仍未能「彬彬」，既使聖如夫子，也需加以年日方能盡之。為什麼只需「假我數年」，就能「於《易》彬彬」？正因為孔子早就開始了學《易》的歷程，五十歲就開始認真研究這部至命之書了。孔子表達「無大過」的願景也說明孔子學《易》已久，學習的內在領悟與生活的外在坎坷相互印證，對「大過」的體認更深一層，才會發出如此哀求之言。

……孔子開始學《易》的時間是五十歲，與喜《易》、好《易》並不同時〔註65〕；老而好《易》、晚而喜《易》是在六十八歲以後，「加我數年」章與

「五國以破齊楚，必南圖楚」，《後漢書・荀彧傳》：「今華夏以平，荊漢知亡乎」等等。「五十以學《易》」之「以」通「已」，表過去，當訓為「已經」。前人諸說於此未辨，多認「以」字表未來意，造成此章句意邏輯隱晦不明，衍生諸不可能圓滿之解釋。

〔註64〕原註：朱熹. 四書章句集注〔M〕. 北京：中華書局，1983：89.

〔註65〕原註：廖名春《〈論語〉「五十以學易」章新證》(《中國文化研究》1996年第1期) 認為：「《論語》此章之『學』，實質就是《史記》、《漢書》、帛書《要》篇之『喜』『好』，只不過『喜易』、『好易』是他人對孔子的客觀描述，而『學

帛書《易傳》所載孔子論《易》亦應是此時而發。這也正是「吾好學而才聞要」(《要》)之語所由出也。

綜而言之，孔子早年認定《易》為卜筮之書，未予重視，所以一直沒有去研究；五十歲開始沉潛於大《易》，經過一個長時期的研究與探索過程（從五十學《易》到暮年自衛歸魯），孔子逐漸發現《易》之德義、《周易》未失的教化功能、「古之遺言」的文王之教、以及依重《易》之卦爻符號話語系統而得以獲取的超越天道與內在哲理，晚而喜之、老而好之。〔註66〕

王晶：孔子所說的「五十以學《易》」的「五十」，筆者認為此處應是虛指，「五十」並不是單指「五十」而是概指五十歲至六十歲時間段，此時是天命之年，是人安身立命之年，對天地萬物的感觸增深。五十幾歲至六十歲之間深刻體會到《易》所蘊含的人生哲理，在這期間通過「學《易》」而「知天命」。也就是說，孔子在這一個階段發出的此言是合乎邏輯的。

關於「大過」的理解。……孔子研究《易》的不斷深入，自己的思想也在發生著變化，《易》雖是占卜之書，但其中蘊含著深刻的哲理，先前存有的偏頗或不成熟觀點是否就是孔子所說的「大過」呢？對「大過」的理解，因為材料不足，孔子具體何指，今日說來，多少都有些推測的成分。〔註67〕〔註68〕

袁青：關於此句的解釋，歷來眾說紛紜，莫衷一是。分歧主要集中在三個方面：第一，「易」還是「亦」；第二，孔子何時說這句話；第三，如何理解「大過」。

究竟是「易」還是「亦」，這涉及到所謂魯《論》和古《論》的問題。關於魯《論》與古《論》，何晏說：「魯恭王時，嘗欲以孔子宅為宮，壞，得古文《論語》。……篇次不與齊、魯《論》同。」《隋書·經籍志》也說：「又

易」則是孔子的謙稱罷了。」此說是顯是為了與作者前已論定的學《易》、喜《易》、好《易》同為孔子晚年之事相調和，附會「喜、好」解「學」字，看似有理，實則不免造作。將三者等同，未認識到孔子研《易》是一個由學到喜、好的過程，並非一步到位。

〔註66〕程旺：《孔子「五十以學〈易〉」辨正》，《東方論壇》2013 年第 6 期，第 10、11、14 頁。

〔註67〕原註：宋立林.《論語·述而》「五十以學易」章考論〔J〕. 中國古代文學研究，2009，（10）：58.

〔註68〕王晶：《〈論語·述而〉「五十以學〈易〉」考》，《鄖陽師範高等專科學校學報》2016 年第 5 期，第 27 頁。

有古《論語》，與《古文尚書》同出，章句煩省，與《魯論》不異，唯分《子張》為二篇，故有二十一篇。」由此可知，《古論》與《魯論》只存在分章上的差別，魯《論》二十篇，古《論》二十一篇，但兩者在字義上沒有根本的差別。《魯論》的異讀也得到許多學者的反對，高亨、董志安〔註69〕先生認為《古論》相對《魯論》時代更早，可靠性更大，而且《釋文》說「魯讀易為亦」，而非《魯論》「易作亦」，說明《魯論》原本也作「易」，只是漢人將「易」讀為「亦」。〔註70〕李學勤先生通過詳實的論證認為，此處異文的產生是由於音近通假或傳訛所致，「亦」的異文乃晚起，與作「易」的本子沒有平等的價值。〔註71〕郭沂先生通過分析，認為古《論》出現於景帝時期，而魯《論》出現於宣帝時期，《魯論》當是《古論》的改編本。〔註72〕劉大鈞先生也認為當作「易」。〔註73〕既然古《論》比魯《論》出現更早，「亦」的異文是晚起的，因而此處當作「易」。

從邏輯上分析，作「易」也比作「亦」更加合理：其一，如果作「亦」，則此句讀為「加我數年，五十以學，亦可以無大過矣」，而孔子追溯其一生時說：「吾十有五而志於學，三十而立。」（《論語·為政》）孔子十五歲就「志於學」，三十歲時就在學業上有所成，孔子又怎麼會說出「五十以學」的話呢？而且，孔子評價自己是「若聖與仁，則吾豈敢？抑為之不厭，誨人不倦，則可謂云爾已矣」（《論語·述而篇》），可見他對自己的好學是頗為滿意的，應當不會發出「五十以學」的感嘆，因此作「亦」的《魯論》是難以讀通的。其二，《史記·孔子世家》載：「孔子晚而喜《易》。……讀《易》，韋編三絕。」帛書《要》篇也說：「夫子老而好《易》，居則在席，行則在橐。」〔註74〕可見，孔子晚年確曾學《易》，既然孔子晚年對《易》已經癡迷到「讀《易》，韋編三絕」、「居則在席，行則在橐」的地步，連子貢都發出「夫子何以老而

〔註69〕原文作此，疑當為「董治安」。
〔註70〕原註：高亨、董志安（編者按：疑當為「董治安」）《孔子與〈周易〉》，載《文史哲》1962年第6期，第2～3頁。
〔註71〕原註：李學勤《周易經傳溯源》，長春：長春出版社，1992年，第53～62頁。
〔註72〕原註：郭沂《再論原始〈論語〉及其在西漢以前的流傳》，載《中國哲學史》1996年第4期，第42～43頁。
〔註73〕原註：劉大鈞《孔子與〈周易〉及〈易〉占》，載《社會科學戰線》2010年第12期，第210頁。
〔註74〕原註：張政烺《張政烺論易叢稿》，北京：中華書局，2011年，第241頁。以上所引帛書《要》篇內容，均出自此書，為行文之便，文中通假字全部以通行字寫出。

好之乎」（帛書《要》篇）的疑問，作為記載孔子事跡的《論語》應當有孔子關於《易》的直接評論，「五十以學《易》」符合孔子晚年學《易》的事跡。因此，綜合兩方面考慮，作「易」相對作「亦」的異文更加合理。

我們認為「五十以學《易》」與「晚而喜《易》」之間並不存在矛盾，就如「五十而知天命」乃是孔子晚年追溯之語，「五十以學《易》」也是孔子晚年追溯之語，是說他後悔沒有早點學《易》。〔註75〕既然《史記》將「五十以學《易》」編在孔子六十八歲以後，《史記》和帛書《要》篇又有孔子「晚而喜《易》」或「老而好《易》」之語，據此則此句話應是在孔子六十八歲以後所說的。

……筆者認為，「過」當通「禍」，「過」、「禍」通用的例子屢見於出土文獻與傳世文獻對照中，如《戰國策・趙策一》：「而禍及於趙。」馬王堆帛書本「禍」作「過」。《戰國策・魏策三》：「是受智伯之禍也。」馬王堆帛書本「禍」作「過」。《戰國策・燕策》：「其禍必大矣。」馬王堆帛書本「禍」作「過」。《晏子春秋・內篇諫上第一・景公將伐宋夢二丈夫立而怒晏子諫第二十二》載：「過非嬰之所知也。」銀雀山漢簡本「過」作「禍」。由此可知，「過」通「禍」是沒有問題的。「過」通「禍」，則此句是說孔子感慨如果再年輕幾歲，他從五十歲開始學《易》就不會有大的禍患了。

那麼為何說孔子認為學《易》可以避免大禍呢？這就涉及到孔子對《易》的看法，帛書《要》篇記載孔子之語曰：「夫《易》，剛者使知懼，柔者使知圖，愚人為而不妄，漸人為而去詐。文王仁，不得其志以成其慮。紂乃無道，文王作。諱而避咎，然後《易》始興也。」這段話涉及到《易》的用途以及產生時間，在孔子看來，《易》是文王不得志所作，其目的是「諱而避咎」，即隱藏其志而避禍，所以孔子認為《易》之作本就是避禍之作，使人時刻保持一種憂患意識。今本《繫辭下》載孔子之言曰：「《易》之興也，其於中古乎？作《易》者，其有憂患乎？」孔子認為，憂患意識貫穿《易》的始終，……總之，孔子認為《易》本身就是周文王避禍之作，憂患意識貫穿其中，只有永遠保持一種憂患意識，才能避免禍患。……再者，《易》還有卜筮之用，本就具有避禍的功能，據帛書《要》篇記載子貢之語：「夫子它日教此弟子曰：

〔註75〕原註：廖名春先生也說：「《論語》此章是孔子晚年深入學《易》之後的追悔之言。」見廖名春《〈論語〉「五十以學易」章新證》，載《中國文化研究》1996年春之卷，第27頁。

『德行亡者，神靈之趨；智謀遠者，卜筮之繁。』《論語・子路》也載：「子曰：不占而已矣。」孔子教導子貢遠離卜筮，應是他學《易》之前的事，孔子早年對卜筮應該是不屑一顧的，但到了晚年，對卜筮的看法有所改變。帛書《要》篇載孔子說「吾百占而七十當」，劉大鈞先生據此認為：「這段文字證明了孔子相信占筮，且經常占之，並對應驗率有自己的統計，達到 70%。」〔註76〕可見孔子到了晚年對於《易》的卜筮功能並不排斥，只是強調更應該注重「觀其德義」。傳世文獻中也有關於孔子占卜的記載，如《論衡・卜筮》載：「魯將伐越，筮之，得『鼎折足』，……孔子占之以為吉。」《孔子家語・好生》也載：「孔子嘗自筮其卦，得《賁》焉，愀然有不平之狀。」如果說孔子晚年對於《易》的卜筮功能並不排斥，那麼他說「加我數年，五十以學《易》，可以無大過（禍）矣」就更加合情合理了。

　　還有一個問題，孔子為何說「五十以學易」而非「四十」或「六十」「以學易」呢？這個問題需要結合孔子生平來加以論說。據《史記・孔子世家》等書記載，孔子於定公十四年（公元前 496 年）也就是孔子五十六歲之時，開始周遊列國，期間遇到許多禍患，如孔子過匡，匡人將孔子當作陽虎，拘禁五日；孔子「去曹適宋，與弟子習禮大樹下，宋司馬桓魋欲殺孔子，拔其樹」；「過蒲，會公叔氏以蒲畔，蒲人止孔子」；孔子在陳國時更是出現「絕糧，從者病，莫能興」的慘況。所以，孔子晚年回顧其生平時，發出「五十以學《易》，可以無大過（禍）」的感慨，認為如果從五十歲開始學《易》，體會到了《易》中所蘊含的憂患意識，並對《易》的卜筮功能善加利用的話，那麼在周遊列國期間就能避免許多禍患。

　　因此，「加我數年，五十以學《易》，可以無大過矣」這句話當是孔子周遊列國回到魯國之後所說，是其晚年追溯之語，「過」通「禍」，這句話的意思是說，如果他年輕幾歲，從五十歲開始學《易》，在周遊列國期間就不會遇到那麼多的禍患。它表達的是孔子對自己沒有早點學《易》的一種嘆息。〔註77〕

〔註76〕原註：劉大鈞《孔子與〈周易〉及〈易〉占》，載《社會科學戰線》，2010 年第 12 期，第 214 頁。
〔註77〕袁青：《〈論語〉「五十以學〈易〉」章辨正》，《周易研究》2016 年第 6 期，第 47～48、49、50～51 頁。

　　趙法生：釐清了上述問題，則《述而》篇中「加我數年，五十以以〔註78〕學《易》，可以無大過矣」這句話的本來涵義也就從歷史的迷霧中顯露出來了。那確實不是孔子在四十多歲時的學習計劃，而是他晚年贊《易》後的人生感慨，他希望人生的指針能夠撥回到五十歲的時候，如果那時就精研易理，許多曾經的人生過失庶幾可以避免了！這句話與《孔子世家》中「假我數年，若是，我於《易》則彬彬矣」所表達的思想內涵基本一致。後者是說，如果假之以時日，那麼我對於《易》的理解將可以達到文質彬彬的境地了。這自然是孔子的謙辭，但這種對於易理的更高層次的渴求，與《述而》篇對於人生經歷的反思，體現了大體一致的思想旨趣，其中既包含著與〔註79〕晚而喜《易》後因思想的收穫而生發的喜悅，也表達了一種反思性的人生缺憾。就此而言，這兩句話可以相互發明和印證。這句話在《孔子世家》中緊隨「晚而喜《易》」的說法之後，足以表明二者之間的密切關係。

　　綜上所述，自鄭玄以來，眾多注疏將《述而》篇「五十以學《易》」章的言說時間斷為四十三歲到五十歲之間，實係誤解；有的學者意識到此話其實是孔子晚年贊《易》後所言，但又感到這與「五十」之間存在矛盾，便力圖修改「五十」以就己意，故出現了關於本句話的眾多異讀。近代以來，這句話又因為所謂的「魯讀」問題而更加複雜。通過相關分析可以確知，《古論語》和《齊論語》有關這句話的記載比《魯論語》更為真實可靠，所謂魯讀問題基本可以排除。這句話是孔子晚年喜《易》後的感嘆，其所謂「五十」其實是虛擬語氣，因而與七十左右言說此話的實際時間並不衝突。本句話體現了孔子一向的反省精神和對於下學上達的不懈追求，而帛書《易傳》和郭店楚簡等文獻資料的出土則為此解說提供了進一步的史料憑據。〔註80〕

7.18　子所雅言，《詩》、《書》、執禮，皆雅言也。

　　李中生：比較各種意見，我認為程朱的解釋更為貼切，「雅素」一詞，見於漢代書籍，因此謂「雅」有素常之義，並非憑空捏造，依照此意串解全章，

〔註78〕原文中有兩個「以」，當刪去一個。

〔註79〕原文如此，疑此「與」字為衍文。

〔註80〕趙法生：《〈論語‧述而〉篇「五十以學〈易〉」章考辨》，《社會科學論壇》2016年第12期，第54～55頁。

義理可暢順無阻，不必添字解經，並且從全書有關孔子言行的記載來看，朱熹說的道理是可以成立的。〔註81〕

王泗原：《論語・述而》「子所雅言」章，舊讀可疑。

　　　子所雅言。詩書執禮。皆雅言也。

若以「所雅言」統詩書禮，則「皆雅言也」為贅辭。句可云「子所雅言，詩書執禮」。或云「詩書執禮皆子所雅言也」。而正文云云，是則「詩書執禮」前後兩屬，不合語法。焦循《補疏》：「此與上五十學易當是一章。子所雅言四字指易。乃不獨易也，於詩於書於執禮，皆雅言也。玩皆字正從易連類之詞。雅即爾雅之雅。贊易與說詩書禮，同是雅言。」劉寶楠《正義》略同焦說，惟不云二章為一，而云「此承上章學易之言而類記之」，仍以「所字即指易言」。二說均非。試思：「五十以學易，可以無大過矣，子所雅言。」不合句法，不成文義矣。此其一。禮何以云執禮？鄭注：「禮不誦，故言執。」說未為是。《周禮・春官・大史》：「與群執事讀禮書而協事。」《禮記・曲禮下》：「居喪，未葬讀喪禮，既葬讀祭禮。」荀子言學，曰：「其數則始乎誦經，終乎讀禮。」（《勸學》）禮非不誦也。謂禮為執禮，名詞，實無此說法。古籍言禮多矣，並不云執禮。「不學詩無以言。不學禮無以立。」（《季氏》）「興於詩，立於禮，成於樂。」（《泰伯》）孔子亦不云執禮也。此其二。《禮記・文王世子》：「瞽宗，秋學禮，執禮者詔之。」執禮乃二詞，與詩書並列，語亦不倫。此其三。是舊讀必非是。

雅言之義，孔安國曰：「正言也。」鄭玄曰：「讀先王典法必正言其音，然後義全。故不可有所諱。」是鄭以雅言為正音讀之。劉寶楠《正義》云：「鄭以雅訓正，故偽孔本之。」何晏《集解》所引孔說乃孔《論語》注文，劉乃目為偽孔，混同於《尚書傳》，非也。程頤朱熹解與孔鄭異。程以雅言為「雅素之言」（朱注引）。朱注：「雅，常也。」

此句須解決之疑難有四：（一）句法，何以既云「子所雅言」，又云「皆雅言也」？（二）雅言舊解孔鄭是抑程朱是？（三）執禮與詩書可否並列？（四）若禮以不誦而云執，則但言禮即具執之意矣，何必著執字？且古籍並不云執禮。

〔註81〕李中生：《〈論語〉「子所雅言」章辯義》，《中山大學學報（社會科學版）》2003年第 2 期，第 80 頁。

按：「所雅言」，所為關係代詞，可知言為動詞。雅古義為正，雅言解當從孔鄭。「執禮」，謂執禮儀，如冠禮昏禮主賓之請對及贊者擯者之司儀，如朝聘盟會之相禮（夾谷之會，孔子相禮），皆是。於是知此文為二句，句逗如下：

> 子所雅言，詩書。執禮，皆雅言也。

子所雅言者詩書。其於執禮，皆雅言也。謂孔子所正音言之者詩書，而執禮儀亦皆正音言之也。

第一句可與《述而》別一句比而觀之：

子	之	所	慎	齊戰疾
子		所	雅言	詩書

按二句讀之如上，則四疑難解決，意豁然矣。〔註82〕

7.21 子不語怪，力，亂，神。

裘錫圭：《論語・述而》篇中，有後人引用得相當頻繁的一個短章：

> 子不語怪力亂神。

這一章自古以來有兩種讀法。一種是大家熟悉的「子不語怪、力、亂、神」，以孔子所「不語」者為「怪」、「力」、「亂」、「神」四事。一種是「子不語怪力、亂神」，以孔子所「不語」者為「怪力」與「亂神」二事。

曹魏何晏等人編撰的《論語集解》，於此章取王肅之注：

> 怪，怪異也。力謂若奡盪舟、烏獲舉千鈞之屬也。亂謂臣弒君、子弒父也。神謂鬼神之事也。或無益於教化也，或所不忍言也。
> 〔註83〕

這是目前所知的「怪、力、亂、神」讀法的源頭。

王肅之前的鄭玄，則持「怪力、亂神」的讀法。《論語》鄭玄注在宋代就已亡佚。從上世紀初以來，在敦煌和吐魯番陸續發現了一些《論語鄭氏注》

〔註82〕 王泗原：《古語文例釋（修訂本）》，北京：中華書局，2014 年版，第 22～23 頁。

〔註83〕 原註：此據皇侃《論語義疏》所錄《集解》，見《論語》上冊，《四部要籍注疏叢刊》影印知不足齋本（北京：中華書局，1998 年 12 月），頁 207。正平本《論語集解》此條註文與《義疏》同，但以此注屬孔安國，不可信，見上引書頁 19。元盱郡覆宋本《論語集解》此條註文，除首句「怪，怪異也」外，各句皆無句末「也」字，見上引書頁 708。宋代邢昺《論語注疏》所錄此注與之相同，見《十三經注疏整理本》第 23 冊（北京：北京大學出版社，2000 年 12 月），頁 102。

的唐寫殘本。「子不語」章見於敦煌發現的伯希和 2510 號寫本，鄭玄注文如下：

> 為淺識者將為（引者按：疑猶言「謂」）之有精氣，不脩其德，
> 而徒祈福祥，以或（惑）世沮功。怪力，謂若石立、社移。亂神，
> 謂神降於莘之屬也。〔註84〕

鄭玄對「怪力」和「亂神」的解釋，顯然不夠合理。這應該是《集解》不取鄭注而取王注的原因。

南朝梁代皇侃的《論語義疏》，是為《論語集解》撰寫的「疏」（邢昺也是為《集解》作「疏」的），但在「子不語」章的「疏」文中也提到了「怪力、亂神」的讀法：

> ……或通云怪力是一事，亂神是一事，都不言此二事也。故李
> 充曰：「力不由理，斯怪力也。神不由正，斯亂神也。怪力、亂神，
> 有興於邪，無益於教，故不言也。」〔註85〕

皇侃大概也對上引鄭玄注很不滿意，所以在這裏沒有明引鄭注，而引了李充之語。李充是東晉時人，見《晉書》卷九十二《文苑傳》。

《論語》鄭玄注失傳後，一般人就只知道李充持「怪力、亂神」的讀法，而不知道鄭玄先已持這種讀法了。宋代以來，「怪、力、亂、神」的讀法佔絕對優勢，「怪力、亂神」的讀法幾乎無人採用。直到晚近，情況才有所轉變。

上世紀 30 年代，郭沫若在寫《先秦天道觀之進展》一文時，引《述而》的「子不語」章，標點為：「子不語怪力、亂神。」當取李充之說。但他對此句沒有單獨作解釋，當時並未引起人們注意。〔註86〕

1996 年，王清淮發表《「子不語怪力亂神」正解》，指出王肅認為孔子不語「怪、力、亂、神」四事，與實際情況不符，李充的讀法是正確的。〔註87〕

〔註84〕 原註：王素編著：《唐寫本論語鄭氏注及其研究》（北京：文物出版社，1991年11月），頁78行17～18。

〔註85〕 原註：注1（編者按：即上上條引文。）所引《論語義疏》頁207～208。李充之語亦見《論語注疏》，但「有興於邪」之「興」作「與」，見注1所引《論語注疏》頁102。

〔註86〕 原註：參看董楚平：《論語鈎沉》（北京：中華書局，2011年10月），頁172注①。

〔註87〕 原註：王清淮：《「子不語怪力亂神」正解》，《四川師範大學學報（社會科學版）》23卷4期（1996年10月），頁36～39。

　　2008 年，劉茜發表《〈論語〉「子不語怪力亂神」新解》，認為「子不語怪、力、亂、神」的傳統讀法，「與傳世文獻對孔子言行的記載」「存在牴牾之處」，應該改讀為「子不語怪力、亂神」。〔註88〕她主張「怪力」「應解為『不合常理的怪異之力』」，「『亂神』應指那些與『正神、善神』相對的邪神」。〔註89〕此文對「子不語怪力亂神」的讀法和對「怪力」、「亂神」的解釋同於李充，但文中卻沒有提到李充，而是把「怪力、亂神」的讀法當作作者「另闢蹊徑」的一種「嘗試」提出來的。〔註90〕也許作者沒有注意到有關各書所引的李充之說。發表在此文之前的王清淮之文，作者大概也沒有看到。

　　近時出版的兩種《論語》注本，廣陵書社（揚州）2008 年 11 月出版的楊朝明《論語詮解》和中華書局（北京）2011 年 10 月出版的董楚平《論語鉤沉》，都採用了李充的讀法，後者對將「怪力亂神」視為四事的舊說批駁尤力。

　　看來，「怪力、亂神」的讀法在長期沉寂之後，有逐漸翻身成為主流讀法的可能。

　　說孔子不語怪、力、亂、神四事不符合實際情況這一點，上舉各家言之已詳，這裏不必重複。其實，就是採用四事說的人，也不是一點沒有感到此說存在的問題的。他們要為之彌縫，或者增字解經，如說「力」指「勇力」、「暴力」；或者在對「不語」的理解上做文章，如朱熹明知孔子是語鬼神的，只能勉強以鬼神之理難明，故孔子「亦不輕以語人」來作解釋。〔註91〕如果採取「怪力、亂神」的讀法，根本用不著這種彌縫功夫。

　　採取了「怪力、亂神」的讀法，對「怪力」和「亂神」的涵義仍需加以討論。

　　「怪力」的涵義比較明白。李充說：「力不由理，斯怪力也。」怪力就是不合情理的超常的力氣。王肅注說：「力謂若奡盪舟、烏獲舉千鈞之屬也。」以「奡盪舟、烏獲舉千鈞」來解釋單說「力」並不合適，用來解釋「怪力」倒很恰當。

〔註88〕原註：劉茜：《〈論語〈「子不語怪力亂神」新解》，《孔子研究》3 期（2008 年），頁 33「摘要」。

〔註89〕原註：同上註，頁 39。

〔註90〕原註：同上註。

〔註91〕原註：朱熹：《論語集注》，載《四書章句集注》（北京：中華書局，1983 年10 月），頁 98。參看註 5（編者按：以裘先生文中之註序為準，下同。）所引王清淮文頁 36。

　　「亂神」的涵義則頗有討論餘地。鄭玄、李充跟王肅一樣，都把「怪力亂神」的「神」理解為鬼神之「神」。前面舉出的，取「怪力、亂神」讀法的現代學者，也都如此理解，如劉茜就說：「『亂神』應指那些與『正神、善神』相對的邪神。」（已見前引）但是與「正神」相對的是「邪神」，與「善神」相對的是「惡神」、「凶神」，「亂神」之稱古今罕見。可能由於看到了這一點，《論語鉤沉》對「亂神」作了如下解釋：「人死即（既？）稱鬼，也可稱神。神來自於人，人中有『亂臣賊子』，他們死後就是『亂神』。」〔註92〕這是推測之辭，並無實證，而且將「亂神」之「神」限定為人鬼，也不合理，同樣難以取信於人。

　　徐振貴 2006 年發表的《「子不語怪力亂神」新解》一文，提出了一種很特別的解釋，也可以說是對這句話的「第三種讀法」。他說：

　　　　「怪力亂神」之「怪」，此為動詞，而非名詞，意謂責怪、疑惑、惟恐……。「力」，指力氣、力量、功夫，是名詞，卻不是勇力……。「亂」，動詞，指擾亂、攪亂、迷惑……。「神」，是指「神志」、「精神」，不是鬼神……。要之，筆者認為，「子不語怪力亂神」七字，應該是「子不語，怪力亂神」。亦即「孔子不說話了，惟恐用力分散影響集中精神」。〔註93〕

　　他的解釋在總體上是無法接受的，但他認為「『神』，是指『神志』、『精神』，不是鬼神」，則值得重視。

　　與「怪力」並提的「亂神」，應該理解為惑亂的精神或神志。力氣與精神、神志都屬於人，所以「子不語」章以「怪力」與「亂神」並提。

　　《淮南子·俶真》說，懷道之人「目觀玉輅琬象之狀，耳聽《白雪》、《清角》之聲，不能以亂其神」；〔註94〕又說，「神清者嗜欲弗能亂」。〔註95〕所說的「神」，就指精神、神志。高誘對後一句的注是：「神清者，精神內守也。」同書《原道》有「精神亂營（高誘：營，惑。）」之語，〔註96〕與「神亂」同

〔註92〕原註：同註4，頁 174。
〔註93〕原註：徐振貴：《「子不語怪力亂神」新解》，《光明日報》第7版《文化周刊》（2006 年 2 月 24 日）。轉引自高尚榘主編：《論語歧解輯錄》上冊（北京：中華書局，2011 年 6 月），頁 373。
〔註94〕原註：何寧：《淮南子集釋》上冊（北京：中華書局，1998 年 10 月），頁 109。
〔註95〕原註：同上註，頁 146。
〔註96〕原註：同上註，頁 70。

意。同篇又說，馳遊、觀賞樂舞、射獵等事，「此齊民之所以淫佚流湎，聖人處之，不足以營其精神，亂其氣志，使心怳然失其情性」。〔註97〕「營其精神，亂其氣志」，是「亂其神」的較詳明的說法。惑亂的精神或神志就是「亂神」。

《論衡・訂鬼》有如下一段文字：

> 一曰：人之見鬼，目光與臥亂也（引者按：《經傳釋詞》有「『與』猶『以』也」條，竊疑此句「與」字即屬此類）。人之畫也，氣倦精盡，夜則欲臥，臥而目光反，反而精神見人物之象矣。人病亦氣倦精盡，目雖不臥，光已亂於臥也，故亦見人物象。病者之見也，若臥若否，與夢相似。當其見也，其人不自知覺與夢，故其見物，不能知其鬼與人，精盡氣倦之效也。何以驗之？以狂者見鬼也。狂癡獨語，不與善人相得者，病困精亂也。夫病且死之時，亦與狂等。臥、病及狂三者皆精衰倦，目光反照，故皆獨見人物之象焉。〔註98〕

《論衡》認為，臥夢者、疾病者和狂者這三種人，他們見鬼的原因是相類的，都是由於「精盡氣倦」、「精衰倦」或「病困精亂」，因此「目光反照」，見到了虛幻的景象。古人認為，由於天予人以精，亦即精氣，人才有生命和意識。如《管子・內業》說：「凡人之生也，天出其精，地出其形……」，又說：「精也者，氣之精者也，氣道乃生，生乃思，思乃知……」。天的精氣也稱「神」（《大戴禮記・曾子天圓》：「陽之精氣曰神，陰之精氣曰靈。」），所以《靈樞・五色》說：「積神於心，以知往今。」兩個同義詞相合就形成了「精神」一詞（《淮南子・精神》：「夫精神者所受於天也，形體者所稟於地也。」）。由此可知，《論衡》所說的「精亂」與《淮南子》的「神亂」是一回事。

古代有一些與「怪力」有關的傳說，如前引王肅注所說「夐盪舟、烏獲舉千鈞」之事；也有一些與「亂神」有關的傳說，如《史記・趙世家》及《扁鵲倉公列傳》所說，秦穆公、趙簡子皆曾大病數日，不省人事，醒後皆謂上至天帝之所，天帝告以預言之事。實事求是的孔子，一定由於懷疑這些傳說的真實性，從不在言談中提及。所以弟子們寫下了「子不語怪力、亂神」這句話。

孔子曾說：「甚矣吾衰也！久矣吾不復夢見周公！」（《論語・述而》）這只是通過不再夢見自己極為敬仰的聖人，來表達對自己已經不能有所作為的

〔註97〕原註：同上註，頁 75～76。
〔註98〕原註：張宗祥：《論衡校注》（上海：上海古籍出版社，2010 年 3 月），頁 448
～449。

慨嘆，並不涉及怪異之事，與「不語」「亂神」並無矛盾。〔註99〕而儒家傳授的百篇《尚書》中沒有記太姒之夢的《程寤》篇，則有可能與孔子「不語」「亂神」有關。

《程寤》本已收入《逸周書》，但今傳《逸周書》是殘本，此篇已佚。在清華大學近年入藏的一批戰國楚簡中，整理者重新發現了《程寤》篇。現將整理者對此篇的「說明」摘錄於下：

> ……按《藝文類聚》、《太平御覽》等傳世文獻曾有引用《逸周書·程寤》篇的若干文句，將其與本篇簡文的內容相對照，可知本篇簡文即久已失傳的《程寤》篇。
>
> 本篇簡文敘及周文王之妻太姒夢見商庭生棘，太子發（即後來的周武王）取周庭之梓樹於其間，以象徵周即將代商。這一事件可能與周人所艷稱的「文王受命」有關。……〔註100〕

此篇在敘太姒之夢後，又記為此夢祭告鬼神、鄭重占卜之事，並說「王（指文王）及太子發並拜吉夢，受商命于皇上帝」。〔註101〕大概周人就是以太姒之夢為「文王受命」的主要根據的。

按照古代一般看法，《程寤》應該是相當重要的一篇《書》。有可能孔子認為太姒所夢見的景象出自「亂神」，而不以《程寤》教授弟子，所以百篇《尚書》中無此篇。

《論語·憲問》有如下一章：

> 南宮适問於孔子曰：「羿善射，奡盪舟，俱不得其死然。禹、稷躬稼而有天下。」夫子不答，南宮适出。子曰：「君子哉若人，尚德哉若人。」

孔子雖然在南宮适退出後稱讚了他，但卻不對他的意見當面表態，這是有些可怪的。

〔註99〕原註：《禮記·檀弓上》「孔子蚤作，負手曳杖，消搖於門」一章，謂孔子自言「夢坐奠於兩楹之間」，為將死之兆。但此章所記孔子行事及言語之風格，與《論語》所記孔子迥異。清代崔述《洙泗考信錄》已疑其「出於後人傳聞附會之言」，不足採信。見顧頡剛編訂：《崔東壁遺書》（上海：上海古籍出版社，1983 年 6 月），頁 315。

〔註100〕原註：李學勤主編：《清華大學藏戰國竹簡（壹）》下冊（上海：中西書局，2010 年 12 月），頁 135。

〔註101〕原註：同上註，頁 136。

清人張椿《四書辨證》，以「南宮适問羿、奡而不答」為「子不語怪、力、亂、神」的實例之一〔註102〕。採取了「怪力、亂神」讀法的董楚平，則以孔子「不語」「怪力」和「亂神」來解釋此事。他說：

> 因為羿與奡都是夏朝的亂臣賊子，死後都是亂神；他們的怪異力氣，都屬「怪力」。既是「怪力」，又是「亂神」，他們是雙料的「子不語」對象，所以「夫子不答」。〔註103〕

對董先生的「亂神」之說，我是不同意的，已見上文。但他將「夫子不答」與「不語」「怪力」聯繫起來，可能是有道理的。從羿射日的傳說看，他也是具有「怪力」的。

「子不語怪力、亂神」，是孔子實事求是的性格的鮮明表現。但是，由於時代的局限，孔子對鬼神的存在仍然是肯定的。正如劉茜所指出，近代以來，有些學者信從「子不語怪、力、亂、神」的讀法，據此得出了「孔子對於鬼神是持懷疑甚至否定態度」的看法，這是不妥當的，應該加以糾正。〔註104〕〔註105〕

王泗原：《論語・述而》：「子不語怪力亂神。」劉敞曰：「語讀如吾語女之語。人有挾怪而問者，挾力而問者，挾亂而問者，挾神而問者，皆不語之。」（《七經小傳》卷下）

按：劉以語為去聲告語之語，非也。凡云告語，所告者（人）必見於上文或下文，而此句無之。怪力亂神乃所以告者（事物）。故語非告語。按句法，子不語之語字祇能為稱說之意。朱注引謝氏解曰：「語常而不語怪，語德而不語力，語治而不語亂，語人而不語神。」明白易曉矣。

又《雍也》：「中人以上，可以語上也；中人以下，不可以語上也。」此則告語。所告者為中人以上，中人以下。朱注語上語字讀去聲，子不語語字

〔註102〕原註：據程樹德《論語集釋》（北京：中華書局，1990年8月）轉引，見第二冊頁481。

〔註103〕原註：同注4，頁174。

〔註104〕原註：同注6，頁33、39。《論語鈎沉》指出，魯迅由於信從「怪、力、亂、神」的讀法，曾稱讚孔子「生在巫鬼勢力如此旺盛的時代，偏不肯隨俗談鬼神」。不過魯迅只說孔子「不肯隨俗談鬼神」，《鈎沉》卻說魯迅「把『不語』誤解為不信、反對，認為孔子是無神論者」（同注3，頁172），恐怕引伸過了頭。

〔註105〕裘錫圭：《說〈論語・述而〉的「亂神」》，何志華、馮勝利主編：《承繼與拓新：漢語語言文字學研究（上卷）》，香港：商務印書館，2014年版，第67～75頁。

不注音，是。而於不語神注云「故亦不輕以語人也」，則又為告語之語，非是。
〔註106〕

7.22 子曰：「三人行，必有我師焉：擇其善者而從之，其不善者而改之。」

陳憲猷：在這句話中，「師」字同樣亦不能狹義地理解為今之「老師」，而是有所取法的意思。蓋孔子主張從眾人之中擇其善者為榜樣，從而學習之，汲取之；取其不善者為鑒戒，從而反省之，更改之。但不管善者或不善者，其取法的側重點均應是「事」而非「人」。故這裏的「師」字的用法，與《戰國策·趙策》中「前事之不忘，後事之師」的「師」字是一致的。高誘在《淮南子·修務訓》「以趣明師」一語中注云：「師，所以取法則也。」《論語》「三人行」這句話中的「師」字正是「取法」之意。〔註107〕

武樹臣：許慎《說文解字》解釋說：「行，人之步趨也，從彳從亍。凡行之屬皆從行。」「行」字由彳、亍兩部分組成。《說文》：「彳，小步也，象人脛三屬相連也。」「亍，步止也。」

許慎去古未遠，其解必有所本。他以「行」字源於人之步行，當無異議。行走是「行」字的第一個含義。人之行走，非雙足跳躍，而是一足止，另一足行，止止行行，左右交替。而雙足所經之處，就是道路。《詩·召南·行露》：「厭浥行露。」《七月》：「女執懿筐，遵彼微行。」可證。道路則是「行」字的第二個含義。然而，人們不可能永遠行而不止，行有所止之處，就是他們的居室。而由居室構成的便是「四達之衢」，即小街或村落。這些小街、村落就是古代的「行」。它和都城、城邑是相對應的，因為它們地處偏遠，規模不大。「行」字的第三個含義或許就是路邊小村、十字小街。總之是古人居住的最小單位。《周禮》中的「行人」正是代表國君與偏遠地區的人們建立關係的官員。

孔子所說的「三人行」，即是「三人之行」，用現在的話來說，就是「三家之巷」。「三」言其少也。即使是三家之巷，也一定有值得我學習和借鑒的地方。正如《論語·公冶長》所載：「子曰：十室之邑，必有忠信如丘者焉。」

〔註106〕王泗原：《古語文例釋（修訂本）》，北京：中華書局，2014年版，第23~24頁。
〔註107〕陳憲猷：《〈論語〉「師」字四例新解》，《華南師範大學學報（社會科學版）》
　　　　 1988年第3期，第67、94頁。

這符合孔子虛心學習、不恥下問的一貫風格。〔註108〕

　　趙建成：「三人行」，這裏的「三」，並非確指，可以是三人，也可以是若干人。……不過就其語意進行分析，「三人行」的「三」與《詩經》「三歲貫女，莫我肯顧」（《魏風·碩鼠》）中的「三」用法並不相同，後者強調的是多，而這裏強調的是少。因為若是強調其多，如千人行、萬人行，則其中有我師便不足為奇了，這樣的論斷不必孔子，誰都可以做出。因此元陳天祥《四書辨疑》云：「『三人行必有我師』焉者，言其只三人行，其間亦必有可為師法者。」（卷四）……

　　「三人行」的「行」，通常理解為同行、走路。如劉寶楠《論語正義》云：「『行』者，行於道路也。」（第 272 頁）這是不錯的，但這裏更宜對其作虛化的解釋，即將其理解為人與人之間的接觸、交往。這一點，稍稍疏通一下文意便可知曉：若三人同行必有我師，則三人同坐、三人共談等亦必有我師焉，故不可將「行」簡單地理解為同行、走路。

　　「擇其善者而從之，其不善者而改之」，這裏的「善者」、「不善者」所指應為人的優點、缺點或值得學習之處、應引以為戒之處，不應指具體的人。原因很簡單：第一，一般情況下，很難以「善」或「不善」來對一個人定性，也很難將一個人群分成「善」與「不善」兩個陣營。《論語注疏》何晏注云「言我三人行，本無賢愚」，較為準確。第二，即便可以將一個人定性為「善」，但人無完人，他亦必有缺點，對於其缺點，不應「從之」。若僅從其優點，則「不善」之人的優點亦可從，僅「擇其善者而從之」是不妥的。……

　　既然「善者」、「不善者」所指不是具體的人，則前面「必有我師」之「師」的內涵應為值得「師法」、「學習」、「借鑒」之處，解釋為「老師」未為允當。而「師」的內容既有「善者」又有「不善者」，「擇其善者而從之，其不善者而改之」是「師」的具體內涵。所以從根本上講任何人都有我可學習或借鑒的地方。

　　綜上，本章內容大體應作如下的理解：學無常師。我們在日常生活與他人的接觸和交往中，應該注意他們的優點、缺點或美好的品質、不如人意的地方，學習其長處，而以其短處為鑒戒。〔註109〕

〔註108〕武樹臣：《〈論語〉新解五則》，《法律文化研究》2008 年第 00 期，第 117 頁。
〔註109〕趙建成：《〈論語〉二則考辨》，《文學遺產》2011 年第 2 期，第 126～127、128 頁。

　　陳緒平：歷來傳注學家，都不給這個「三」下注。其為虛言，自不可疑。然檢之上古文獻，三既可表示「多」，又可譬如「少」。前種用法例據多有，比如「三月不知肉味」（《論語・述而》），「三折肱知為良醫」（《左・定三年》），「七年之病求三年之艾」（《孟子・離婁上》），「數始於一，終於十，成於三」（《史記・律書》），這裏的「三」都表示「大數」。其中「三年之艾」即陳年之艾。這個觀念，在文字中也有保留。比如「三人為众」「三牛為奔〔註110〕」「三石為磊」「三力為劦」等等。表示「少」這個意義的「三」，比如《愚公移山》文中有「荷擔者三夫」這個三，就是表示少。從許嘉璐說，這句話可翻譯成「愚公率領著不多的幾個強勞力」。《史記・項羽本紀》有「楚雖三戶，亡秦必楚」，《世說新語》有「士大夫三日不讀書，則理義不交於胸中，便覺面貌可憎，語言無味」。這兩例中的三，可以分別翻譯為「僅僅幾戶人家」「短短兩三天不讀書」，可見都表達了「小數」的意思。同樣，「三人行」之「三」，也是表示少。許嘉璐翻譯成「哪怕三個人在一起，另外兩個人中也必有可學習的」，許氏又進一步說，「三人，是可供選擇的最低數字。如果說二人行，除去自己就剩下了對方一人，無異於說人人皆師」。這句「學無常師」「轉益多師」的話，按照許氏的理解，就更生動了。表示「少」之三，又有《古詩為焦仲卿妻作》「共事三二年，始爾未為久」，今語「三言兩語」「二三年」之「三」的用法，都是這種古義的遺存。〔註111〕

7.23 子曰：「天生德於予，桓魋其如予何？」

　　崔海東：筆者以為如此解釋實有不妥。本章說的是孔子困於宋，司馬向〔註112〕魋欲殺之，孔子脫險後乃發此感慨，以為桓魋加害未果，是因為自己領有桓魋所不可改變的必然性——「天生之德」。如果此「德」為「道德」之「德」，則本來在孔子的理論體系內，道德擁有普遍性、平等性，是人性本來狀態。所以天既賦道德於孔子，亦必予他人。既然人人得德，則孔子獨領的必然性就降低為偶然性，則桓魋不一定不能如彼何。所以孔子此語能成立，除非他自認為此「德」是自己所獨有的非常之德。如果這樣，則此非常之「德」就必然不是倫理語境的「道德」。

〔註110〕原文作「奔」，據文義，「三人為众」，疑當為「犇」。
〔註111〕陳緒平：《〈論語〉字義疏證舉例》，《西華師範大學學報（哲學社會科學版）》
　　　　2018年第5期，第75～76頁。
〔註112〕原文作「向」，疑當為「桓」。

傅斯年先生認為此處雖「未明言天命而所論實指天命者」，〔註113〕筆者認同此說，認為此「德」實為孔子承領天命之責任。

綜上而言，此孔子所獨領之「德」實非倫理「道德」之「德」，而是立此天境而述彼服膺天命、領受責任之自覺。

故本章義為：天降大命於我，以開創有道人間，桓魋豈能阻之。〔註114〕

7.33 子曰：「文，莫吾猶人也。躬行君子，則吾未之有得。」

崔海東：句讀當作：文莫，吾猶人也……

其一，就「文莫」而言。東漢何晏《論語注》（下稱何《注》）已以「文莫」為一詞。其云：「莫，無也。文無者，猶俗言文不也。文不吾猶人者，凡言文皆不勝於人。」皇《疏》解云：「於時稱文不勝人為文不也。」〔註115〕然釋為「文不」甚為牽強。不取。清劉臺拱《論語駢枝》詳考之，認為「文莫」乃「忞慔」之假借字，為勉強義，其云：「楊慎《丹鉛錄》引晉欒肇《論語駁》曰：『燕、齊謂勉強為文莫。』又《方言》曰：『侔莫，強也。北燕之外郊，凡勞而相勉，若言努力者，謂之侔莫。』案：《說文》：『忞，強也。慔，勉也。』『文莫』即『忞慔』，假借字也。《廣雅》亦云：『文，強也。』……文莫行仁義也，躬行由仁義行也。」〔註116〕

其二，就義理而言。孟子稱人當「由仁義行，而非行仁義」（《孟子·離婁下》）。此是批判凡庸常有「義外」之病，即將仁義當作一個外在路線去執行之。因為孔子云「為仁由己」（《顏淵》），仁乃每個人本有具足之天性，不可去外馳而求之。本章的「文莫」乃勉力地外在地追求仁義，而「躬行」則是推發己心性去行之。孔子並列此二者，且自稱自己屬於前者，此極見夫子之自謙。〔註117〕

〔註113〕原註：傅斯年. 性命古訓辨證〔A〕. 劉夢溪主編：中國現代學術經典·傅斯年卷〔M〕. 石家莊：河北教育出版社，1996：53.

〔註114〕崔海東：《〈論語〉幾則新解》，《理論界》2010 年第 11 期，第 132、133 頁。

〔註115〕原註：皇侃. 論語集解義疏〔M〕//四庫全書（第 195 冊）. 上海：上海古籍出版社，1987：405.

〔註116〕原註：劉寶楠. 論語正義〔M〕. 北京：中華書局，1990：281.

〔註117〕崔海東：《楊伯峻〈論語譯注〉句讀商榷》，《江蘇科技大學學報（社會科學版）》2013 年第 3 期，第 27～28 頁。

八、《泰伯篇》新說匯輯

8.1　子曰：「泰伯，其可謂至德也已矣。三以天下讓，民無得而稱焉。」

楊逢彬：民無得而稱，即「民無稱」強調形式，也即民眾（因無從知道泰伯「三以天下讓」之事而對他）無所稱述。「得而」＋動詞，早期是連動結構，後「得而」虛化；虛化後「得而」只起強調作用。因此，雖然有些句子，「得而」似乎還在起作用：「文嬴請三帥，曰：『彼實構吾二君，寡君若得而食之，不厭，君何辱討焉！使歸就戮於秦，以逞寡君之志，若何？』」（《左傳》僖公三十三年）「初，周人與范氏田，公孫尨稅焉。趙氏得而獻之，吏請殺之。」（《左傳》哀公二年）但更多的卻看不出「得而」還起什麼作用：

>（1）善人吾不得而見之矣；得見有恆者，斯可矣。（《論語·述而》）
>
>（2）仲尼，日月也，無得而逾[註1]焉。（《子張》）
>
>（3）禹疏九河，瀹濟、漯而注諸海，決汝、漢，排淮、泗而注之江，然後中國可得而食也。（《孟子·滕文公上》）
>
>（4）居下位而不獲於上，民不可得而治也。（《離婁上》）
>
>……

此類例子甚多，不能遍舉。知此，則不能將此章之「民無得而稱」理解為「老百姓不知道如何來稱贊他才好」。王肅云：「泰伯以天下三讓於王季。其讓隱，故無得而稱言之者，所以為至德也。」[註2]劉寶楠《論語正義》引

〔註1〕原文作此，《論語》作「踰」。
〔註2〕原註：劉寶楠. 論語正義〔M〕. 北京：中華書局，1990：287.

鄭玄《注》云:「三讓之美,皆隱蔽不著,故人無德而稱焉。」〔註3〕皇侃《義疏》也說「隱而不彰,故民無得而稱。」〔註4〕皆得其旨。〔註5〕

8.3 曾子有疾,召門弟子曰:「啟予足!啟予手!《詩》云:『戰戰兢兢,如臨深淵,如履薄冰。』而今而後,吾知免夫!小子!」

崔海東:一則關於「啟」字,……「啟」非「視」義,而是將亡之前,令人舒展身體、勿令拘攣。劉寶楠《論語正義》考《古論語》「啟」為「跠」字,並云:「揆《古論》之意,不〔註6〕謂身將死,恐手足有所拘攣,令展布〔註7〕也。」〔註8〕此說從容。二則所引三句詩出自《小雅・小旻》,……當如漢孔安國注云:「言此《詩》者,喻己常戒慎,恐有所毀傷。」〔註9〕即此處曾子引詩是用來比喻自己平時小心守身,勿令傷害。《孝經》孔子語曾子曰:「身體髮膚,受之父母,不敢毀傷,孝之始也。」故曾子平生嚴守之。三則「而今而後,吾知免夫」。……朱子注云:「曾子以其所保之全示門人,而言其所以保之之難如此;至於將死,而後知其得免於毀傷也。」〔註10〕故知「吾知免夫」並非「免於禍害刑戮」,而是身體髮膚免於損害之義,從此身體再也不擔心受到損傷而對不起父母了。

故本章義為:曾參病重,召集學生道:「你們幫我把手腳舒展一下。《詩》云:『戰戰兢兢,如臨深淵,如履薄冰。』我一直如它所說的那樣保護自己的身體的。(因為孔子曾對我說過『身體髮膚,受之父母。不敢毀傷,孝之始也』。)而今以後,我差不多要走了,就可以完全免去這種擔憂了。」〔註11〕

〔註3〕同上註。

〔註4〕原註:皇侃. 論語集解義疏〔M〕. 叢書集成初編〔Z〕. 上海:商務印書館,1935:102.

〔註5〕楊逢彬:《〈論語〉語詞瑣記》,《古漢語研究》2011年第2期,第18～19頁。

〔註6〕劉寶楠《論語正義》原文作「當」。

〔註7〕原文作此,疑「布」字後缺一「之」字。

〔註8〕原註:劉寶楠. 論語正義〔M〕. 北京:中華書局,1990:291.

〔註9〕原註:皇侃. 論語集解義疏〔A〕. 四庫全書第195冊〔C〕. 上海:上海古籍出版社,1987:407.

〔註10〕原註:朱熹. 論語集注〔M〕//朱子全書. 上海:上海古籍出版社/合肥:安徽教育出版社,2002:131.

〔註11〕崔海東:《楊伯峻〈論語譯注〉義理商榷》,《合肥師範學院學報》2014年第1期,第57頁。

8.9 子曰：「民可使由之，不可使知之。」

吳丕：據我的研究，首先，這句話裏的「民」是與「君子」相對應的，不是「下愚之人」，也不是「奴隸」，而是人民、百姓。其次，孔子並沒有愚民思想，而是主張「教民」、「明民」的。所以，凡從愚民的角度做出的解釋都不能成立。「民主說」也不能成立，因為孔子沒有民主思想，只有聖賢思想。我個人的看法是，這句話的關鍵是「使」字，表達的是儒家的「使民思想」。

……

我的意見是，「民可使道之，而不可使智之」〔註12〕應該斷句為「民可使，道之；而不可使，智之。」「智之」就是「知之」，也就是教育。這句話加上前邊與之相連的「尊仁，親忠……忠信日益而不自智也」，整句話的意思是：統治者通過遵照執行道德規範的途徑，在不知不覺中提高了自身的道德水平，這時候，如何對待人民呢？在人民可以使喚也就是服從統治時，只要引導他們就行了；而當人民群眾不聽使喚時，就要進行教育。教育也是引導。所以後面說，人民可以引導，不可以強迫。這句話所表達的是如何「使民」的道理。

《尊德義》的這一段話對於理解《論語》中「民可使由之，不可使知之」很有幫助。參考前面對《尊德義》中那一段話的解釋，《論語》的這一段話只能斷句為「民可使，由之；不可使，知之」。意思與《尊德義》上的話基本一樣。它表達的是孔子對統治者如何「使民」的看法。〔註13〕

周克庸：愚以為，「民可使由之」章的句讀當從式1〔註14〕，是因為該式斷句的合理性，可在《論語》中找到有力的內證。式1斷出的句子，具有如下特點：a、為具有評議性的單句；b、助動詞「可」與使令動詞「使」組成合成謂語「可使」；c、合成謂語「可使」後面又出現帶有賓語的動詞；d、句中形式主語為受事性的，而從意義分析，它實際上是兼語（既充當「可使」的賓語，又充當後面那個動詞的主語），故可將句子轉變為兼語式（如「民可使由之」可轉變為「可使民由之」）。具有這樣一些特點的句子，《論語》中可找到不止一條。「由也，千乘之國，可使治其賦也」，「求也，千室之邑，百乘之

〔註12〕《尊德義》中的一句話。
〔註13〕吳丕：《重申儒家「使民」思想——關於「民可使由之」章的最新解釋》，《齊魯學刊》2001年第4期，第55、60頁。
〔註14〕即「民可使由之，不可使知之」。

家，可使為之宰也」（《公冶長》）；「賜也，可使從政也與」，「求也，可使從政也與」（《雍也》），等等。——將這些例句與「民可使由之」對照，其語法特點不是如出一轍嗎？據此，可以有〔註15〕握地判定，「民可使由之」章的傳統句讀，是符合《論語》原意的。〔註16〕

吳昊：代表性的詮釋大致有以下幾種：

1. 認為這句話講的是「知難行易」的道理。所謂「百姓能日用而不能知」〔註17〕；「民可使之由於事理之當然，而不能使之知其所以然」〔註18〕。

2. 認為這句話與「民可以樂成，不可與慮始」以及「民不可與慮始，而可與樂成」含義相同〔註19〕。

3. 認為這句話應解釋為：「對於民，其可者使其自由之，而所不可者亦使共知之。或曰輿論所可者則使共由之，其所不可者亦使共知之」〔註20〕。則其句讀應為：「民可，使由之；不可，使知之。」〔註21〕

4. 認為這句話應理解為「民有可使者，亦有不可使者；民有可使之時，亦有不可使之時。可使則用之，若不可使，千萬要知其不可使，因為，用不可使之人，是危險的」。故句讀應為：「民可使，由之；不可使，知之。」〔註22〕

對於第三種詮釋，楊伯峻先生在《論語譯注》中曾指出，古人並無此種語法。那麼，其餘三種解說究竟是否確切呢？關於這個問題，「郭店楚簡」所載之實物文字提供了重要的參考資料。其《尊德義》篇有云：「民可使道之而不可使知之。」此處的「道」便為「由」〔註23〕。這句話同「民可使由之不可使知之」意義應當相同。由於此處的「而」應當為表示轉折關係的連詞。如按第四種解釋來句讀，則「而」應為「如果」的意思。但是「而」若用作「如果」則應是連接主語和謂語，與此處句式不符。另外，該句前文為：「尊仁、親忠、敬莊、歸禮、行矣而無違，養心於慈良，忠信日益而不自知也。」可見，「知之」的施事方正是「民」。因此，無論從語法還是

〔註15〕原文如此，疑「有」字後缺一「把」字。
〔註16〕周克庸：《「民可使由之」章的句讀》，《晉陽學刊》2001年第4期，第106頁。
〔註17〕原註：何晏《論語集解》。
〔註18〕原註：朱熹《四書章句集注》。
〔註19〕原註：楊伯峻《論語譯注》。
〔註20〕疑此句中的「共」字當為「其」字。
〔註21〕原註：宦懋庸《〈論語〉稽》。
〔註22〕原註：啟均《為〈民可使由之不可使知之〉進一解》。
〔註23〕原註：參裘錫圭注。

語義的角度看，第四種解釋方案似乎都不夠妥當。也正是因為「忠信日益而不自知也」一句，我們可以發現充滿法家色彩的第二種解釋與孔子的原意也相差甚遠。至於第一種解釋其問題在於「可」的含義。如按朱子所引程頤語：「聖人設教，非不欲人家喻而戶曉，然不能使之知，但能使之由耳。若曰聖人不使人知，則是後人朝三暮四之術也。豈聖人之心乎？」〔註24〕則「可」表示實然之意。然而縱觀《尊德義》篇全文，似乎都在講為政之應然。而《論語‧泰伯》篇主要講的也是行政。所以，筆者認為把「民可使由之不可使知之」解釋為「知難行易」似乎不夠確切。將「可」解釋為「應該」當更合原義。新疆吐魯番阿斯塔那 363 號墓出土之唐景龍四年卜天壽所抄鄭玄注《論語》中「民可使由之章」鄭注為：「由，從也。民者，冥也。以正道教之，必從，如知其本末，則暴者或輕而不行。」筆者認為這段解釋是較有說服力的。〔註25〕

廖名春：郭店楚簡《尊德義》篇簡 21、22 說：「民可使道之，而不可使智（知）之。民可道也，而不可強也。」其注釋裘錫圭按：「道，由也。《論語‧泰伯》：『子曰：民可使由之，不可使知之。』」

筆者曾指出：「民可使道之，而不可使知之」與「民可導也，而不可強也」語意非常接近。「民可導也」，從「民可使道之」出；「不可強也」，從「不可使知之」出。

筆者認為以「知」為本字要說通「強」字是不可能的，當另求別解。因此，頗疑「知」非本字，當為「折」字之借。王引之云：「『楔而舍之，朽木不知』，『知』字宋、元本及明程榮本並同。自沈泰本始改『知』為『折』，而朱本、盧本、孔本皆從之。家大人曰：作『知』者原本作『折』者，後人依《荀子》改之也。《晉書‧虞溥傳》『而舍之，朽木不知』所引，即《大戴禮》文。《晏子‧雜》篇『夫不出於尊俎之間，而知衝千里之外，其晏子之謂也』，『知衝』即『折衝』。是『知』與『折』古字通，故《荀子》作『折』，《大戴》作『知』。」

「不可使知之」之「知」讀為「折」，從音理和文獻互用的習慣來看，是完全可能的。

〔註24〕原註：《四書章句集注》。
〔註25〕吳昊：《從〈尊德義〉篇看「民可使由之」章》，《中國文字研究》2004 年第00 期，第 163 頁。

　　《說文・廾部》：「折，斷也。」本義是以斧斷木，引申則有以強力阻止、挫敗、折服、制伏之意。《詩・大雅・緜》「予曰有禦侮」，毛傳：「折衝曰禦侮。」孔穎達疏：「有武力之臣能折止敵人之衝突者，是能扞禦侵侮，故曰禦侮也。」《書・呂刑》：「伯夷降典，折民惟刑。」陸德明《經典釋文》：「折，馬云：智也。」孔穎達疏：「折斷下民，惟以典法。」又：「哲人惟刑。」孔安國傳：「言智人惟用刑。」王引之曰：「『哲』當讀為『折』，『折』之言制也。『哲人惟刑』，言制民人者惟刑也。上文『伯夷降典，折民惟刑』……《墨子・尚賢》篇引作『哲民惟刑』。『折』，正字也；『哲』，借字也。『哲人惟刑』猶云『折民惟刑』耳。」其說是。「折民」即「制民」，折就是制，就是用強力制伏、壓伏。

　　因此，簡文「民可使道之，而不可使知之。民可道也，而不可強也」當讀作：「民可使導之，而不可使折之。民可導也，而不可強也。」是說老百姓可以讓人引導他們，而不能讓人用暴力去阻止、折服他們；老百姓可以引導，但不能強迫。「導」是引導，「折」是以強力阻止、挫敗、折服、制伏，其義正好相反。由於「強」與「折」義近，故簡文以「強」釋「折」。

　　懂得了這一點，我們就知道，《論語》的「民可使由之，不可使知之」章，「由」當讀為「迪」，「迪」，導也。而「知」當讀為「折」，義為阻止、挫敗、折服。孔子是說：民眾可以讓人引導，而不能用暴力去阻止、挫折。這是正視民眾力量而得出的民本學說，又何來愚民思想？〔註26〕

　　李銳：對於這些不同意見，我們首先要做的當然應該是疏通《尊德義》上下文、全文的意思，然後利用其語境來考慮「民可使由之不可使知之」。……
　　考慮《尊德義》上下文的語境，至少應該上溯到第 18 簡，下延至第 23簡，《郭店楚墓竹簡》考釋後的文字如下：

> 夫生而有職事者也，非教所及也。教其政，不教其人，政弗行矣。故終（？）是物也而又深安（焉）者，可學也而不可矣（疑）也，可教也而不可迪其民，而民不可止也。尊仁、親忠、敬壯、歸禮，行矣而亡，美心於子俍，忠信日益而不自知也。民可使道之，而不可使知之。民可道也，而不可強也。桀不謂其民必亂，而民有為亂矣。爰（？）不若也可從也而不可及也。〔註27〕

〔註26〕廖名春：《〈論語〉「民可使由之」章新釋》，《學習時報》，2007 年 7 月 16 日第009 版。
〔註27〕原註：荊門市博物館. 郭店楚墓竹簡〔Z〕. 北京：文物出版社，1998：173～174.

其下為「君民者，治民復禮」，顯然是另一層意思。丁原植先生指出：「生而有職事者」，似指有世襲職事者〔註28〕（以下僅寫出筆者所贊同之觀點）。簡文中的「敬壯」、「羕」，李零先生釋為「敬莊」、「養」〔註29〕，陳偉先生指出：敬莊，猶古書所見之「莊敬」〔註30〕。「子俍」，裘錫圭先生在按語中讀為「子諒」〔註31〕，陳偉先生指出：依朱熹說，《禮記》「子諒」當從《韓詩外傳》作「慈良」；還指出：若釋「爰」不誤，則似應用作連詞，意為「於是」〔註32〕。「爰不若」之「若」，「可從也，而不可及也」之「及」，丁原植先生指出：《左傳‧昭公二十六年》云：「至於幽王，天不弔周，王昏不若，用愆厥位。」杜預注：「若，順也。」《管子‧君臣》云：「是以上及下之事謂之矯」，尹知章注：「及，預也。」〔註33〕

筆者認為，上述打問號表示不能確定的字，其實基本正確。「終是物也而又深安者」一句，「終」與「崇」古通〔註34〕，今讀為「崇」；「安」似宜仍釋為「安」。「崇是物」而又「深安者」，當指可教其政及其人者。「可學也而不可矣也」之「矣」，應釋為「已」，「已」、「矣」古通〔註35〕，《荀子‧勸學》有：「君子曰：學不可以已。」「迪」字從後文「民不可止也」來看，恐應假讀為「稽」，「迪」與「稽」古通〔註36〕，《說文》：「稽，留止也。」「而民不可止」之「而」字當屬上讀，《漢書‧韋賢傳》注：「而者，句絕之辭。」「惟」與「為」古通〔註37〕，「亡」應讀為「无偽」〔註38〕。「桀不胃（謂）其民必亂」之中的「謂」，裴學海《古書虛字集釋》曾指出：「謂猶以為也……《國

〔註28〕原註：丁原植. 郭店楚簡儒家佚籍四種釋析〔M〕. 臺北：臺灣古籍出版有限公司，2000：308.

〔註29〕原註：李零. 郭店楚簡校讀記〔A〕. 陳鼓應. 道家文化研究：第17輯〔C〕. 北京：三聯書店，1999：522.

〔註30〕原註：陳偉. 郭店簡書《尊德義》校釋〔J〕. 中國哲學史. 2001，（3）：119.

〔註31〕原註：荊門市博物館. 郭店楚墓竹簡〔Z〕. 北京：文物出版社，1998：175.

〔註32〕原註：陳偉. 郭店簡書《尊德義》校釋〔J〕. 中國哲學史. 2001，（3）：120.

〔註33〕原註：丁原植. 郭店楚簡儒家佚籍四種釋析〔M〕. 臺北：臺灣古籍出版有限公司，2000：313.

〔註34〕原註：高亨，董治安. 古字通假會典〔Z〕. 濟南：齊魯書社，1989：23.

〔註35〕原註：高亨，董治安. 古字通假會典〔Z〕. 濟南：齊魯書社，1989：391.

〔註36〕原註：高亨，董治安. 古字通假會典〔Z〕. 濟南：齊魯書社，1989：571.

〔註37〕原註：高亨，董治安. 古字通假會典〔Z〕. 濟南：齊魯書社，1989：496.

〔註38〕原註：李銳. 郭店楚墓竹簡補釋〔A〕. 饒宗頤. 華學：第6輯〔C〕，北京：紫禁城出版社，2003：90.

語·楚語》:『女無亦謂我老耄而捨我,而又謗我！』」〔註39〕「可從也,而不可及也」,此語當承上文「民可使道之,而不可使知之。民可道也,而不可強也」。《韓非子·難三》:「夫六晉之時,知氏最強,滅范、中行而從韓、魏之兵以伐趙」,「從」,《淮南子·人間》、《說苑·敬慎》作「率」,故「從」有「率」之意。《管子·君臣上》:「上及下之事謂之矯」,尹注:「及,猶預也」,簡文此處「及」義當為「干預」。

關於「民可使道之,而不可使知之」中的「道」字,裘錫圭先生按語訓道為由,但楊樹達《詞詮》曾指出:「道,介詞,由也,從也。」〔註40〕是「道」作介詞時才用作「由」之義,裘說似稍隔。「道」當讀為「導」,作動詞,下一「道」字同。「民可道(導)也,而不可強也」,《荀子·大略》中記:「君子之於子,愛之而勿面,使之而勿貌,導之以道而勿強。」所說正與之接近。

那麼,《論語·泰伯》「民可使由之不可使知之」之「由」,也當釋為「導」,為動詞。我們知道,「迪」從「由」聲,二字古通,《楚辭·九章·懷沙》「易初本迪兮」,「迪」字《史記·屈原賈生列傳》作「由」。而《玉篇·辵部》記:「迪,導也。」所以「由」當為「迪」之借字,「迪」訓為「導」,正好與《尊德義》「道(導)」之意相同。而且,「迪」古音為定紐覺部字,「道」古音為定紐幽部字,韻部幽覺為嚴格的陰入對轉,古書中也有「迪」、「道」互用之例〔註41〕。所以「民可使道之而不可使知之」與「民可使由之不可使知之」所說完全相同,只是前者有一定的語言環境。

初看起來,「不可使知之」的「知」,很像是如陳來先生所說的,對應「忠信日益而不自知也」。但是「忠信日益而不自知也」只是一種修養境界,「不自知」並不是不可知,也完全沒有必要「不可使知之」。所以「民可使導之,而不可使知之」應該是承接上文的「可教也不可稽其民而。民不可止也」,教與導義近。從後文的「民可導也,而不可強也」來看,教、導也意近,因此「不可使知之」應該與「民不可止也」和「不可強也」意思相關。「止」是阻止,「強」是勉強,這是對於民眾的兩種相反但是都不正確的態度,所以「不可使知之」應該是反對「止」,或反對「強」,更可能是既反對「止」,又反對

〔註39〕原註:虛詞詁林〔Z〕. 哈爾濱:黑龍江人民出版社,1992 年:509.
〔註40〕原註:虛詞詁林〔Z〕. 哈爾濱:黑龍江人民出版社,1992 年:542.
〔註41〕原註:高亨,董治安. 古字通假會典〔Z〕. 濟南:齊魯書社,1989:719.

「強」。故而彭忠德先生所提出的「知之一義為主持、掌管,此處即當引申為控制、強迫之意」,比較貼合此處文意,可以解釋為「管制」、「控制」。

其下說「桀不謂其民必亂,而民有為亂矣,爰不若也」,《管子・輕重甲》記:「桀無天下憂,飾婦女鐘鼓之樂。」《戰國策・魏策一》:「夫夏桀之國,左天門之陰,而右天溪之陽,廬、睪在其北,伊、洛出其南。有此險也,然為政不善,而湯伐之。」《呂氏春秋・用民》:「威太甚則愛利之心息,愛利之心息而徒疾行威,身必咎矣,此殷、夏之所以絕也。」《史記・夏本紀》載:「帝桀之時,自孔甲以來而諸侯多畔夏,桀不務德而武傷百姓,百姓弗堪。」當與《尊德義》所說相關。桀沒有正確教導百姓,卻恃險用威虐待百姓,這正是不使人「導」而使人「知」民,終於導致敗亡。《尊德義》總結說「可從也,而不可及也」,即是說可以正確引導、統率(民眾),但不能橫加干預,就是提倡「民可使導之,而不可使知之」。

簡18-20與簡21-23顯然可以連接,這一段文字可以讀為:

夫生而有職事者也,非教所及也。教其政,不教其人,政弗行矣。故崇是物也而又深安者,可學也而不可已也,可教也而不可稽其民而。民不可止也。尊仁、親忠、敬莊、歸禮,行矣而無偽,養心於慈良,忠信日益而不自知也。民可使導之,而不可使知之。民可導也,而不可強也。桀不謂其民必亂,而民有為亂矣,爰不若也。可從也,而不可及也。

上文大體上可以解釋為:那些世襲而有職事的人(貴族),不是教育就能夠教得好的。因為即便教給了他們為政之道,但沒有培養好他們的人格,為政之道最終也難以實行〔註42〕。那些真正願意實行為政之道的人,應該學而不厭,應該去教導民眾但不能阻止民眾(使民眾不能進步)。民眾不應該被阻止(進步)。這樣大家就會都去尊仁、親忠、莊敬、歸禮,真實無偽地實行,養心於慈良,達到越來越忠信而不自知的境地。(對於)民眾可以讓人引導他們,但不能讓人管制他們。民眾可以引導(他們),但不能勉強(他們)。(當初)桀(恃險用威),認為自己的百姓絕不會叛亂,但民眾還是叛亂了,於是情況就不順了(最終敗亡)。(這就是因為民眾)可以(正確)統率,但不能(過分地)干預。

〔註42〕 原註:《禮記・中庸》:「哀公問政。子曰:『文、武之政,佈在方策,其人存,則其政舉;其人亡,則其政息。人道敏政,地道敏樹。夫政也者,蒲盧也。故為政在人……』」

同理，對於《論語‧泰伯》篇中的「民可使由之不可使知之」，我們可以這樣點讀：「民可使由之，不可使知之」，即是說民眾可以讓人引導他們，不能讓人管制他們。〔註43〕

楊朝明：郭店楚簡有《尊德義》一篇，為我們正確理解這句話提供了證據。其原文說：

尊仁、敬莊、親忠、歸禮，行矣而無違，養心於子諒，忠信日
益而不自知也。民可使道之，而不可使知之，民可道也，不可強也。

這段話的意思是要求為君者要培養愛人之心，處事恭謹，尊重賢人，親近忠信之人，按照禮的要求行事，行動不能違背人們的本性，這都是教君向善的舉措，培養忠信的品質。在此之後，孔子說「民可使道之，而不可使知之」，「道」與「由」相對應。前面講要忠信，接著所講當然不會是如何愚民。《尊德義》使我們理解到孔子、儒家的本意，這句話不僅沒有愚民思想，反而反映了孔子、儒家教民、愛民、以民為本的思想，反映出了修己以安人、治國、平天下的思想。

如何正確理解「民可使道之，而不可使知之」，已有不少學者進行探討。龐樸先生認為不應該糾纏在「可」與「不可」上，關鍵在於如何道民。《尊德義》所表現的思想是要求執政者應注意充分發揮自己的表率作用，即重身教而非言傳。作為君主，如果不能正身，又何以正人？《尊德義》也認為：

下之事上也，不從其所命，而從其所行。上之好物也，下之有
甚焉者也。

因此，我們說為人上者導民是通過身體力行，而不是花言巧語去勸說民眾服從命令。如果自己不能做到，而要求民眾去做，這就是強迫民眾，強姦民意。這種以身作則的思想自然很有價值，值得肯定。

從如何導民去理解「民可使道之」，龐樸先生的看法是有價值的。但是，對於「而不可使知之」，龐先生的論述還不夠清晰，尤其是不可用言教民而使民知之，這似乎也不符合儒家的思想。如果教民，言傳和身教是必不可少的兩個方面。《孔子家語‧入官》有一節話與此句的意思大體相同，其先論述為政者是民之儀表，民從其行，而不從其言。這種思想可見於許多文獻之中，與龐樸先生所說的身教思想是相同的，而下文所說尤其值得注意：「君子立

〔註43〕李銳：《「民可使由之不可使知之」新釋》，《齊魯學刊》2008年第1期，第12、13～14頁。

民，不可以不知民之性而達諸民之情，即知其性，又習其情，然後民乃從其命矣。」

在這裏，孔子把「知其性，習其情」作為「民可使」的前提，由此可見，如果要民可使或者說從其命，為君者必須既瞭解他們的習性，又熟悉他們的實情。因為為君者的表率作用也是建立在「知其性，習其情」基礎之上的，民眾想的是什麼你都不知道，這表率的作用又從何說起呢？當談完知性、習情之後，《家語》本文進一步強調了為政者「不臨以高，不道以遠，不責民之所不為，不強民之所不能」，因為責民所不能，就是不因其性，不因其性，則民會躲避而不服從命令；強民所不從，不因其情，則民引而不從。這正好和《尊德義》的「民可道也，不可強也」相合。

可以想見，「民可使道之」，應該尊其性而導，否則，就會出現民眾引而不從的現象。如果民不可使，為政者要盡力去知其性，習其情，絕不要去做不符合民之性情的事情。我們認為，這才是對該句話的正確理解，這裏正好體現了儒家所高揚的修己的主張。

以往，人們對這句話的理解產生錯誤，一方面是由於疏通文義時對整個儒家思想把握得不準，另一方面，該句的斷句本身也有錯誤。所以，我們認為該句可斷為：「民可使，由之；不可使，道之。」意思是要按照民眾的恆常之性去教導，人民就服從命令，如果民眾不服從命令，就要盡力去弄清其原因。當然，原因應該從自身去找，也就是先求諸己，然後再求諸人。〔註44〕

趙騫、彭忠德：《論語·泰伯》「民可使由之不可使知之」章因為獨立成句，沒有上下文語言環境做解釋依據，故眾說紛紜；《郭店楚墓竹簡·尊德義》「民可使道之而不可使知之」句幸存全篇，則應該根據它來做出合理的解釋。

反復頌〔註45〕讀《尊德義》之後，抽繹要點，並括以簡注如下：

尊德義，明乎民倫（倫：道、理），可以為君……不由其道，不行……莫不有道焉，人道為近，是以君子人道之取先……善者民必眾，眾未必治，不治不順，不順不平，是以為政者教道之取先；教以禮……教以樂……教以辯說……教以藝……教以□……教以

〔註44〕楊朝明：《經典新讀與孔子思想再認識》，《黃河文明與可持續發展》2008年第1期，第64～65頁。

〔註45〕原文作此，實當為「誦」。

言……教以事……教以權（《說文解字》：「教，上所施，下所效也。」
原文八教似為諸子百家內容，教以儒家禮、樂可收正面效果，後六
教則相反）……先先以德，則民進善焉……教其政，不教其人，政
弗行矣……可教也而不可迪其民（迪：由），而民不可止也，尊仁、
親忠……忠信日益而不自知也。民可使道之（可：能。道，引導），
而不可使知之（知，使動用法，使某某知）。民可道也，而不可強也。
桀不謂其民必亂，而民有為亂矣。爰不若也，可從也而不可及也……
故率民向方者（方：道），唯德可……德者，且莫大乎禮、樂……下
之事上也，不從其所命，而從其所行。上好是物也，下必有甚焉者。
夫唯是，故德可易（易：簡略）而施（施：張設）可轉（轉：運、
行）也……重義集理，言此章也。

其中「智」為「知」的假借字，《尊德義》中全文皆如此，當無可疑。由
於此文基本完整，因此其上下文語意皆可用來分析此句文義。

請先循《尊德義》文本所示，看其主要內容。

由篇首「尊德義，明乎民倫，可以為君」以及下文頻繁出現的「為政者」
「為君者」「為人上者」如何如何等語可知，《尊德義》是一篇論述君主統治
原則的文章，全文的思想邏輯是：尊德義可以為君；由賞刑可知，不由其道
不行；凡事莫不有道，先取人道；民眾多，則先取教道；教的內容為禮、樂、
辨說、權謀等八項；德者，莫大乎禮樂，先之以禮樂，則民向善；教政不教
人，政不行；民可使道之，而不可使知之；民可道也，不可強也；民可從也，
不可及也。

茲結合文字訓詁和語法分析此句如下。

「可從也，而不可及也」句中，「從」為「遵從」，「及」為「達到」，顯
然，「可」訓為「能夠」而非「應該」。由此短句可知，全句中「可」皆訓為
「能」。「使」訓為「使用」，其後省略了以禮樂為內容的德。「道」為「導」
的假借字，其義為「引導」；「智」為「知」的假借字，其義為「知道」；「強」
訓為「勉強」。試將全句語譯如下：

對民，能用禮樂等德引導他們，而不能（沒有辦法）使他們知道德。對
民，能引導，而不能勉強。民能遵從，而不能追及。

《尊德義》為戰國中期前儒家文字，且未經後人修改，應能較真實地反映孔
子初創儒學的基本精神。如果上述《尊德義》之「民可使道之」的解說大致

不誤，則前賢關於《論語・泰伯》「民可使由之」數種解說的紛爭即可據此裁定如下：

「可」訓作「能」。「使」訓作「用」。「由」訓作「從」。其新式標點應如下所示：

子曰：「民，可使由之，不可使知之。」

其語譯則為：

孔子說：「對於民眾，能使他們遵從禮樂之德，但不能（沒有辦法）使他們知道它。」〔註46〕

劉信芳：上引鄭注「言王者設教，務使人從之」是緊扣「民可使由之」的釋譯，其中「王者設教」是主語，在「民可使由之」句中是隱藏的或者說是省略的。「務使」之「使」緊扣「可使」之「使」。「人」緊扣「民」，先秦「人」與「民」含義有差，至漢代這種差別已經縮小，鄭注以「人」釋「民」是可以理解的。「從之」緊扣「由之」。不難看出，「民可使由之」中的「民」是前置賓語，「之」是代詞，指向句子的隱藏主語「王者設教」，或者乾脆就是指「王」，我傾向於理解為「王」（說詳下）。「可」是可以、能的意思。句意是說，王可以使民跟從他，不能使民認知他。聖君尚且很難得到所有民眾的認可，暴君就更不可能做到了。

本文的釋讀意見可作如下概括：

1、從孔子以及孔門後學的言論中不難得知，孔子不主張愚民。有相當一批學者不滿舊注從「民可使由之，不可使知之」中讀出愚民的含義，是有道理的。

2、儘管不少學者對「民可使由之，不可使知之」作出種種改讀，但由於《尊德義》中的相應文句包含有句讀，說明各種改讀都是不成功的，我們還得回到舊注的句讀上來作理解。

3、據《尊德義》舉桀紂為例來解釋「民可使道之，而不可使知之」，以及鄭玄注「言王者設教，務使人從之」，可知「民可使由之，不可使知之」有一隱藏主語「王」。

4、鄭玄注中所包含的語法定位是可靠的，由「王者設教，務使人從之」可知「民可使由之」的「之」是指代「王」，而不是指代「民」。

〔註46〕趙騫、彭忠德：《完整理解〈尊德義〉後，再說「民可使由之」章》，《社會科學論壇（學術研究卷）》2009 年第 11 期，第 84、86～87 頁。

　　5、「民可使由之，不可使知之」可以參考《尊德義》的相關句例直譯為：王可以使民跟從他，不能使民認知他。若舉反面的例子，桀紂可以使老百姓跟著他走，這是可以做到的；如果認為老百姓認知他，認同他，會陪著他一直走進死路，那是不可能的。逆天而行，老百姓會造反。〔註47〕

　　余塔山：筆者認為：這句名言的正確標點應當是：「民可使，由之；不可使，知之。」按：《說文解字》「使」字條下注：伶也；又「伶」字條下注：弄也。《戰國策・趙策四》：「秦王使王翦攻趙，趙使李牧、司馬尚禦之。」可證「使」字舊解為支使、派遣、命令等義。而「由」字除解為「聽從、隨順」之外又可解為「用」的意思。《左傳・襄公十三年》：「以晉國之多虞，不能由吾子。」杜預注曰：「由，用也。」「之」字若「他」字，此當通指行為對象「民」。「知」字義為使人知道，此作動詞使用亦可通「智」字。整句話譯成現代漢語即：「人民可以支使、派遣，則應該隨順而使用他們；人民不足以支使、派遣，則應該教育他們，使他們可供役使。」可知孔子乃欲使「民智而後用之」。這其實是「智民政策」的反映，是儒家思想中進步的一面。〔註48〕

　　周玉：所以，擁護周朝禮制的孔子，主張「德政」和「重民」的孔子，不可能會提出「愚民」的政策！1993年郭店楚簡的發現更是證明了這個觀點。在其中的《尊德義》篇中有記：「民可使道之，而不可使知之。民可道也，而不可強也。」〔註49〕這句話可以看作是對「民可使由之，不可使知之」的翻版，用意也十分相似。更有《成之聞之》篇：「上不以其道，民之從之也難。是以民可敬道也，而不可掩也。」〔註50〕這些都可以得出「民可使由之，不可使知之」，這句話如果從政治角度把它看成是統治者與民眾的關係，在孔子主張「德政」和「重民」的為政思想中是不存在「愚民」的成分。

〔註47〕劉信芳：《「民可使由之」的「之」是指代「民」還是指代「王」》，《學術界》2010年第8期，第113、115頁。

〔註48〕余塔山：《也說「民可使由之不可使知之」》，《文史雜誌》2012年第1期，第53頁。

〔註49〕原註：劉釗《郭店楚簡校釋・尊德義》篇在這句話後面，列舉了夏桀的例子：「桀不謂民必亂，而民有為亂矣。受不若也，可從也而不可及也」。譯為「民眾可以引導，卻不可以讓其知道。民眾可以引導，但不可以強迫。桀沒有料到民眾會暴亂，而民眾卻暴亂了。民眾如果受到強迫，為上者就只能跟在民眾後邊而無法控制。」很明顯闡釋了民眾是不可強迫的。

〔註50〕原註：劉釗. 郭店楚簡校釋〔M〕. 福州：福建人民出版社，2003：141.

......

《孟子・盡心》篇中孟子也曾說：「行之而不著焉，習矣而不察焉，終身由之而不知其道者，眾也。」所以聖人之道的闡釋，面對士人和民眾，所給予的方式和內容是不同的。面對民眾我們無法就某一問題進行一一教導，不如告訴他最容易接受的方式（即如何去做）要來的實在。至於原因（即為什麼這樣做）則有待日後去領悟（絕不是就此停止，不再進行教育了）。

綜上所述，我們可知「民可使由之，不可使知之」二句，無論是從政治角度還是從教育角度，都不能得出孔子具有「愚民」思想的結論。〔註51〕

欒貴川：到了春秋末年，各國的行政體制日漸明朗化，大體可分「德政」、「力政」兩種。孔子對這兩種政治體制進行對比分析後，認為：「道之以政，齊之以刑，民免而無恥；道之以德，齊之以禮，有恥且格。」（《論語・為政》）孔子是說，在施政時，如果以法律政令作引導，用刑罰來規範，民眾可以免於刑責，卻沒有羞恥心；如果採用道德教化去引導，用禮教來約束，民眾既有羞恥心，又能改正自己的錯誤。所以，他主張當政者施行以道德教化為主要手段的德政、仁政，反對君主專斷獨裁的力政、暴政，旨在維護和諧安定的社會政治秩序。

傳世文獻中還有一條重要的材料並沒有引起研究者應有的關注。《韓詩外傳》記載了孔子與魯國執政大夫季康子的一段對話：「魯有父子訟者，康子欲殺之。……孔子曰：『否。不教而聽其獄，殺不辜也。……哀其不聞禮教而就刑誅也。』」

孔子認為，當政者務必要使民眾瞭解自己的「教道」，要使民眾「目晰焉而見之」、「耳晰焉而聞之」、「心晰焉而知之」，目的在於「道不迷而民志不惑」。這十分清晰地表明，孔子主張「教道」，反對「愚民」；主張德政，反對力政。

再看地下出土材料。1993 年冬，在湖北省荊門市郭店一號楚墓發現 800餘枚竹簡，內有道家、儒家類書多種。……思想史學界認為，墓葬時間在公元前 350～公元前 300 年的「孔、孟之間」〔註52〕。墓中之書自然應該早於此

〔註51〕周玉：《〈論語〉「民可」二句新解》，《運城學院學報》2013 年第 1 期，第 23、24 頁。

〔註52〕原註：姜廣輝主編《中國經學思想史》第 1 卷，北京：中國社會科學出版社，2003 年，第 159 頁。

時。據這批竹簡整理的《郭店楚墓竹簡》一書於 1998 年出版發行，該書中的儒家類書籍《尊德義》篇明確記載：「民可使道之，而不可使智之。民可道也，而不可強也。……下之事上也，不從其所命，而從其所行。」〔註 53〕「道」，即導，引導的意思。而「知」，則常寫作「智」。「民可道也，而不可強也」是對「民可使道之，而不可使智之」的最為清晰的闡釋，這更有力地印證了前引《韓詩外傳》的材料。

此外，在這批竹簡中，與上述此簡主題相同相近的還有《淄衣》〔註 54〕篇所記：「子曰：下之事上也，不從其所以命，而從其所以行。」〔註 55〕《唐虞之道》篇記：「夫聖人上事天，教民有尊也；下事地，教民有親也；時事山川，教民有敬也；親事祖廟，教民孝也。大教之中，天子親齒，教民悌也。」〔註 56〕《成之聞之》篇記：「苟不從其由，不反其本，雖強之弗內矣。上不以其道，民之從之也難。是以民可敬道也，而不可弇（yǎn，遮蔽，蒙蔽）也；可御也，而不可牽也。」〔註 57〕這都是有力的佐證材料。

「民可使由之」之「由」，在《尊德義》篇中作「道」，需加以解釋。「由」原是「繇」字，《說文解字》：「繇，隨從也。由，或繇字。」清人段玉裁注說：「從，隨行也。隨，從也。……從系者，謂引之而往也。《爾雅釋故〔註 58〕》曰：繇，道也。《詩》、《書》繇作猷。……猷，亦道也，道路及導引，古繇同作道，皆隨從之義也。……古、由通用一字也。……按，《詩》、《書》、《論語》及他經傳皆用此（由）字。」可知，「由（繇）」即「道（導）」，為引導之義。

此外，「由」還是「迪」的假借字，而「迪」即「道」。清人朱駿聲《說文解字定聲·孚部》：「由，假借為迪。」該書《辵部》又說：「迪，謂導也。」「迪，教也。」《史記》卷 84《屈原賈生列傳》：「易初本由兮，君子所鄙。」南朝宋代裴駰《集解》引王逸曰：「由，道也。」〔註 59〕如此看來，「由之」實為「道（導）之」，「道（導）之」亦即「教之」。

〔註 53〕原註：荊州市博物館編：《郭店楚墓竹簡》，北京：文物出版社，1998 年，第 174 頁。

〔註 54〕原文作此，當為《緇衣》。

〔註 55〕同註 53，第 129 頁。

〔註 56〕同註 53，第 157 頁。

〔註 57〕同註 53，第 167 頁。

〔註 58〕段玉裁《說文解字注》原文即作此字。

〔註 59〕原註：《史記》，第 3000 頁。

另一個關鍵的字是「知（智）」。「知」即巧詐、強加於人。郭店竹簡《忠信之道》篇記：「不訛不害，忠之至也。不欺弗智，信之至也。」〔註60〕可知「智」、「欺」近義。《孟子正義》卷17《離婁下》：「所惡於智者，為其鑿也。」趙岐注：「惡人欲用智而妄穿鑿，不順物之性，而改道以養之。」〔註61〕由此可見，「知（智）之」即是強加於人。

「民可使由之，不可使知（智）之」中的兩個「使」字，作「以」解，「可使」、「不可使」即「可以」、「不可以」之義。

至此，這句話即可得到合理的〔註62〕解釋了，即孔子說：「對於民眾，可以教化、引導他們，不可以強迫他們。」

漢代已是成熟的封建帝國，中央高度集權，強勢的政治對民眾已不再需要德政、教化，「狡陋」的漢儒只需孔子「為漢立制」，為現實政治服務。「民可使由之，不可使知之」一語被解作「愚民」之論，此其根本原因所在。〔註63〕

蔡英傑：正確的斷句應該是，子曰：「民可使，由之；不可使，知之。」意思是，孔子說：「老百姓能夠使役，就讓他們按照我們的指示去做；不能夠使役，就讓他們明白道理。」這與《憲問》「上好禮，則民易使也」，《陽貨》「君子學道則愛人，小人學道則易使也」的精神是一致的。另，《學而》：「子曰：『道千乘之國，敬事而信，節用而愛人，使民以時。』」《公冶長》：「子謂子產：『有君子之道四焉：其行己也恭，其事上也敬，其養民也惠，其使民也義。』」兩句均出現了「使民」（使役民眾）的字眼，由此可見，「使民」在當時是一個常見的搭配。〔註64〕

馬文增：在採納前人、時賢的某些觀點的基礎上，筆者將此章斷句、注解、翻譯如下：

「民可使，由之；不可使，知之。」

民，庶民。

〔註60〕原註：荊州市博物館編：《郭店楚墓竹簡》，第163頁。

〔註61〕原註：〔清〕焦循：《孟子正義》，北京：中華書局，1987年，第586頁。

〔註62〕原文此處多一「的」字。

〔註63〕樂貴川：《「民可使由之，不可使知之」新解》，《中國文化研究》2016年第1期，第176、177～179頁。

〔註64〕蔡英傑：《〈論語〉訓詁疑案的文獻學分析》，《中國語言文學研究》2017年第1期，第235頁。

　　使，差使、調遣。「使」作「差使」講，在《論語》中有多處例句，如《論語・學爾〔註65〕》曰：「節用而愛人，使民以時。」《論語・憲問》曰：「子曰：『上好禮，則民易使也。』」《論語・陽貨》曰：「子之武城，聞弦歌之聲。父子〔註66〕莞爾而笑，曰：『割雞焉用牛刀？』子游對曰：『昔者偃也聞諸父子曰：君子聞道則愛人，小人聞道則易使也。』子曰：『二三子，偃之言是也，前言戲之爾。』」

　　由之，順從民意，與民同心。由，遵從，順從；民，此指「民心」「民意」。

　　知，管控，強迫。「知」之「管理」義，古文獻中常見，如，《郭店簡・尊德義》曰：「民可使，導之；不可使，知之。民可導也，而不可強也。」（強，三聲，強迫──筆者注。）《郭店簡・成之聞之》曰：「上不以其道，民之從之也難。是以民可敬導也，而不可掩也。」（「掩」，約束，節制，《說文》：「斂也。」）《禮記・緇衣》曰：「子言之曰：『為上易事也，為下易知也，則刑不煩矣。』」「子曰：『上人疑則百姓惑，下難知則君長勞。』」

　　白話譯文如下：

　　民力可用，是因為君與民同心；民不願服從，是因為君民不同心。〔註67〕

　　王傳龍：此句或為孔子一時感慨之語，故與其核心思想不能盡合，而此句無上下文，句式亦符合一時有感而發之特點。據《禮記・檀弓下》所載：「昔者，夫子居於宋，見桓司馬自為石槨，三年而不成。夫子曰：『若是其靡也，死不如速朽之愈也。』『死之欲速朽』，為桓司馬言之也。南宮敬叔反，必載寶而朝。夫子曰：『若是其貨也，喪不如速貧之愈也。』『喪之欲速貧』，為敬叔言之也。」此二事之本末，曾子已不能知，遂有孔子主張「喪欲速貧，死欲速朽」之語，因而遭到有子質疑。然則類似的情形在孔子去世不久後就已出現，故至《論語》被結集成書時，當有不少類似的感慨之語被收入其中，遂啟後人疑竇，「民可使由之」句特其中一例爾。〔註68〕

〔註65〕原文作「爾」，然當作「而」。

〔註66〕原文如此，依文義，當為「夫子」。下文「昔者偃也聞諸父子曰」一句中的「父子」亦同。

〔註67〕馬文增：《〈論語〉3 章新解──兼談〈論語〉解讀中的「質疑舊說」》，《現代語文（學術綜合版）》2017 年第 10 期，第 5～6 頁。

〔註68〕王傳龍：《孔子「民可使由之」句的二十二種訓釋》，《孔子研究》2017 年第 6 期，第 76 頁。

李銳：看來「知」是否有管制之義，還有待探討。〔註69〕

「知」字在《老子》那裏，尚還保留著一種源始的意味，即掌握、把握，這與古代的源始思維相關。古人認為能夠命名某物就能控制某物，而能命名就是知某物，也就代表能把握某物，致物，「致物是有德或有知（智）的結果」〔註70〕。《老子》第66章說「故以智治國，國之賊。不以智治國，國之福」，帛書、北大簡本作「以智知國，國之賊。以不智知國，國之福」。「知」的古音與「治」有一定距離，不能通假；則二者當是因為意義相近，故被換用。至於這裏的「知國」，顯然同於後世的「知府」、「知縣」，可見知有掌管之義來源很早。所以知不僅是知曉，還有行動上的掌握、控制之義。《老子》中說的「執古之道，以御今之有。能知古始，是謂道紀」（14章），「天下有始，以為天下母。既得其母，以知其子。既知其子，復守其母，沒身不殆」（52章），「知和曰常，知常曰明」（55章），可能都含有把握之義。此外，「知止可以不殆」（32章），「知足者富」（33章），「知足不辱，知止不殆」（44章）可能也含有把握義，所以才有所謂「故知足之足常足矣」（46章）。

後來清華簡《繫年》出版，其簡57說「宋公為左盂，鄭伯為右盂，申公叔侯智（知）之。宋公之車暮駕，用扶宋公之禦〔註71〕」，比照《左傳》所說「宋公為右盂，鄭伯為左盂。期思公復遂為右司馬，子朱及文之無畏為左司馬，命夙駕載燧。宋公違命，無畏扶其僕以徇。或謂子舟曰：『國君不可戮也。』子舟曰：『當官而行，何強之有？《詩》曰：剛亦不吐，柔亦不茹；毋縱詭隨，以謹罔極。是亦非辟強也。敢愛死以亂官乎？』」可知申公叔侯的「知之」，乃是行使監督、控制、管制之責，對違命者，要執行處罰。然則「民可使由之，不可使知之」的「知之」，顯然也是指監督、控制、管制，對違規犯法者

〔註69〕作者之前撰有《「民可使由之不可使知之」新釋》一文，結合《尊德義》篇內容，認為「由」當釋為「導」，「不可使知」與《尊德義》中的「不可強」意思當相近。然因吳丕先生指出作者所贊同的彭忠德先生「知之一義為主持、掌管，此處即當引申為控制、強迫之意」這一說法「沒有舉出另外的出自古書的證據」。廖名春先生亦認為如此引申有點勉強，而且「以孔子有『民眾……不能讓人管治他們』之說」，近於道家的「無為」之說，「可見這一解釋是難以成立的」。還有學者認為「知」應讀如字。故作者認為有必要再探討「知」是否有「管制」之義。

〔註70〕原註：裘錫圭：《說「格物」——以先秦認識論的發展過程為背景》，《文史叢稿——上古思想、民俗與古文字學史》，上海遠東出版社，1996年。

〔註71〕原文作此，疑當為「御」。

要處以刑罰。顯然，這就是孔子所批判的「齊之以刑」；而「民可使由（迪）之」，則是「導之以德」。

《老子》第 10 章的「愛民栝國，能毋以知乎」，很可能和孔子之說是相近的。此句傳世本作「愛民治國，能無知乎」，此從帛書乙本，甲本殘，北大本作「愛民沽國」。北大本的「沽」當乃「活」字之訛，因第 73 章「勇於不敢則活」，帛書甲、乙本作「栝」，北大本作「枯」，「舌」形均作「古」。河上公本有作「活」者（《釋文》）。栝（見紐月部〔註 72〕）、活（匣紐月部）疑讀為「和」（匣紐歌部），如《周禮・天官》：「以和邦國，以統百官，以諧萬民。」帛書乙本本章下句有「明白四達，能毋以知乎」，北大本、河上本同，傳世本作「能無為乎」，當是改寫。上句「毋以知」之「知」當與後一「明白四達，能毋以知」的「知」不同，後一句當通「智」，讀作「明白四達，能毋以知（智）」，即是不用「慧智出，有大偽」之智。「愛民和國，能毋以知乎」，可能並非在於強調講治國不用智，因為一則上引第 66 章專門講這個問題，二則這裏強調的是「愛民和國」，故不用「知」，知仍是監督、控制、管制之義，不用知即是不用管制、刑罰之意，所謂「民不畏死，奈何以死懼之」。這種解釋，和孔子之義相近。但孔子之說，未必一定來自於老子。老子反對用智，強調無為而治；孔子則重視引導民眾。二人均反對用刑罰管制民眾，可能有古代的思想淵源。〔註 73〕

8.11 子曰：「如有周公之才之美，使驕且吝，其餘不足觀也已。」

牛嗣修：通過以上分析可見，「驕」主要是針對賢能之士來說，而「吝」則主要面向廣大百姓而言。如使「驕且吝」，危害非常大，如荀子所說：「故君人者愛民而安，好士而榮，兩者無一焉而亡。」（《荀子・強國》）因此，本文認同日本學者物雙松的解釋：「驕且吝，無德者也。苟無其德，則才美何足觀哉！蓋驕則失君子，吝則失小人，故驕且吝所以失人心也。治天下，以得人心為先，故孔子云爾。」〔註 74〕這裏的「君子」指賢士，「小人」指民眾。

〔註 72〕原註：此用隳栝之栝古音，《說文》栝字古音為透紐談部。

〔註 73〕李銳：《由清華簡〈繫年〉補論「民可使由之不可使知之」》，《紀念清華簡入藏暨清華大學出土文獻研究與保護中心成立十週年國際學術研討會論文集》，北京，2018 年 11 月 17 至 18 日，第 187～188 頁。

〔註 74〕原註：參閱高尚榘：《論語歧解輯錄》，北京，中華書局，2011 年版，第 430 頁。

「驕且吝」具有特定的指向，能夠決定政治形勢及其走向，所以無論怎麼強調「不驕不吝」的重要性都不過分。〔註75〕

8.15　子曰：「師摯之始，《關雎》之亂，洋洋乎盈耳哉！」

崔海東：劉臺拱《論語駢枝》曰：「始者，樂之始；亂者，樂之終。《樂記》曰：『始奏以文，復亂以武。』又曰：『再始以著往，復亂以飾歸。』皆以始亂對舉，其義可見。凡樂之大節，有歌有笙，有間有合，是為一成。始於升歌，終於合樂。是故升歌謂之始，合樂謂之亂。」〔註76〕故可知，始亂猶言始終，本章是說師摯演奏整個過程中，音樂洋洋盈耳。另外，此處之《關雎》並非詩歌，而是以《關雎》代指周人合樂時所奏的六首曲子。劉臺拱《論語駢枝》云：「《義〔註77〕禮》『合樂，《周南·關雎》、《葛覃》、《卷耳》，《召南·鵲巢》、《采蘩》、《采蘋》』，而孔子但言『《關雎》之亂』，亦不及《葛覃》以下，此其例也。」〔註78〕又云：「合樂，《周南》《關雎》、《葛覃》、《卷耳》，《召南》《鵲巢》、《采蘩》、《采蘋》，凡六篇。而謂之《關雎》之亂者，舉上以該下……升歌言人，合樂言詩，互相備也。」〔註79〕

故此章義為：自太師摯開始演奏，至結尾合奏《關雎》等六首曲子，（整個過程行雲流水，咸得條理）音樂洋洋盈耳。〔註80〕

8.18　子曰：「巍巍乎，舜禹之有天下也而不與焉！」

高敏：此章的難解詞語是「不與」。何晏《論語集解》解為「言己不與求天下」；皇侃《論語集解義疏》曰：「一云孔子嘆己不預見舜禹之時」；朱熹《論語集注》解為「不與，猶言不相關」；今人錢地《論語漢宋集解》解為「不與，不求人與之也」；蔣沛昌《論語今釋》解為「舜禹不宣揚自己。……與，宣揚」；李君明《論語引讀》認為「『與』即給予，指受禪」；林革《讀〈論語〉偶記》解為「與者，譽也，名也」。

〔註75〕牛嗣修：《孔子論周公之德——從孔子對周公「使驕且吝」的評價談起》，《孔子研究》2016 年第 5 期，第 42 頁。

〔註76〕原註：劉寶楠. 論語正義〔M〕. 北京：中華書局，1990：305.

〔註77〕原文作此字。

〔註78〕同註 76，第 117 頁。

〔註79〕同註 76，第 305 頁。

〔註80〕崔海東：《楊伯峻〈論語譯注〉義理商榷》，《合肥師範學院學報》2014 年第 1 期，第 58 頁。

　　筆者認為，這些解釋都不切合文意。「與」（yù），通「豫」，義為「喜悅」、「快樂」。《儀禮‧鄉射禮》：「賓不與。」鄭玄注：「古文，與作豫。」《淮南子‧天文訓》：「聖人不與也。」高誘注：「與，猶說也。」《呂氏春秋‧悔過》：「寡君與士卒，竊為大國憂，日無所與焉。」古籍當中，「與」「豫」通用，表示「喜悅」「快樂」的意思。因此，《論語》這句話應理解為：孔子說：「高大啊！舜、禹得到了上代帝王禪讓的天下（帝位），卻不喜悅。」得到帝位竟然不高興快樂，似乎有違常理，而事實確是如此。《史記‧太史公自序》記曰：「唐堯遜位，虞舜不台。」不台（怡），即不高興。這恰好反映了古賢帝王的謙遜之德。〔註81〕

〔註81〕 高敏：《〈論語〉疑難句歧解辨正》，《孔子研究》2011 年第 4 期，第 70～71 頁。

九、《子罕篇》新說匯輯

9.1 子罕言利與命與仁。

鍾倫守：綜上所述，「子罕言利、與命與仁」，如果按照傳統的講法，譯為孔子很少談利和命和仁，這相悖孔子的言論和思想。其錯誤在於對「與」字的解釋不當，此處的「與」字不能釋為連詞「和」，而應釋為動詞「信」和「贊許」。

《說文》：「與，黨與也。」「與」字的本義是同盟者，黨與。楊樹達在《詞詮》中指出「與」字有名詞、動詞、副詞、介詞、連詞、助詞等共六種詞類。其中動詞類舉例是：「子曰『弗如也，吾與女，弗如也』」。（《公冶長》）此處的「與」，釋為「外動詞，許也」。《孟子・梁惠王上》：「有復於王者曰：『吾力足以舉百鈞，而不足以舉一羽，明足以察秋毫之末，而不見輿薪』，則王許之乎？」此處的「許」，趙岐注：「許，信也。」因此，「與命」的「與」釋為「信」，「與命」即「信命」。「與」作動詞，除釋為「信」外，還可釋為「贊許」、「贊成」、「心許」等。王力先生主編的《古代漢語》選了《論語・先進》中的侍坐章，對文中「吾與點也」的「與」字，釋為：「與，贊成，同意。」《述而》「暴虎馮河，死而無悔者，吾不與也」中的「與」字，《辭海》釋為：「心許，贊許。」因此「與仁」應釋為「贊許仁」。將「與命與仁」解釋為「信命，贊許仁」，這既符合孔子的思想，又符合後人對孔子天道觀和哲學體系的一致評價。

既然「子罕言利與命與仁」中的「與」不是連詞，而是動詞，那麼這句應是三個主謂句。其中「與命與仁」是分別承前省略主語「子」的兩個主謂句。這句正確的標點是：「子罕言利，與命，與仁。」譯為：孔子很少談到利，

他信命，贊許仁。〔註1〕

宋鋼：按：通行本《論語》皆於「仁」字絕句。

《論語集解》何晏曰：「罕者，希也。利者，義之和也。命者，天之命也。仁者，行之盛也。寡能及之，故希言也。」〔註2〕

朱熹《論語集注》程子曰：「計利則害義，命之理微，仁之道大，皆夫子所罕言也。」〔註3〕

顧炎武《與友人論學書》：「命與仁，孔子之所罕言也。」〔註4〕

又按：如是，則兩「與」讀音皆如字。亦有於「利」字絕句者，則兩「與」讀音皆作預。此兩種絕句法皆非。當於「命」字絕句為是。如此，則前一「與」讀音如字，後一「與」讀音作預。絕句法不同，則意思迥異。「罕言」即少談或不談，引申為反對。後一「與」字和「罕言」相對，贊同之義。兩句的意思是：孔子很少談論「利」和「命」，卻贊同多談「仁」。

檢視《論語》全文，似乎說「命」處不少，但只是一般涉及，未作深究。梁啟超說孔子很少說命，即是此意。〔註5〕「利」與「命」比，則次數更少，確是「罕言」。「仁」作為孔子思想之核心與重心，幾乎句句不離口，貫穿《論語》始終，談論頻率之高，探討範圍之廣，挖掘內涵之深，幾無出其右者。〔註6〕

楊逢彬：我們認為，當舊說沒有問題（指語言上可以說通），晚近之新說又沒有語言學上的強有力證據，即使暫時無法駁倒新說，根據「誰主張，誰舉證」的原則，我們還是應當遵循從古原則；因為漢人「去古未遠」，他們對先秦典籍的語感畢竟是後人難以企及的。此章的「與」何晏《集解》並未提及，顯然是默認其最常用義即連詞。……有鑒於此，我們認為，這一章還是按傳統讀法作「子罕言利與命與仁」較為穩妥。〔註7〕

〔註1〕鍾倫守：《〈論語〉「子罕言利、與命與仁」新解》，《當代電大》2003年增刊，第29頁。
〔註2〕原註：論語上（四部要籍注疏叢刊本）〔M〕. 中華書局，1998.
〔註3〕同上書。
〔註4〕原註：轉引自《梁啟超論清學史二種》（復旦大學出版社，1985年版，167頁）
〔註5〕原註：見梁啟超《清代學術概論・儒家哲學》，天津古籍出版社，2003年版，第205頁。編者按：原文注釋中還摘錄了梁書中的一段話來表明這一點，詳見宋文，此處不贅。
〔註6〕宋鋼：《〈論語〉疑義舉例》，《貴州大學學報（社會科學版）》2005年第2期，第111頁。
〔註7〕楊逢彬：《〈論語〉三辨》，《中國哲學史》2011年第4期，第127頁。

　　常佩雨、金小娟：《子罕》首章應讀為「子罕言利，與命，與仁」，兩個「與」字均為動詞（「稱引」義），該章可直譯為：孔子很少說「利」，卻（多次）稱引「命」、稱引「仁」。〔註8〕

　　崔海東：句讀當為：子罕言利，與命，與仁。

　　其一，《論語》中凡幾個名詞並列，不以「與」作連詞來聯接，而是直接相連，如《述而》篇「子之所慎：齊、戰、疾」「子不語：怪、力、亂、神」「子以四教：文、行、忠、信」。……

　　其二，就此三者而言。孔子有義利之辨（《里仁》），故其罕言利。命、仁卻為孔門義理之重，焉能罕言？孔子素重天命，如云「五十知天命」（《為政》）、「畏天命」（《季氏》）、「不知命，無以為君子」（《堯曰》）。一部《論語》言「仁」更是達 109 處之多。「與仁」，實乃孔門工夫之自反 性體；而「與命」，則是上達天命。故此章斷句當從宋史繩祖，其云：「蓋子罕言者獨利而已，當以此作一義。曰命曰仁皆平日所深與，此句別作一義。與 者，許也。」〔註9〕即「與」不作連詞而當動詞，為肯定之義，同於「吾與點也」（《先進》）。〔註10〕

　　陸衛明、曹宏、林靜選：楊伯峻解釋說：「孔子很少主動談到功利、命運和仁德。」〔註11〕除「主動」兩字是附加上去的以外，其它的意思與朱熹、程子的解釋是一致的。但是，這種解釋顯然有悖常理，孔子對利的確談得較少，然而對命與仁談得較多，尤其是《論語》談仁的地方有 109 次之多。對天命問題孔子談得也不少，它構成了孔子思想的一個重要命題。問題的關鍵在於對「與」怎麼理解？在古漢語中「與」有兩種意思：一作連接詞，二是「贊成」的意思。在本句中的「與」應作第二種解。本句的意思是：孔子較少談利益，而贊成談天命與仁義。〔註12〕

　　蔡英傑：其訓詁難點是「與」的詞性問題，一派認為「與」是連詞，「利」「命」「仁」構成並列關係，一派認為「與」是動詞，表示「贊同」，「罕言利」

〔註 8〕常佩雨、金小娟：《出土文獻孔子言論參照下的〈論語〉新解——以〈子罕〉首章為例》，《湖北工程學院學報》2013 年第 4 期，第 39 頁。

〔註 9〕原註：高尚榘. 論語歧解輯錄〔M〕. 北京：中華書局，2011：449.

〔註 10〕崔海東：《楊伯峻〈論語譯注〉句讀商榷》，《江蘇科技大學學報（社會科學版）》2013 年第 3 期，第 28 頁。

〔註 11〕原註：楊伯峻. 論語譯注〔M〕. 北京：中華書局，2012：85.

〔註 12〕陸衛明、曹宏、林靜選：《關於〈論語〉的若干疑難問題闡析》，《西安交通大學學報（社會科學版）》2016 年第 4 期，第 120 頁。

「與命與仁」構成並列關係。要弄清這一點，關鍵是看在三項以上的並列詞語中，古人是否會連用「與」做連詞。如果在先秦文獻中所有三項以上的並列式詞語，沒有連用「與」做連詞的，那麼本句中「與」也就不是連詞。反之，則不能否定本句中「與」有用作連詞的可能性。通過檢索，發現有連用「與」的。如：

(1) 善說者若巧士，因人之力以自為力，因其來而與來，因其往而與往，不設形象，與生與長，而言之與響。與盛與衰，以之所歸。（《呂氏春秋·順說》）

(2) 夫弗及而憂，與可憂而樂，與憂而弗害，皆取憂之道也，憂必及之。（《左傳·昭公元年》）

(3) 是以明主之治世也，急於求人，弗獨為也，與天與地，建立四維，以輔國政。（《鶡冠子·道端》）

(4) 願聞其人情物理，所以齊萬物，與天地總，與神明體正之道。（《鶡冠子·玉鈇》）

以上只有《左傳》中的 1 例是用作連詞，且連接的是動詞性成分，其他皆用作介詞。由此可見，三項以上的並列名詞，古人是不用「與」連接的。故此，「子罕言利與命與仁」只能譯作：孔子很少談到利，贊成命、贊成仁。〔註13〕

杜文君：綜上所述，孔子「罕言利」是為了「塞其源」，防止亂象出現；「罕言命」，是因為「命」隱遠難見，玄奧難原；罕言「仁」是罕言仁的深遠、難以理解的意義，說的都是如何「為仁」，是一種行為，是從「用」的方面上講的。〔註14〕

9.2 達巷黨人曰：「大哉孔子！博學而無所成名。」子聞之，謂門弟子曰：「吾何執？執御乎？執射乎？吾執御矣。」

宋鋼：何晏《論語集解》鄭注云：「此黨人之美孔子傳〔註15〕學道藝，不成一名〔註16〕。」

〔註13〕 蔡英傑：《〈論語〉訓詁疑案的文獻學分析》，《中國語言文學研究》2017 年第 1 期，第 236 頁。
〔註14〕 杜文君：《〈論語〉疑義辨析三則》，《湖北職業技術學院學報》2017 年第 4 期，第 54 頁。
〔註15〕 原文作此，疑當為「博」。
〔註16〕 原文作此，疑「名」字後缺一「也」字。

朱熹《論語集注》:「博學無所成名,蓋美其學之博,而惜其不成一藝之名也。」又「尹氏曰:『達巷黨人見孔子之大,意其所學者博,而惜其不以一善得名於世,蓋慕聖人而不知者也。』」

皇侃《論語集解義疏》引王弼注:「譬猶和樂出乎八音乎,然八音非其名也!」此與老莊大音稀聲、大象無形之論如出一轍,可謂高屋建瓴,洞悉幽微。創見之功,尤不可沒。

王元化說:「我以為毛奇齡《論語稽求篇》申明鄭義,最是的解。毛氏云:『所謂不成一名者,非一技之可名也。』這正是達巷黨人贊孔子無所成名的本義。朱子『集注』把鄭注的『不成一名』變為『不成一藝之名』,已漸疏原旨。而海外一些學者望文生義,再把朱子的『不成一藝之名』拉扯到博和專的問題上來,則謬誤尤甚。」〔註17〕王元化先生以為的解的毛奇齡的意見,若仔細玩味,豈不是上述王弼之注的翻版嗎?

按:「博學」固為之大,「無所成名」則不能稱之為大,此乃常人之俗見。鄭玄、朱熹、尹氏皆過分拘執坐實,其疏舛即如王元化先生所論。唯王弼、毛奇齡獨得奧秘,故未死於句下。〔註18〕

9.4 子絕四——*毋意,毋必,毋固,毋我。*

宋鋼:按:或多「絕」,或多「毋」,兩字皆為貶義,同時使用殊不妥。

朱熹《論語集注》:「程子曰:『此毋字,非禁止之辭。』」實非。

俞樾「上文毋必,言無專必也。此文毋固,又言無固行。然則必之與固,其義無別矣。固當讀為故。……是固與故通。毋故者,不泥其故也。用之則行,捨之則藏,是謂毋必。彼一時此一時,是謂毋故。」〔註19〕可備一說。〔註20〕

9.5 子畏於匡,曰:「文王既沒,文不在茲乎?天之將喪斯文也,後死者不得與於斯文也;天之未喪斯文也,匡人其如予何?」

唐鈺明:《論語·子罕》「子畏於匡」,邢昺疏:「記者以眾情言之,故云

〔註17〕原註:王元化. 思辨隨筆〔M〕. 上海文藝出版社,1994,第68~69頁。
〔註18〕宋鋼:《〈論語〉疑義舉例》,《貴州大學學報(社會科學版)》2005年第2期,第109頁。
〔註19〕原註:俞樾. 論語平議〔A〕. 群經平議〔C〕. 清同治五年刻本。
〔註20〕宋鋼:《〈論語〉疑義舉例》,《貴州大學學報(社會科學版)》2005年第2期,第109頁。

畏於匡，其實孔子無所畏也。」將「畏」字理解為「畏懼」，其誤顯然。楊伯峻《論語譯注》解「畏」為「拘」，譯為「孔子被匡地的群眾所拘禁」，意義理解雖前進了一大步，但釋「畏」為「拘」，仍未屬達詁。其實，「畏」應破讀為「圍」。「畏」屬影母未韻，「圍」屬喻母微韻，二字音近相通。《韓非子·難言》：「仲尼善說而匡圍之。」《淮南子·主術訓》：「孔子⋯⋯圍於匡，顏色不變。」《史記·孔子世家》「索隱」引《孔子家語》：「匡人簡子以甲士圍夫子。」《鹽鐵論·大論》：「孔子⋯⋯遇圍於匡。」凡此種種，足證「畏」字確係「圍」字之借。對此字的訓釋，實牽涉到孔子生平史實的瞭解。《論語譯注》書前《試論孔子》一文云：「孔子處於困境或險境中，如在匡被圍或者桓魋想謀害他，他無以自慰，只好聽天。」在這裏楊氏也承認孔子在匡僅僅是「被圍」而並非「被拘禁」，可見其訓「畏」為「拘」，確有未安。〔註21〕

黔容：畏字當係「威」字之假。畏威通假，由來已久。就周金言，「畏天畏」（《盂鼎》），第二個畏字即成威字。「敃（愍）天疾畏」，「（夙）夕敬念王畏不賜（揚）」（《毛公鼎》），均見《三代吉金文存》卷4，兩個畏字都是「威」之假。而《尚書》中這樣的例子也不少，如「天畏棐忱」（《康誥》），「惟天明畏」（《多士》）等都是，因之說畏是威之假是蠻有理由的。但是其意為何？這就要看威字的意義了。「威」是個多義字，其中有一種是以強力為特徵的，包含壓迫、威脅、侵犯、襲擊等意思。例如：「民不畏威」（《道德經》第72章），威表示的是鎮壓。「齊侯來獻戎捷。齊，大國也，曷為親來獻戎捷？威我也」（《公羊傳》莊公三十一年），威表示的是威脅。「唯匈奴未譬聖德，威侮二垂」（《後漢書·杜詩傳》），李賢注：「威，虐也」，是侵犯的意思。「死喪之威」（《詩·常棣》），這個威是不幸的襲來。如此等等。把「子畏於匡」讀作「子威於匡」，就是採取這樣的含義。它的意思是：孔子遭到匡人的襲擊。這就是其確解。〔註22〕

崔海東：「文」不是文化遺產，而是文化之道統。此如朱子所云：「道之顯者謂之文，蓋禮樂制度之謂。不曰道而曰文，亦謙辭也。」〔註23〕⋯⋯孔子素重文王，如云「三分天下有其二，以服事殷，周之德，其可謂至德也已

〔註21〕唐鈺明：《〈論語〉「畏」字正解》，《學術研究》1986年第5期，第58頁。
〔註22〕黔容：《為「子畏於匡」求確解》，《學術研究》1987年第2期，第108頁。作者文中所論涉及9.5章和11.23章兩章中的「子畏於匡」。
〔註23〕原註：朱熹. 論語集注〔M〕//朱子全書. 上海：上海古籍出版社/合肥：安徽教育出版社，2002：140.

夫〔註 24〕」（《泰伯》），即歌頌文王事殷之德。同時又暗貶武王，如認為舜之《韶》樂「盡美矣，又盡善也」，而武王之樂則「盡美矣，未盡善也」（《八佾》），即是認為他暴力征伐有礙仁義。所以本章自文王直接跳到自己，乃是認為堯舜禹湯文王之後，道統今則在我，實際上是以文王後之新王自居。故康有為云：「文王隱沒五百年，文明之道統大集於孔子。」〔註25〕

故本章義為：孔子為匡人所拘，云：「文王之後，道統在我……」〔註26〕

9.6 太宰問於子貢曰：「夫子聖者與？何其多能也？」子貢曰：「固天縱之將聖，又多能也。」

子聞之，曰：「太宰知我乎！吾少也賤，故多能鄙事。君子多乎哉？不多也。」

劉育林：此章歧解主要有三：

一、孔安國注：「疑孔子多能於小藝。」〔註27〕劉寶楠進一步解釋道：「『疑孔子多能於小藝』者，正以禮樂是藝之大，不得為鄙事，唯書數射御皆是小藝，太宰所指稱也。」〔註28〕此解為孔子為聖人，除了通禮樂之大藝，還精通書、數、射、御等小藝。

二、包咸曰：「我少小貧賤，常自執事，故多能為鄙人之事，君子固不當多能。」〔註29〕此解為孔子因為少年貧困，學會了許多普通人才做的事情，而作為君子是不應當做這些事情的，故曰：君子固不當多能也。

三、胡凡英先生認為此章傳統斷句有誤，當讀為「吾少也賤，故多能，鄙事君子，多乎哉？不多也！」〔註30〕那麼這句話的意思就是，我年少時生活貧困，所以學會了許多普通人生存的技藝，像我這樣以鄉野之人的身份踐行君子之道的人，多嗎？恐怕不多吧。

〔註24〕原文作「夫」字，疑當為「矣」字。

〔註25〕原註：康有為. 論語注〔M〕. 北京：中華書局，1984：87.

〔註26〕崔海東：《楊伯峻〈論語譯注〉義理商榷》，《合肥師範學院學報》2014 年第 1 期，第 58 頁。

〔註27〕原註：〔魏〕何晏（注），〔宋〕邢昺（疏）. 論語注疏〔M〕. 北京：中華書局，1980：2490.

〔註28〕原註：〔清〕劉寶楠. 論語正義〔M〕. 北京：中華書局，1990：331.

〔註29〕原註：〔魏〕何晏（注），〔宋〕邢昺（疏）. 論語注疏〔M〕. 北京：中華書局，1980：2490.

〔註30〕原註：胡凡英.「多能鄙事」質疑〔J〕. 齊魯學刊，1985，（5）：96.

　　辨正：太宰驚異於孔子既為聖人卻又如此多能，才問於子貢，孔子聽說此事後就說了這句話。歧解一將「鄙事」解為書、數、射、御等「小藝」，愚以為不妥，掌握六藝是周朝統治者對貴族子弟的普遍要求，《周禮·地官》有載：保氏「養國子以道，乃教之六藝」，孔子之前，私學未興，學在王官，只有貴族才能享受正規的教育，即由保氏教他們學習六藝，若六藝為鄙事的話，照此推斷，貴族子弟才可以「多能鄙事」，孔子生當亂世，年少而孤，隨母親居住在曲阜闕里，生活十分貧困，沒有接收〔註31〕正規教育的機會，其所言「鄙事」必非六藝等。歧解二，包咸釋「因貧困故多能為鄙人之事」，於理可通，但又言「君子固不當多能也」就讓人費解了，難道為君子者就應當不通生活之小技藝嗎？那麼從貧賤起身的孔子對普通勞動者的不尊重也太嚴重了吧？還有一點是歧解一和歧解二都無法講通的，太宰問於子貢曰：「夫子聖者與？何其多能也？」顯然是因為驚異於孔子的「多能」才有此問，「能」字作名詞無疑；而孔子的言語中「吾少也賤，故多能鄙事」的「能」字很明顯作動詞用，同一個詞在同一章中卻詞性不同，上下扞格，實乃問題所在。歧解三是新的斷句方式，此解雖然晚出，但未必不合古義，理由如次，其一，本篇下章有「吾不試，故藝」，鄭玄注：「孔子自云我不見用，故多技藝。」〔註32〕其意思、結構與「吾少也賤，故多能」基本相似，可以作為如此斷句的旁證。其二，《述而》篇有「躬行君子」，意為躬身踐行君子之道，其句式與「鄙事君子」基本一樣，二者可互參，「鄙」當訓為「野」，指鄙野之人；「事」可釋為從事、實踐，「鄙事君子」即以鄙野之人的身份踐行君子之道。如此斷句我們還可以解決「能」字上下句詞性不一致的問題，統一作名詞，那麼這句話就可以理解為，孔子年少貧困，蟄居鄉野，但他通過自學，私淑賢能，以鄙野之人的身份不僅學會了多種技藝，還精通了禮樂，成為一代至聖，實乃對自己成才之途的回顧和總結。〔註33〕

　　9.8 子曰：「吾有知乎哉？無知也。有鄙夫問於我，空空如也。我叩其兩端而竭焉。」

　　賈延利：「空空」實是「誠實」之義。

〔註31〕原文作此，疑當為「受」。

〔註32〕原註：〔魏〕何晏（注），〔宋〕邢昺（疏）. 論語注疏〔M〕. 北京：中華書局，1980：2490.

〔註33〕劉育林：《〈論語〉歧解成因類析及選例辨正》，曲阜師範大學，2009年碩士學位論文，第32～33頁。

《呂氏春秋・下賢》：「空空乎其不為巧故也。」高誘注：「空空，愨也。」也即「誠實」之義。

朱駿聲《說文通訓定聲・豐部》：「空，借為愨，空愨一聲之轉，字亦作悾。」如《論語・泰伯篇》：「悾悾而不信。」包咸注：「悾悾，愨也。」

《廣雅・釋訓》：「悾悾，誠也。」王念孫疏云：「空與悾通。《論語・子罕篇》有鄙夫問於我，空空如也。亦謂鄙夫以誠心來問也。故《釋文》曰：空空，鄭或作悾悾。」可知，一本作「悾悾」，顯然不能按「無知」來理解，所以，「有鄙夫問於我，空空如也。」是說鄙夫誠懇地向孔子請教問題，並非說孔子沒有知識。〔註34〕

楊逢彬、蔣重母：疊音形容詞和形容詞疊用是兩種不同的語法形式，前者如「堂堂正正」的「堂堂」，後者如「好好學習」的「好好」。「堂堂」不是「登堂入室」的「堂」的疊用，「好好」卻是「好學生」的「好」的疊用。經我們對先秦典籍如《論語》《孟子》《莊子》《老子》《墨子》《左傳》《國語》等的全面調查，可以肯定地說，形容詞疊用的語法形式表達程度加深的語法意義，在《論語》時代即使存在，也是罕見的。因此，說「空空」是形容詞「空」的疊用，恐怕很成問題；在沒有強有力的證據證明這一點之前，我們只能將它視為疊音形容詞；而疊音形容詞，不是字形與音義對應的，可以有多種寫法，「空空」就是「悾悾」。先秦兩漢典籍中「空空」「悾悾」常見，都是「誠懇」的意思。《呂氏春秋・慎大覽》：「得道之人，貴為天子而不驕倨，富有天下而不騁誇，……匆匆乎其心之堅固也，空空乎其不為巧故也……以天為法，以德為行，以道為宗。」《大戴禮記・主言》：「君先立於仁，則大夫忠而士信、民敦、工璞、商愨、女憧、婦空空，七者教之志也。」〔註35〕《太玄經・勤》：「次二：勞有恩，勤悾悾，君子有中。」〔註36〕因此《經典釋文》才說：「『空空』，鄭或作『悾悾』。」所以，不能把《論語》的「空空如也」理解為「什麼都沒有」、「一點也不知道」。至於成語「空空如也」表示什麼都沒有，那是後世語言的變化所致，我們不予討論。〔註37〕

〔註34〕賈延利：《〈論語〉析疑三則》，《孔子研究》1989 年第 3 期，第 128 頁。
〔註35〕原註：王聘珍. 大戴禮記解詁〔M〕. 北京：中華書局，1983：4.
〔註36〕原註：揚雄. 太玄集注〔M〕. 北京：中華書局，1998：171.
〔註37〕楊逢彬、蔣重母：《〈論語〉詞語考釋五則》，《上海大學學報（社會科學版）》2011 年第 5 期，第 132 頁。

9.12 子疾病，子路使門人為臣。病間，曰：「久矣哉，由之行詐也！無臣而為有臣。吾誰欺？欺天乎！且予與其死於臣之手也，無寧死於二三子之手乎！且予縱不得大葬，予死於道路乎？」

崔海東：「疾」後當斷句，作「子疾，病……」。

一則疾、病字義不同。病上古時指重病。《說文》：「病，疾加也。」包《注》亦曰：「疾甚曰病。」〔註38〕二則本章可與《述而》篇「子疾病，子路請禱」章相對比。彼章「病」字衍：一則定州漢簡《論語》無「病」字〔註39〕。二則漢鄭玄 注本、唐陸德明《經典釋文》亦無「病」字。清阮元《校勘記》認為《論語集解》於後面的《子罕篇》才開始釋「病」字，則此章有「病」字必非〔註40〕。是時孔子生病，子路禱告，說明尚有恢復之可能。此章子路已使門人為臣準備治喪，可見夫子之病已相當嚴重，將不久人世。故「疾」後斷句，才能準確地反映子路所為之背景。〔註41〕

9.19 子曰：「譬如為山，未成一簣，止，吾止也。譬如平地，雖覆一簣，進，吾往也。」

高敏：筆者認為，為山，是堆土成山；平地，是取土填平窪地。堆高山平窪地，正相對取譬。孔子既然取兩事作譬喻，絕不會前一事「堆土成山」，後一事還「在平地上堆土成山」（楊伯峻語）。如果兩喻都理解成「堆土成山」，那麼後者在「平地上」，而前者又會在什麼地方？這樣的解釋讓人費解。在這裏，「為山」「平地」對舉，「為」「平」是兩個動詞，「山」「地」是兩個名詞，構成兩個動賓詞組。有勞動常識的人都知道，平地就是平整土地、填平窪地。這裏是指以土平窪地、平坑壕。孔子以「為山」「平地」打比方的目的，是教人做事要持之以恆，以達最終成功，不要功虧一簣、半途而廢。「吾往也」與「我止也」相對，「往」，前進，是「一往直前地做下去」的意思。〔註42〕

〔註38〕原註：皇侃. 論語集解義疏〔M〕//四庫全書（第 195 冊）. 上海：上海古籍出版社，1987：420.

〔註39〕原註：河北省文物研究所定州漢墓竹簡整理小組. 定州漢墓竹簡論語〔M〕. 北京：文物出版社，1997：35.

〔註40〕原註：劉寶楠. 論語正義〔M〕. 北京：中華書局，1990：282～283.

〔註41〕崔海東：《楊伯峻〈論語譯注〉句讀商榷》，《江蘇科技大學學報（社會科學版）》2013 年第 3 期，第 28 頁。

〔註42〕高敏：《楊伯峻〈論語譯注〉獻疑》，《孔子研究》2015 年第 1 期，第 54 頁。

　　張華清：這兩種譯法看似大同小異，但在語法、句式和意義方面差別很大。

　　首先，古代漢語與現代漢語雖然是一脈相承，但二者在語法、用詞等方面存在很大的不同。……「平地」二字，在現代漢語中是個名詞，意思是「平坦的地面」。因此，學者將「平地」譯為「在平地上」，是意義上採取現代漢語的譯法，而語法上採取古代漢語的語法，名詞活用作狀語，這種譯法是現代注釋與古代漢語語法相結合的產物。在古代漢語中，「平地」是兩個詞，「平」是動詞，意思為「填平、整平」；「地」是名詞，意思為「地面」。結合上下文，這裏是使動用法，即「使地平」，意思是「堆土填坑」，而不是名詞作狀語「在平地上」。

　　其次，從句式上講，很明顯，「譬如為山，未成一簣，止，吾止也」與「譬如平地，雖覆一簣，進，吾往也」，是兩個非常工整的對仗句。其中，「譬如為山」與「譬如平地」相對。由此可以推知，「為山」與「平地」是兩個結構相同的短語。「為」是動詞「造」、「製造」的意思，與山構成動賓結構。「為山」是堆土造山。那麼「平地」也應是動賓結構，只是這裏的「平」為使動用法，即「使地平」。也就是說，原來地不平，填土使之平。所以把「平地」作狀語，翻譯成「在平地上」，不符合對仗句式的要求。

　　再次，從意義上來看，「譬如為山，未成一簣，止，吾止也」與「譬如平地，雖覆一簣，進，吾往也」兩個句子，實是舉了兩個相對相反的例子來說明做事鍥而不捨的重要性。之所以說句意相對相反，從後面的詞語便可看出：前句「未成一簣」與後句「雖覆一簣」，前句「進」與後句「止」，前句「往」與後句「止」，都是表示意義相對相反的意義。那麼一個是「為山」，即堆土成山，那麼另一個「平地」就應該是堆土填坑，即「使地平」，這樣意義也就通順了。如將「平地」解為「平地堆土成山」，一則前後重複，二則前後矛盾。

　　故而我認為，「平」為動詞，與「地」構成動賓結構；「平地」與「為山」相對，作「培土填坑」講。這樣整句話可譯為：「孔子說：『（做事）就好像堆土成山一樣，哪怕只差一筐土就堆成山了，你停止了，山也堆不成，這是因為你停止的緣故；又好像培土填坑一樣，雖然你才覆蓋一筐土，如果你繼續堅持努力，那麼你終將能完成，因為你在堅持努力的緣故。』」〔註43〕

〔註43〕張華清：《〈論語〉譯注辨析二則》，《孔子研究》2016年第2期，第56頁。

9.21 子謂顏淵，曰：「惜乎！吾見其進也，未見其止也。」

宋鋼：朱熹《論語集注》：「顏子既死，而孔子惜之。」

按：若如此，則衍一「曰」字。意思是：孔子評論顏淵說……「子謂顏淵曰」，意思則是：孔子對顏淵說……顏子既死，孔子又怎麼對他講話呢？〔註44〕

9.23 子曰：「後生可畏，焉知來者之不如今也？四十、五十而無聞焉，斯亦不足畏也已。」

張一平：綜上所述，傳統對「後生可畏」的解釋〔註45〕，並沒有錯，完全符合先秦時人乃至以後學界對「後生」一詞的用法，今人不宜故作標新立異來嘩眾取寵。〔註46〕

劉育林：可見，「後生可畏」的傳統釋義符合先秦時期人們的習慣用法，不宜否定。至於對此章的傳統解釋是否與孔子的一貫思想相矛盾，我們可以這樣看待：《論語》所錄皆為實時問答之語，隨機而為之事，從整體上可以見得孔子的思想主張，但具體到某一章某一句，乃是日常言行，多為就事論事，反映其一時的心態情感，而《論語》呈現給我們的正是血肉豐滿的真正的孔子，他既能像哲師一樣循循善誘，以仁義孝悌教導學生，也能像普通人一樣犯了錯誤或被人誤解時忙不迭地立誓解釋，為自己辯護；他既有不怨天，不尤人的堅強精神，也有「逝者如斯夫」的傷感慨嘆；有時他表現得自信滿滿，「當仁不讓於師」；有時也表現得灰心絕望，「鳳鳥不至，河不出圖，吾已矣夫」。從對顏淵、閔子騫、公冶長、南容、宓子賤等弟子的贊賞之語，我們自然能體會到孔子對後生晚學的敬畏之情，但從對子路、冉有、子貢、宰我等人的批評中，我們也能體會到孔子對一部分學生的不滿，尤其對宰我的批評更是有「朽木不可雕也」的嚴厲措辭，邢疏、朱注皆是泛言「年少的人」，鄭玄則解釋得更具體：「後生，謂幼稚，斥顏淵也。」〔註47〕由此可見，孔子並非一味地敬畏後生。當然，孔子有「發奮忘食，樂以忘憂，不知老之將至」

〔註44〕宋鋼：《〈論語〉疑義舉例》，《貴州大學學報（社會科學版）》2005年第2期，第109頁。

〔註45〕將「後生」解釋成「後輩的年輕人」，將「後生可畏」譯為「年少之人足以積學成德誠可畏也」。

〔註46〕張一平：《〈「後生可畏」新解〉辨訛》，《溫州師範學院學報》2005年第1期，第76頁。

〔註47〕原註：伯希和簡2510號。

的老有所為的精神，但《陽貨》篇中也強調過「年四十而見惡焉，其終也已」，這不正是對「四十、五十而無聞焉，斯亦不足畏也已」的注解嗎？孔子曾說過「道不行，乘桴浮於海」，但我們能據此得出他一貫有消極遁世的道家思想嗎？《論語》中的孔子是一個多重性格、多種思想交織在一起的複雜矛盾體，據某一篇章就提煉其一貫的思想，無疑是片面的。〔註48〕

馬文增：筆者斷句如下：

子曰：「後生可畏，焉知來者之不如？今也，四十、五十而無聞焉，斯亦不足畏也已。」

注解如下：

「後生」者，「以生為後，以道為先」，即「死而後已」之意。求道者當鍥而不捨，孜孜以求；為道者貴以專，當始終如一，勤而不懈。二者皆當不以年紀之大小為慮。如孔子即曾言自己「發憤忘食，樂以忘憂，不知老之將至」（《論語‧述而》）。

「可畏」，可敬，值得敬畏。

「來者」，將來。

「如」，「入」之誤，入道、入門之意。《論語》中多有同音字之誤現象。

「今」，《說文》：「是時也。」孜孜以求，不虛度一日之意。

「無聞」，無聞道，未聽聞道，非無名聲之謂。明代大儒王陽明曰：「四十、五十而無聞，是不聞道，非無聲聞也。孔子云『是聞也，非達也』，安肯以此望人？」（王陽明《傳習錄》）

「斯」，這，指「四十、五十而無聞焉」。

「不足畏」，不必擔憂。

綜上，筆者以白話譯之如下：

孔子說：「孜孜以求，不以年紀為慮，這樣的人是可敬畏的——焉知將來不會入門？腳踏實地，不虛度一日，這樣哪怕四十、五十歲的時候仍未聞道，也沒什麼可擔憂的。」

子曰：「朝聞道，夕死可矣。」（《論語‧里仁》）亦含「生死事輕，聞道事重」之意，可與此章之含義互為參照。〔註49〕

〔註48〕劉育林：《〈論語〉歧解成因類析及選例辨正》，曲阜師範大學，2009年碩士學位論文，第32頁。

〔註49〕馬文增：《〈論語〉六章新解》，《孔廟國子監論叢》2016年第00期，第142～143頁。

9.26 子曰：「三軍可奪帥也，匹夫不可奪志也。」

馬文增：筆者斷句如下：

子曰：「三軍可奪，帥也；匹夫不可奪，志也。」

注解如下：

「奪」，強取，以武力壓服。

「帥」，主帥，此指「其因在於主帥」，即「主帥意志軟弱」之意。

「匹夫」，一個人。

「志」，意志，此指「意志堅強」。

綜上，筆者以白話文譯之如下：

孔子說：「三軍之眾可以被強取，是因為其主帥懦弱；身單力薄而不屈服者，是因為其意志堅強。」〔註50〕

9.28 子曰：「歲寒，然後知松柏之後凋也。」

林源：梁皇侃《論語義疏》、《史記‧伯夷傳》、《漢書‧傅喜傳》、《後漢書‧盧植傳》注、高誘《呂氏春秋》注、《潛夫論‧交際篇》、郭京《周易舉正》、《宋史‧范如寺等傳論》、《宋史‧劉珙等傳論》、《說文繫傳》、《字鑒》、《藝文類聚》、《事文類聚》、《猗覺寮雜記》、《學齋佔畢》及《文選‧西征賦》、《金谷集詩》、《南州九井詩》三注引《論語》等作「凋」。魏何晏《論語集解》、宋邢昺《論語注疏》、宋朱熹《論語集注》、清劉寶楠《論語正義》、楊樹達《論語疏證》等作「彫」。〔註51〕考《經典釋文》：「彫，依字當作凋。《說文‧彡部》：「彫，琢文也。」段注：「琢者，治玉也，凡彫琢之成文曰彫。」可見，「彫」是「雕飾」之義，與《論語》的這一句沒有關係，當從《經典釋文》作「凋」。

……考《說文‧仌部》：「凋，半傷也。」段注：「傷，創也。半傷，未全傷也。從仌，仌霜者，傷物之具，故從仌。」凋的形符為仌，象冰凍消釋形，意思是「冷、凍」；凋的聲符為周，「周、召、刀」在作聲符時往往通用，都有「小」義，如箱又作弍〔註52〕，指小船，《詩經‧衛風‧河廣》：「誰謂河廣，

〔註50〕馬文增：《〈論語〉六章新解》，《孔廟國子監論叢》2016年第00期，第143～144頁。

〔註51〕原註：四部要籍注疏叢刊‧論語〔M〕. 北京：中華書局，1998：1677.

〔註52〕原文作此，疑此句中的「箱」、「弍」當為「舳」、「舠」二字。此文中下同。

曾不容刀。」鄭箋：「小船曰刀。」《經典釋文》：「刀，如字。字書作舠，《說文》作𦩘，並音刀。」《釋名·釋船》：「𦩘，貂也；貂，短也。江南所名，短而廣，安而不危傾〔註53〕者也。」將凋的形符、聲符合而觀之，則凋的本義為因寒冷而有一些凍傷，《說文》之所以強調「半傷也」，就是用「半」來強調雖然受了傷，生命受到一些影響，但生命並沒有受到重創，即還沒有全部枯萎，生命力還在。在本義的基礎上，「凋」又引申出今天〔註54〕們所熟悉的「凋落」義。二者在詞義的輕重上有著顯著的差別。「半傷」是受了一些傷，但生機不減，而「凋落」則是枯萎乾死，從樹上掉落，完全失去生命力。

　　……就《論語》所贊美的松柏而言，松柏雖因天寒地凍而形色小有變化，但從總體來看，依然綠色蔥蘢，生意盎然，不像落葉喬木那樣已經一派枯敗景象，完全失去生機。因此《論語》「歲寒，然後知松柏之後凋也」中的「凋」用其本義「半傷也」來理解更加合理。與之相類似，在《焦氏易林》也多次出現「凋」，其中有的「凋」也是指「半傷」。如《焦氏易林·小過》：「小過，凋葉被（披）霜，獨蔽不傷，駕入喜門，與福為婚。」考《周易·小過》：「小過：亨，利貞；可小事，不可大事；飛鳥遺之音，不宜上，宜下，大吉。」這句意思是說「小過」這個卦雖然有小的不好，但只要處理得好，最終還是大為吉祥。因此《焦氏易林·小過》中的「凋葉」不可能理解成「落葉」，只能是指「仍在樹上，結滿了霜，受了些霜凍的葉子」，但葉子最終並沒有被凍壞，小的困難過去以後，最後結局很美滿。……

　　對比古籍中其它與《論語》此句類似的表達也可以更加準確地理解古人的本意，如《莊子》、《淮南子》中都有與《論語》這則語錄相近的敘述。考《莊子·讓王篇》：「孔子曰：『是何言也！君子通於道之謂通，窮於道之謂窮。今丘抱仁義之道以遭亂世之患，其何窮之為？故內省而不窮於道，臨難而不失其德。天寒既至，霜雪既降，吾是以知松柏之茂也。陳蔡之隘，於丘其幸乎！』」《淮南子·俶真篇》：「夫大寒至，霜雪降，然後知松柏之茂也。據難履危，利害陳於前，然後知聖人之不失道也。」這兩段文字不但有與《論語》類似的對松柏的贊頌，而且說明了這是孔子在處境困難時對自己的自勉，即「臨難而不失其德」，在這兩段中，孔子不是用「後凋」，而是直接用「茂」來形容松柏，可以說，只有「歲寒」不失其「茂」的偉岸形象，才堪比聖人臨難不失其德的

〔註53〕原文作此，實當為「傾危」。
〔註54〕此處應缺一「人」或「我」字。

品格。顯然，只有將「凋」理解成「半傷」，松柏在嚴冬的形象才有可能是「茂」的，只有這樣理解，「後凋」與「茂」在意義才有可能不至對立衝突。

綜上所論，《論語》「歲寒，然後知松柏之後凋也」中的「凋」應是「半傷」義，這一句應理解為「天寒地凍，萬木蕭瑟的時候，才發現松柏不畏嚴寒，雖小有損傷，但仍鬱鬱蔥蔥，充滿了生機」。這是孔子對「歲寒」而不失其「茂」的松柏的贊美，歌頌了「臨難而不失其德」的高尚品格。〔註55〕

9.30　子曰：「可與共學，未可與適道；可與適道，未可與立；可與立，未可與權。」

劉小紅：概而言之，《論語》「可與共學」章不僅是一個「學」的進程，又是一個「思」的進程，亦是一個「遠」的進程。由「學」所體現之「遠」在「思」中得以化解，三者從不同角度共同刻畫了求仁之進程——此過程之最高層界即「權」，或可言，「學」與「思」的最終趨向就是達至價值與實踐統一之「權」。此一解釋進路使得整章義理結構得以貫通、完滿。趙紀彬先生亦曾言：「關於『唐棣之華』和『未可與權』兩段，在思想上同是言『權』，在邏輯上首尾一貫，理應為一章而不可分。」〔註56〕由是而論，「可與共學」部分與「唐棣之華」部分具有密切的內在義理呼應與貫通，因此二者合二為一，回復至漢時面目不存在任何義理上的障礙，而且只有在二者合一的基礎上來理解全章的涵義，才能更好地與《論語》整體的思想架構相契合。〔註57〕

9.31「唐棣之華，偏其反而。豈不爾思？室是遠而。」子曰：「未之思也，夫何遠之有？」

黃懷信：《論語》此章，宋以前皆與上「可與共學」章同章，朱子《集解》始別，甚是。然其詩義則迄今有未解者。如朱子曰：「此逸詩也，於六義屬興。上兩句無意義，但以起下兩句之辭耳，亦不知其何所指也。夫子借其言而反之，蓋前篇『仁遠乎哉』之意。」楊伯峻《譯注》曰：「『唐棣之華，翩〔註58〕

〔註55〕林源：《「歲寒，然後知松柏之後凋也」正詁》，《廣州廣播電視大學學報》2008年第6期，第74～76頁。
〔註56〕原註：趙紀彬. 困知二錄〔M〕. 北京：中華書局，1991：267.
〔註57〕劉小紅：《〈論語〉「可與共學」章分章權議》，《太原理工大學學報（社會科學版）》2015年第5期，第65頁。
〔註58〕原文作此，實當為「偏」，此文中下同。

其反而』似是捉摸不定的意思，或者和顏回講孔子之道『瞻之在前，忽焉在後』意思差不多。『夫何遠之有』可能是『仁遠乎哉？我欲仁，仁斯至矣〔註 59〕』的意思。或者當時有人引此詩，意在證明道之遠而不可捉摸，孔子則說，你不〔註 60〕努力罷了，其實是一呼即至的。」愚謂前二句「唐棣之華，翩其反而」固屬興，但亦兼比，「反」寓「返」義。意思是唐棣之華都已翩然反轉，你怎麼還不返回呢？妻子之語。後二句「豈不爾思？室是遠而」，意思是豈能不想你，只是家太遠，丈夫之語（按：此類形式，《詩》內尚多，如《卷耳》首章「采采卷耳，不盈頃筐。嗟我懷人，寘彼周行」為妻子語，以下「陟彼崔嵬，我馬虺隤。我姑酌彼金罍，維以不永懷」等三章，則為丈夫語。前人不知，或以全詩為女子懷念征夫，或以為征夫思念家室，或以為兩詩錯簡而誤合，均非）。孔子曰「未之思也，夫何遠之有」，是批評其沒有真想，意在教人說話做事要出真心，不要找藉口，與仁無涉。〔註 61〕

陳鴻森：《論語》為孔門師弟言行語錄，顧年久事湮，各章言說之語境多未可詳，致其分章、訓解、章旨等，注家體會不一，往往互異其說。《論語·子罕篇》末引逸詩「唐棣之華，偏其反而」諸句，是否即喻儒家「經權」之說，漢、宋注者所見不一，其關鍵厥在於「偏其反而」一語之訓解。而此同一語例，另見於《小雅》：「騂騂角弓，翩其反矣」，然歷來《詩經》、《論語》學者皆就本經釋之，未有合併兩文而考其義者。蓋古義湮薶，毛《傳》、鄭玄已失其解，其後兩經注家僅能由「偏（翩）」、「反」二字望文生訓，咸非其本義。本文由漢、晉文獻溯洄尋索，考其朔誼，並對本章經說紛挐諸問題重加檢討，主要結論有三：

一、《爾雅·釋木》云：「唐棣，栘。常棣，棣」，毛《傳》同；鄭玄、何晏兩家《論語》注解亦同。王氏《經義述聞》乃別立異說，謂常棣為栘、唐棣為棣；段玉裁《說文注》則謂唐棣、常棣實同一物，花赤者為唐棣，白者為常棣。當代植物學者未能辨正兩家之謬，乃因其說更滋歧誤。本文梳理漢、晉學者所述唐棣、常棣名實異同，考定今本《爾雅》文不誤，並論證王、段兩家歧說之非。唐棣即白栘，而常棣有白棣、赤棣兩種。《毛詩》「六月食鬱

〔註 59〕原文作此，疑當為「仁遠乎哉，我欲仁，斯仁至矣」。
〔註 60〕原文作此，楊伯峻《譯注》中「不」字後有一「曾」字。
〔註 61〕黃懷信：《〈論語〉引〈詩〉解（四則）》，《詩經研究叢刊》2011 年第 1 期，第 56 頁。

及薁」,「薁」即唐棣之實,大小如李,味多澀;赤棣之子為「鬱」,較薁略小,味甜,二者相類而有別;白棣子如櫻桃,色白,民家種植者少。

二、「偏反」、「翩反」為連緜詞,毛、鄭以下,歷代注家皆據字面釋之,宜乎不得其解。本文由漢、晉文獻具同一「語義基因」之「翩翻」、「繽翻」、「繽紛」等詞例,參伍鉤稽,考證《論語》「偏(翩)其反而」當為「繽紛」之意。蓋唐棣之華「有赤有白」,其花繽紛盛放,詩人根觸興感,因生懷人之思。《角弓》之詩,亦寫紅色角弓,復有金、蜃、玉之類飾其兩頭,顏色繽紛,詩人以之比興兄弟、婚姻之盛且和,無相疏遠。

三、漢儒將《論語》「唐棣之華」以下之文,與上文「可與共學」等六句合併為一章,以「偏其反而」為喻「反經合道」行權之說。今既考明「偏其反而」為「繽紛」之意,即與「經權」之說無關,則「唐棣」之詩與「未可與權」諸句其義互不相涉,此當從宋人蘇軾、范祖禹、朱熹等分立二章為是。
〔註62〕

〔註62〕陳鴻森:《論語「唐棣之華偏其反而」解》,《北京大學第一屆古典學國際學術研討會論文集》,北京:北京大學,2017年11月18至19日,第21頁。